Julius Petersen

Hauptmomente in der älteren Geschichte der medicinischen Klinik

Julius Petersen

Hauptmomente in der älteren Geschichte der medicinischen Klinik

ISBN/EAN: 9783743492486

Hergestellt in Europa, USA, Kanada, Australien, Japan

Cover: Foto ©ninafisch / pixelio.de

Weitere Bücher finden Sie auf **www.hansebooks.com**

HAUPTMOMENTE

IN

DER ÄLTEREN GESCHICHTE

DER

MEDICINISCHEN KLINIK

VON

JULIUS PETERSEN

KOPENHAGEN

VERLAG VON ANDR. FRED. HØST & SØN
KÖNIGL. HOF-BUCHHÄNDLER
Kommissionäre d. königl. dän. Gesellschaft d. Wissenschaften

—

1890

Vorwort des Verfassers

Vorliegende Schrift ist eine im Auftrage der Herren Verleger Andr. Fred. Høst & Søn von dem Herrn Dr. Burmeister in Nordborg auf Als besorgte Uebersetzung meiner Arbeit „Hovedmomenter i den medicinske Kliniks ældre Historie", welche, als eine Reproduction von Universitätsvorlesungen, 1889 veröffentlicht wurde. Von dem Inhalt der Schrift ist schon ein von mir selbst übersetztes Fragment, die Schilderung des Wiener Klinikers de Haen, im vorigen Jahre in der Zeitschrift für klinische Medicin dem ärztlichen Publicum ausserhalb der skandinavischen Lande zugänglich gemacht worden; mein Vortrag über den Hippokratismus auf dem Congresse in Wiesbaden 1889 theilt ebenfalls einige Momente daraus mit. Das anerkennende Interesse, mit welchem verehrte ausländische und besonders deutsche Collegen meine verschiedenen Veröffentlichungen in deutscher Sprache beehrt haben, musste indessen bei mir den Wunsch rege machen, meine geschichtliche Darstellung der älteren medicinischen Klinik in deutscher Uebersetzung in extenso ausgeführt zu sehen. Desshalb glaubte ich dem Unternehmen der Herren Verleger meine Zustimmung geben zu sollen, wie ich auch der Aufforderung dieser Herren, ein deutsches Vorwort beizufügen, gern Folge leiste.

Die Einleitung der Schrift selbst enthält jedoch, wie man sehen wird, vieles was als „Vorwort" dienen kann, und ich glaube deshalb mich hier darauf beschränken zu können, einen Wunsch, eine Entschuldigung, eine Danksagung und eine Hoffnung in aller Kürze zum Ausdruck zu bringen.

Einen Wunsch — dass meine Schrift im fremden Gewande sich desselben wohlwollenden Empfanges, welcher ihr in der ursprünglichen dänischen Gestalt in Skandinavien zu Teil geworden ist, trotz ihrer Mängel erfreuen möge.

Eine Entschuldigung — in Betreff der so eben angedeuteten Mängel. Unter Anderem wird der Leser wahrscheinlich klinisch-geschichtliche Aufklärungen verschiedener Art in meiner Schrift vermissen. Es lag jedoch nur in meinem Plane, geschichtliche Hauptmomente zu geben, dagegen diese, mit besonderer Rücksicht auf die ganze Wirkungsweise, das ganze wissenchaftiche und praktische Arbeiten der hervorragenden klinischen Persönlichkeiten, etwas breit auszumalen. Und es ist ein ganz glückliches Zusammentreffen, dass beinahe gleichzeitig mit dem Erscheinen der dänischen Schrift mein verehrter medico-historischer College an der Wiener-Universität, Herr Professor Puschmann, in dem „klinischen Jahrbuche" eine Geschichte des klinischen Unterrichts veröffentlichte. Der gelehrte Historiker giebt hier eine compendiöse Darstellung der gesammten geschichtlichen Entwickelung, welche mehrere von mir fortgelassene Momente aufnimmt, zahlreiche wichtige Citate bringt und überhaupt meine Schrift in glücklicher Weise suppliert.

Eine Danksagung — indem ich in den Besitz des für die geschichtliche Darstellung der älteren und neueren Klinik erforderlichen umfassenden Literaturmaterials nur durch ein mir von vielen Seiten bewiesenes hülfreiches Entgegenkommen gelangt bin. Nicht nur dänischen, sondern auch ausländischen öffentlichen und privaten Bibliotheken gegenüber bin ich zu besonderem Danke verpflichtet. Meinem verehrten niederländischen Collegen, dem Medicinalhistoriker Herrn Dr. C. E. Daniëls, verdanke ich die Benutzung verschiedener wichtiger hier nicht zugänglicher Literaturwerke aus jenem Lande. Bei wiederholten Besuchen in Berlin habe ich sowohl aus der dortigen königlichen Bibliothek als ganz besonders aus der für meinen Zweck sehr reichhaltigen Bibliothek des Friedrich-Wilhelms-Institutes — welche letztere obgleich privat mir mit der grössten Liberalität zu Verfügung gestellt wurde — vieles für mich Wichtige schöpfen können.

Und endlich: eine Hoffnung — dass es mir gelingen möge, die Fortsetzung und den Abschluss meiner Arbeit, die ebenfalls von mir in Vorlesungen behandelte neuere Geschichte der medicinischen Klinik, veröffentlichen zu können.

Kopenhagen, Norrebro, Septbr. 1890

Jul. Petersen

Einleitung.

Zunächst veranlasst durch die freundliche Aufforderung einiger Collegen habe ich nach jahrelanger Pause wiederum gewagt, Vorlesungen über die Geschichte der Medicin anzukündigen. Meinem Programm von früheren Vorlesungen her will ich treu bleiben, insofern ich auch dieses Mal das Princip der „Arbeits-Theilung" in der Weise aufrechtzuerhalten gedenke, dass ich eine geschichtliche Specialaufgabe vornehme und nicht die Geschichte der Medicin einer grösseren oder kleineren Zeitperiode im Allgemeinen behandle. Um eine solche allgemeine Uebersicht zu gewinnen, liegen in der Litteratur genug gute Hülfsmittel vor, z. B. die neue grosse Ausgabe von Haesers Lehrbuch (3 Bände. 1875—82) mit zahlreichen Citaten und Litteraturangaben, und überhaupt scheint mir, dass eine stückweise Behandlung in der Art, dass sie sich um die eine oder andere Seite der Entwicklung unserer Wissenschaft und Kunst concentriert mit detaillierter Untersuchung der Entwicklung aus den früheren Stadien bis zur Constituirung des jetzigen Zustandes, ein näherliegendes Interesse und überdies eine geradezu actuelle Bedeutung hat, indem wir gerade dadurch einen recht soliden Massstab für die Würdigung der jetzigen Stellung und des Standpunktes der Wissenschaft in Betreff des behandelten Specialthemas gewinnen.

Welches der zahlreichen hierher gehörigen Themata man nun auch nach diesem Plan untersuchen mag, stets wird es zu einem tieferen und klareren Verständnis führen müssen. Dazu kommt, dass diese Darstellungsmethode noch nicht viel benutzt ist; hier sind zahlreiche ungelöste Aufgaben, und auch hier heisst es „*vita brevis, ars longa*". Wenn ich nun die Aufmerksamkeit auf ein Thema habe lenken wollen, das zum Theil der Geschichte des medicinischen Unterrichts angehört, so habe ich seiner Zeit den ersten Impuls hierzu durch Lesen der auch in Dänemark wohlbekannten Studie Billroths „Ueber das Lehren und Lernen der medicinischen Wissenschaften an den Universitäten der deutschen Nation" erhalten, ein Buch, das namentlich in Deutschland grosses Aufsehen erregte und in einigen Punkten durch gewagte Aussprüche viel Widerspruch hervorrief, im Ganzen aber die Gedanken in rasche Bewegung versetzte. In dieser Schrift nimmt Billroth auch hin und wieder einen Anlauf zu historischen Skizzen der Entwicklung einzelner Unterrichtsfächer an den Universitäten, und ich erhielt dadurch den lebhaften Eindruck, dass es von grossem Interesse sein könne, die hier leicht angedeuteten Aufgaben weiter zu verfolgen, die wissenschaftlichen Methoden und Principien, die Fundamentalauffassung, überhaupt den paedagogischen Geist klar darzulegen, der bestimmend gewesen ist für Form und Inhalt des Unterrichts in den betreffenden Fächern.

Verschiedene mehr persönliche und allgemeine Gründe haben mich dieses Mal bestimmt, vielleicht darf ich sagen zum Beginn, die Aufmerksamkeit auf den Entwicklungsgang der medicinischen Klinik zu lenken. Erstens schliesst sich dieses Thema eng an meine früheren Vorlesungen über die Doctrinen und Principien der medicinischen Therapie an und steht überhaupt in naher Verbindung mit meinen langjährigen medicinischen Specialstudien; ferner darf man wohl auf ein besonderes Interesse rechnen gerade für die Klinik als das grosse und entscheidende Unterrichtsfach, das dem Werke die Krone aufsetzt, das vor allem übrigen den Mediciner zum **wirklichen Arzt** macht. Und schliesslich liegt die ganze wesentliche Entwickelung dieses Faches uns so nahe, dass sie sich verhältnismässig leicht verfolgen lässt. Selbstverständlich müssen, solange die Heilkunde überhaupt bestanden hat, stets Spuren eines klinischen Unterrichts vorhanden gewesen sein, indem erfahrene Aerzte wenigstens gelegentlich jüngeren ihre Patienten gezeigt haben, wie das z. B. Th. Bartholin und Andere auf ihren Studienreisen erfahren haben. Vielleicht hat in der antiken Zeit schon etwas existiert, was man eine wirkliche Klinik nennen müsste; aber davon haben wir keine bestimmte Kunde, und dasselbe gilt von den verschiedenen mehr oder weniger deutlichen Spuren eines klinischen Unterrichts im Mittelalter und während der Renaissance, die ich im folgenden kurz berühren werde.

Jedenfalls gelangte erst im 17ten Jahrhundert eine wirklich methodische Ausübung dieser für die ganze Lebensaufgabe des Arztes so wichtigen Ausbildung am Krankenbette nach einem kurzen Vorläuferstadium in Italien in genügender und dauernder Weise an den neu errichteten Universitäten des jungen holländischen Freistaats zur Blüthe und hier namentlich in Leyden, von wo sie später von der klarsehenden Kaiserin Oesterreichs, Maria Theresia, für immer durch einen holländischen Kliniker nach Wien verpflanzt wird, um sich hier in fortschreitender Weise zu entwickeln und darnach am Schlusse des vorigen Jahrhunderts in Paris einen neuen fruchtbaren Boden zu finden und den Grund zu der glänzenden Aera unseres Jahrhunderts zu legen.

Gerade der Umstand, dass wir in dem ganzen Entwicklungsgang der Klinik stets einen unleugbaren und stetigen Fortschritt finden, scheint mir das Studium desselben besonders fesselnd zu machen, und dieses Moment ist mir auch ein Motiv gewesen, gerade dieses Fach hervorzuziehen. Die medicinischen und therapeutischen Doctrinen, mit denen ich mich in meinen früheren Vorlesungen beschäftigte, flössten durchaus keinen besonders lichten oder sicheren Glauben an die unzweifelhafte Realität des Fortschritts ein, die Dogmen der neueren Zeit — z. B. diejenigen Browns — ja selbst Broussais's auf die epochemachenden Resultate der Localpathologie gestützte therapeutische Lehre zeigten sich ebenso sehr in wilden und paradoxen Ungereimtheiten mit daran geknüpften gefährlichen Consequenzen befangen wie Themison's antike Doctrin. Der Totaleindruck davon konnte leicht eine missmutige Skepsis werden. Im Gegensatz zu diesem unleugbar etwas entmutigendem Capitel „der Geschichte menschlicher Irrungen" steht die Klinik, die uns ununterbrochen den Kampf des Lichts und zwar den siegreichen Kampf gegen das Dunkel zeigt, und die selbst in den dunkelsten Perioden der apriorischen Dogmen stets in echt hippokratischem Geiste die Fahne der Erfahrung, der Autopsie, der selbständigen Beobachtung hoch hält und die Jünger Aeskulaps zum beharrlichen Studium der ergreifenden Natur- und Lebenserscheinungen am Krankenbett ruft, fort von den theoretisierenden Commentaren bestaubter Codices, in denen man lange Zeit die einzig wirklich gültige Wissenschaft zu finden glaubte. Wenn auch selbst die Kliniker theoretisch den wesentlich apriorischen Doctrinen huldigten, ja wenn auch die Klinik selbst bisweilen hiervon beeinflusst wird, so ist das immer nur vorübergehend; ein kundiger Eklekticismus auf gesunder hippokratischer Basis macht sich bald wiederum geltend in der Praxis, und was Jos. Frank[1]) von Boerhaave sagt, dass er „*in theoria quidem inter principia jatromathematica et jatrochemica fluctuavit, in praxi vero naturam secutus est*" — das hat ausgedehnte Gültigkeit. Neben der anatomischen Demonstration ist die Klinik lange Zeit hindurch der Glanzpunkt der medicinischen Wissenschaft und des medicinischen Unterrichts und die unverdrossene Bannerträgerin des wirklichen Fortschritts.

Wenn ich den Gegenstand dieser Vorlesungen als die Geschichte der medicinischen Klinik und nicht als die der klinischen Medicin[2]) bezeichnet habe, so ist es durchaus nicht meine Absicht, dasjenige unberücksichtigt zu lassen, was jedenfalls zunächst liegt und am meisten zugänglich ist, nämlich die aus der Klinik hervorgegangenen oder doch mit ihr zusammenhängenden Litteraturwerke, ihre dauernden und am meisten in die Augen fallenden Früchte, die namentlich in der neueren Geschichte der Klinik zahlreich und bedeutungsvoll sind. Aber ich habe wie schon angedeutet durch den gewählten Titel betonen wollen, dass soweit wie möglich ein besonderer Nachdruck auf den Unterricht selbst gelegt werden soll, der traditionell seit der Zeit der alten holländischen Kliniker ein integrirendes Element im Begriffe „Klinik" gewesen ist, also auf die Ausübung der klinischen Kunst zur Belehrung der Jungen, auf die ganze paedagogische Methode mit den darin niedergelegten leitenden Principien und allen damit verknüpften Hülfsmitteln. Es ist mir nach und nach geglückt ein ziemlich grosses Material zur Beurtheilung auch dieser Verhältnisse des klinischen Unterrichts zu sammeln, obwohl sie ihrer Beschaffenheit wegen stets weniger leicht greifbar und erkennbar für die Nachwelt werden müssen. Mit dem Tode des Lehrers ist ja auch seine Kunst in dieser Bedeutung vorbei, Erinnerungen an und Traditionen über dieselbe verblassen leicht und geraten unter dem rastlosen Wirken neuer Zeiten in Vergessenheit. Aber ich habe doch nicht die Hoffnung aufgeben können hierdurch meiner Darstellung einen Hauch des Lebendigen mitzutheilen, der das Interesse und die Sympathie erhöhen sollte für das, was an dem grossen Werke gearbeitet worden ist, und besonders für die Persönlichkeiten, die an demselben gearbeitet haben.

Diese alten Kliniker sind überdies im Ganzen merkwürdige, eigenthümlich ausgeprägte Typen, was sich hinreichend in ihrem ganzen Benehmen und Wirken offenbart, soweit es jetzt möglich ist eine klare Anschauung davon zu gewinnen. Sie sind keine abstract commentierenden Kathederprofessoren, sie haben in ihrer vorgeschobenen Stellung am Krankenbett, auf der Stätte der tiefsten Bewegungen und Sorgen des Menschenlebens, sich ihre feste Position erkämpft, sie haben, um mit einem dänischen Dichter zu reden, „sich selbst ihr Sieges-Gewand gewoben". Sie werden bis zu einem gewissen Grade einseitig, diese Männer des Handelns und der Entschlossenheit, sie erhalten allmählich einen bestimmten Charakter und Standpunkt mit ihren festen, von einer wohl motivierten wenn auch bisweilen etwas subjectiven Ueberzeugung geprägten Axiomen, mit denen sie ihre Schüler beherrschen und ihre charakteristischen Schulen bilden.

Diese Charakterisierung passt wohl zunächst nur auf die wirklich grossen, die genialen Kliniker, auf diejenigen, welche das ganze wissenschaftliche Streben durch neue weite Perspectiven und Aufgaben fesseln, welche die Leitsterne darstellen, bis die Entwicklung allmählich zu andern Standpunkten geführt hat, die besser dem augenblicklichen Bedürfnis der Wissenschaft entsprechen. Aber sie gilt sicherlich auch von denen, deren Namen nicht mit so grossen Lettern im Buche der Geschichte stehen, die aber durch ihr Wirken in der Stille nicht weniger fruchtbringend für ihre Schüler gewesen sind, deren kundige und gewissenhafte Ausbildung sie mit Einsetzung ihrer ganzen Kraft durchführten. Haben sie auch nicht so sehr durch Genialität geglänzt, so sind sie dafür oft im Besitz anderer didaktischer Eigenschaften gewesen, die vielleicht zu guter Letzt einen nicht minder gediegenen Werth haben. Von diesen „stillen" Klinikern werden wir in der Regel natürlich nur weniges wissen, und zwar um so weniger, in je fernerer Zeit sie gelebt haben; aber ihr Wirken hat doch oft in der von ihnen ausgebildeten Schule tiefe Spuren hinterlassen. In der übrigens kaum hundertjährigen Entwicklungsperiode der dänischen Klinik können wir unter den der historischen Beurtheilung unterworfenen (d. h. verstorbenen) Klinikern nur eine wirklich geniale Persönlichkeit aufweisen, nämlich E. Fenger, und eine mit einem gewissen Anlauf zur Genialität (O. L. Bang); aber daneben haben wir eine ganze Reihe jener „stillen" gründlichen Gestalten mit einem nicht weniger entschiedenen persönlichen Gepräge, die getreulich ihre wohl nicht epochemachende, aber deshalb nicht weniger segensreiche Thätigkeit entfaltet und ihren Schülern das beste Beispiel zur Nachahmung geboten haben. Dies gilt von dem alten F. L. Bang, von S. M. Trier, von M. Christensen und mehreren anderen. Ich hoffe später auf diese für ihre Zeit typischen Persönlichkeiten zurückzukommen, und zwar um so mehr, als es meine Absicht ist auf einer späteren Stufe meiner Vorlesungen den Entwicklungsverhältnissen in Dänemark eine etwas weitergehende Aufmerksamkeit zu widmen, wenn auch diese dänischen klinischen Erscheinungen zum Theil nicht als zu den Hauptmomenten der Entwicklung gehörend betrachtet werden können, auf welche ich mich sonst in meiner

Schilderung beschränken muss, unter anderem schon aus dem Grunde, weil es überhaupt nicht leicht sein würde viel mehr zu geben. Das mehr untergeordnete Wirken und Streben ist ja zum grossen Theil vergessen und aus der Geschichte verschwunden.

Meine Vorlesungen sollen sich, wie der Titel sagt, um die medicinische Klinik concentrieren, und dieser Standpunkt ist zunächst dadurch bedingt, dass diese Klinik die älteste und die eigentlich fundamentale ist, diejenige, die zu einer Zeit entstand, wo die wissenschaftliche Heilkunde im Wesentlichen nur aus der Medicin bestand, diejenige, die daher die längste und selbständigste Geschichte hat, und diejenige, von der später nach und nach die übrigen Kliniken ausgegangen sind wie Zweige von dem ursprünglichen Stamm oder doch nach ihrem Vorbilde. Erst hundert Jahre nach der Errichtung der ersten medicinischen Klinik in Holland trat die erste eigentliche Klinik der Geburtshülfe in's Leben, organisiert und geleitet von dem berühmten Fried in dem Gebärhaus zu Strassburg, wo fast alle hervorragenden dänischen Geburtshelfer des vorigen Jahrhunderts ihre Ausbildung genossen haben, und wiederum 40 Jahre später die chirurgische Klinik zu Paris, ebenso wie Fried's Klinik ausserhalb der Facultät und unter der *École pratique* der Academie mit dazu gehörigem „*Hospice de perfectionnement*", geleitet von dem reich begabten Desault. Im Anfang unseres Jahrhunderts scheidet sich von der chirurgischen ein neuer Zweig, nämlich die für die ganze exacte Entwicklung der Klinik später so bedeutungsvolle ophthalmiatrische, zuerst als Universitätsdisciplin in Göttingen, Berlin und Wien, und darauf folgt sowohl eine schnelle Weiterverbreitung der 3 Hauptkliniken an die meisten Universitäten, als auch allmählich in schnellem Tempo die Entwicklung stets zahlreicherer neuer Specialkliniken, theils an der Universität, theils ausserhalb derselben. Alles dieses gedenke ich auch zu berühren, aber doch nur so weit, als die allgemeine Entwicklung der Klinik dadurch beleuchtet wird, wie ich denn auch nicht competent bin, sachkundig die Geschichte verschiedener Specialkliniken zu behandeln.

Wenn ich nun versuche die Entwicklung der medicinischen Klinik so erschöpfend wie möglich zu behandeln, so muss ich zunächst Rücksicht nehmen auf die Formen, in welchen sie gewirkt hat, und hier begegnen wir den drei bekannten Kategorien, die nach der Zeitfolge ihres Auftretens aufgeführt werden müssen als 1) ambulatorische Klinik, 2) Poliklinik, 3) stationäre Klinik. Die erste Kategorie ist verhältnismässig am wenigsten, die letzte am meisten bedeutungsvoll; erst bei der Etablierung der Klinik in einem Hospital werden voll befriedigende Formen und Bedingungen für einen wirklich methodischen und wissenschaftlichen Unterricht erreicht, und die Geschichte der Krankenhäuser ist daher eng verknüpft mit der Geschichte der stationären Klinik. Nur da, wo ein Kliniker noch keine Hospitalräume zur freien Verfügung hatte, hat er sich mit einer Poliklinik begnügen müssen. Früher war die Klinik in der Regel in einem grösseren allgemeinen Krankenhause untergebracht, das im Uebrigen nichts mit der Klinik gemein hatte; erst in neuerer Zeit hat die zunehmende Macht und Bedeutung der Klinik es zur Errichtung eigener akademischer Hospitäler gebracht. Wenn ich das Alter der eigentlich organisierten Klinik zu etwa drittehalb hundert Jahren angegeben habe, so geschieht das von dieser Voraussetzung der Nothwendigkeit eines Hospitals für die volle Etablierung der Institution aus, indem die Klinik damals stationär in den Krankenhäusern zu Utrecht und Leyden gegründet wurde. Die beiden ersten Kategorien bezeichnen also zum Theil nur unbestimmte Vorläuferstadien der letzten, und es ist klar, was ich schon früher hervorgehoben habe, dass in mehr oder weniger rudimentärer Form sowohl ambulatorische Klinik als Poliklinik bestanden haben müssen, solange überhaupt praktische Heilkunde ausgeübt worden ist. Aber diese Entwicklung schliesst nicht aus, dass auch diese beiden Kategorien allmählich eine selbständige, ja sogar eine besonders wichtige Bedeutung im Dienste des Unterrichts erreicht haben können, und ich brauche hier nur als Beispiel Krukenbergs berühmte Poliklinik in Halle zu nennen, eine Institution, die ich später ausführlicher besprechen werde. Hier und anderswo tritt indess die Poliklinik allmählich in organische Verbindung mit einer stationären Klinik, in welche schwierige Fälle verlegt werden konnten, wenn die Verhältnisse die Behandlung derselben im Hause nicht gestatteten; es kam also dahin, dass diese beiden Institutionen in einer sehr günstigen Weise sich gegenseitig ergänzten; jede hatte ihr eigenes Material — die Poliklinik namentlich die vielen leichteren, aber deshalb nicht minder wichtigen Krankheitsfälle — ihre eigene Unterrichtsmethode und ihr eigenes Ziel. Die Poliklinik erzog ihre Jünger zunächst zu der beschwerlichen täglichen Praxis des Lebens, die Hospitalsklinik stellte sich eine mehr ideale Unterrichtsaufgabe und legte in erster Linie den nothwendigen streng wissenschaftlichen Grund.

Uebrigens ist der Begriff „ambulatorische Klinik" und „Poliklinik" etwas schwankend geworden. Ursprünglich bedeutete jene Bezeichnung: Klinik mit ambulatorischen Patienten, diese: Klinik bei Patienten in deren Heim, was ja auch die Etymologie ($πόλις$) zeigt. Aber dieser Unterschied ist allmählich verwischt worden, und im übrigen ist es eine incorrecte Terminologie, in dieser Bedeutung von ambulatorischer Klinik zu sprechen, da das Wort Klinik infolge seiner Etymologie ja auf's Krankenbett hinweist. Boerhaave giebt auch in seiner *Introductio in praxin clinicam* folgende Definition: „*Clinica medicina vocatur, quae aegros decumbentes* 1) *invisit,* 2) *agenda ibi discit,* 3) *agenda applicat*". Man hat nun später häufig die Bezeichnung „ambulatorisch" für die Klinik bei Patienten im Hause gebraucht, die der Lehrer und die Schüler ambulatorisch besuchten, ja man hat sogar von einer ambulatorischen Klinik bei Hospitalspatienten gesprochen, indem man darunter den Unterricht verstand, den der Lehrer gelegentlich bei der üblichen Zimmervisite ertheilte. In diesem Sinne drückt sich z. B. O. L. Bang in einer Polemik mit M. Djörup über den klinischen Unterricht aus[3]). Umgekehrt bedeutet das Wort „Poliklinik" heutzutage hauptsächlich eine Klinik gerade mit ambulatorischen Patienten, und dieser veränderten und incorrecten Bedeutung liegt zunächst die successive Veränderung der Wirkungsweise der poliklinischen Institutionen zu Grunde, namentlich an verschiedenen deutschen Universitäten und zwar in der Art, dass die bettlägerigen Kranken in die stationäre Klinik aufgenommen und hier behandelt wurden. Man kann nun sagen, dass die Bezeichnungen „ambulatorische Klinik" und „Poliklinik" in gleichem Sinne benutzt werden, wie ja denn auch jede Poliklinik in Wirklichkeit „ambulatorisch" in dem einen oder anderen Sinne werden muss.

Demnächst muss sich die Aufmerksamkeit auf die Methoden concentrieren, die der Unterricht benutzt hat, und hier begegnen wir wiederum einer Dreitheilung: 1) Vortragsklinik, also mit Demonstration von Patienten, 2) examinatorische Klinik, 3) Praktikantenklinik. Diese verschiedenen Methoden ergänzen sich ja gegenseitig in günstiger Weise, und sind oft in ihrer natürlichen Combination angewendet worden, im Uebrigen aber zeigt die Entwickelung auch hier einige Eigenthümlichkeit. Die letztgenannte Kategorie hat sich wahrscheinlich direct von der ersten Etablierung der Klinik durch van der Straten und van Heurne an als glückliche Methode geltend gemacht, aber die Auffassung von ihrer Bedeutung hat doch zu verschiedener Zeit sehr variiert. In der in Pavia und Wien von Peter Frank durchgeführten Organisation der Klinik wurde der ganze Nachdruck auf diese Methode gelegt, was von einem hipprokratischen Standpunct aus auch natürlich war; in der späteren französischen Klinik sah man vielfach davon ab und legte das Hauptgewicht auf demonstrierende, lebendige Vorträge, die ja besonders dem Naturel der Franzosen entsprechen, und worin sie übrigens dem glänzenden Vorbild Boerhaaves folgen konnten. Im Allgemeinen kann man sagen, dass die grossen klinischen Sterne besonders durch Vortrag zum Theil in Verbindung mit Examination geglänzt haben, in Dänemark z. B. E. Fenger; die „stillen" Kliniker, zu denen auch Peter Frank mit seiner ganzen eminenten Wirkungskraft gehörte, haben mit Vorliebe die anspruchslose und zugleich besonders erziehende Praktikantenmethode benutzt, so in Dänemark S. M. Trier, das Muster eines gründlichen Praktikantenklinikers.

Ferner sind die Mittel zu beachten, deren man sich zur Förderung der Sache bedient hat, so die Mittel zur Herbeischaffung des für die Klinik nöthigen Materials, z. B. bei der Errichtung besonderer akademischer Hospitäler, die rein äusserliche Ausrüstung und zweckmässige Einrichtung der Räumlichkeiten der Klinik — ein Punkt, auf den schon Peter Frank grosses Gewicht legte. Hierher gehören auch alle die verschiedenen Hülfsmittel und Apparate, welche die schnelle Entwicklung der Naturwissenschaften namentlich in unserm Jahrhundert in stets grösserem Umfang zur Förderung der klinischen Untersuchungen in exacter Richtung zur Anwendung gebracht hat.

Auch die Stellung, welche die Klinik im Lauf der Zeiten im Verhältnis zur Universität eingenommen hat, ist ein Moment von Bedeutung für ihre Charakteristik. Die medicinische Klinik ist von ihrer ersten Gründung an wesentlich Universitätsdisciplin gewesen, dagegen haben mehrere der anderen Kliniken während kürzerer oder längerer Zeit eine freiere Stellung eingenommen oder sind doch, wie z. B. die chirurgische, ein Glied von der Universität unabhängiger Lehrinstitutionen gewesen. Auch in diesem Verhältnis der Kliniken ist ein steter Fortschritt bemerkbar, insofern stets mehr derselben unter die Aegide der Universitäten aufgenommen werden und dadurch den Stempel grösserer wissenschaftlicher Bedeutung erhalten, wie auch zugleich die Ausbildung durch sie mehr obligatorisch und durch vorgeschriebene Prüfungen gesichert wird.

Aber bei weitem die grösste Bedeutung für die richtige Schätzung der Entwicklung hat doch das Moment, das ich als den Inhalt der Klinik bezeichnen will, wodurch auch wieder ihre Resultate bedingt werden, sowohl ihre nächsten und mehr unmittelbaren Erfolge, die im Ausbildungsstandpunkt der Schüler und in den von den Lehrern gebildeten charakteristischen Schulen zu Tage treten, als auch die ferner liegenden aber darum nicht minder bedeutungsvollen, die ihren dauernden Ausdruck in den von der Klinik ausgehenden Litteraturwerken finden. Von den ältesten Klinikern besitzen wir nur wenig solcher Documente. Sie fanden es wohl noch zum Theil unter ihrer Würde der Klinik so grosse wissenschaftliche Bedeutung beizumessen und opferten ihre litterarische Kraft lieber der Ausarbeitung umfassender theoretisierender „*Institutiones*" und künstlicher synthetischer Systeme, und selbst unter den Jüngern giebt es viele und gerade von den Grossen, die bei ihrem der praktischen Thätigkeit geweihtem Leben keine Gelegenheit zu litterarischer Production gefunden und dieselbe wohl auch nicht beachtet haben. Aber viele Andere — auch von den grossen — haben doch nicht versäumt auf diese Weise ihrer Thätigkeit das dauerndste Erinnerungszeichen zu setzen, und in dieser Beziehung ist es charakteristisch für die epochemachende Entwicklung der Klinik in unserm Jahrhundert, dass die pathologisch-therapeutischen Werke, die aus klinischen Vorträgen und klinischem Unterricht hervorgehen, jetzt oft geradezu als „Klinik" bezeichnet werden. Hierdurch beabsichtigt man den von den früheren „Nosologien" verschiedenen Standpunkt zu präcisieren, welchen die Entwicklung der Klinik herbeigeführt hat, und der sich darin zeigt, dass eine **durchgeführte Analyse zahlreicher Krankheitsfälle** der pathologischen Lehre zu Grunde gelegt wird. Bestrebungen in dieser Richtung kann man übrigens schon sehr früh bei den Klinikern spüren, so bei dem genialen Sylvius, und der älteste dänische Kliniker, F. L. Bang, gewann in seinen autodidaktischen Arbeiten einen offenen Blick für diese fundamentale Bedeutung einer genauen klinischen Analyse, was er in der Ausarbeitung seiner „*Selecta diarii*" und der Benutzung derselben zum „System" gezeigt hat. Aber diese klinisch-analytische Methode **durchzuführen** ging über Bang's Kräfte — dazu besass er nicht die nothwendige eminente Begabung. Erst fast ein Menschenalter später, also weit in unser Jahrhundert hinein, glückte dies **vollständig** dem grossen Andral.

»Indem ich nun glaube, „Klinik" als die Institution definieren zu können, die einen methodischen wissenschaftlichen Unterricht am Krankenbett (oder doch mit Demonstration des kranken Objects) mit folgenden Aufgaben durchführt: 1) Untersuchung des Kranken, 2) Beurtheilung der Ursachen, Natur und des wahrscheinlichen Verlaufs und Ausgangs der Krankheit, und schliesslich 3) Behandlung, so wird der eigentliche Inhalt der Klinik die auf die ganze vorliegende Lehre der Heilkunde gestützte Semiotik, Diagnostik, Prognostik und Therapeutik sein. Die in den einzelnen Zeitperioden vorliegende Summe von heilwissenschaftlichen Kenntnissen wird gerade in ihrer concreten Anwendung am Krankenbett einer entscheidenden, kritischen Feuerprobe unterworfen, und diese Betrachtung liefert also eine gute Illustration des vorhandenen Standpunktes der Wissenschaft, ein Material zur Beurtheilung ihrer Entwicklungsstufe und ihres Werths. Indem ich nun zu einer solchen illustrierenden Darstellung des Verhaltens während der Evolution der verschiedenen klinischen Epochen schreite, will ich mit Rücksicht auf den Inhalt der Klinik eine Eintheilung und Abgrenzung in vier fortschreitenden Hauptperioden aufstellen: 1) die hippokratische Klinik, 2) die Klinik in organischer Verbindung mit der pathologischen Anatomie und einer damit verknüpften erweiterten, genauen Organuntersuchung, 3) die Klinik auf einer mehr erweiterten Basis, bestehend in der Anwendung der experimentellen Physiologie und Pathologie, 4) unsere jetzige Klinik. Selbstverständlich ist diese Abgrenzung wie alle systematischen Eintheilungen bis zu einem gewissen Grade gekünstelt, die Entwicklung im Leben wie auch in der Wissenschaft geht ja stets successive vor sich, stufenweise, in langsamen mehr oder weniger unmerklichem Wachsen; aber zum Theil können doch epochemachende Wendepunkte nachgewiesen werden, und ich glaube ohne der Geschichte Gewalt anzuthun die ganze

erste Zeitperiode bis zum Anfang dieses Jahrhunderts zur
1sten hippokratischen Phase zählen zu können, die erste
Hälfte dieses Jahrhunderts zur 2ten, um dann die vier
letzten Decennien den beiden letzten Phasen zu überlassen, zwischen welchen kaum noch eine recht bestimmte
Grenze nachgewiesen werden kann, obwohl sich auch
ein besonderes Gepräge unserer jetzigen Periode in den
letzten Jahren wahrnehmen lässt.

Die Bezeichnung hippokratische Klinik, die man nach
den Städten ihres hauptsächlichen Wirkens auch die Leyden-
Wiener Klinik nennen könnte, weist ja zurück auf den
Vater der Heilkunde, und in der That sind der wissenschaftliche Inhalt, der Gesichtspunkt und die leitenden
therapeutischen Principien, die im Wesentlichen die Klinik
bis zum Schluss des vorigen Jahrhunderts beherrschten,
zum grossen Theil aus den Schriften des Hippokratismus
geschöpft. Es ist nicht allein die in diesen Schriften
präcisierte so rühmliche Methode, es ist die hauptsächlich externsymptomatische, um die Allgemeiner-
scheinungen des Organismus concentrierte Semiotik,
die hierauf basierte Diagnostik und hygienisch-diätetische
Therapeutik mit dem unbedingt gültigen Derivationsprin-
cip bei der Behandlung aller acuten Krankheiten, die
auch fernerhin die Klinik beherrscht hat. Wohl kann
man einigen Einfluss neuerer Doctrinen und besonders
der epochemachenden anatomisch-physiologischen Entdeckungen spüren, und in der Behandlung kommen allmählich ausser den alten *Revulsiva*, *Laxantia* und
Emetica viele neue Mittel hinzu, entnommen aus der
späteren antiken, der arabischen und paracelsischen Medicin, beispielsweise ein reicher Flor von *Resolventia*, *Alterantia* und *Tonica*. Wohl erblüht der Wissenschaft manch'
hübscher Fortschritt aus der treuen Beobachtungsarbeit
der Kliniker, und die exacten Wissenschaften beginnen

schon früh sich in der Klinik etwas geltend zu machen, z. B. durch den Versuch Chemie und Physik zu benutzen, ja man beginnt sogar schon früh im 18ten Jahrhundert die Fiebertemperatur exact mit dem Thermometer zu bestimmen. Aber eine wirklich entscheidende, gründliche Reform geschieht nicht durch all' diese Detailfortschritte und Einwirkungen, ebensowenig wie durch die übrigens in mehrfacher Beziehung verdienstliche und die augenblicklichen Ansprüche der Wissenschaft befriedigende Einordnung der ziemlich lose verknüpften Symptome des Hippokrotismus in eine fest durchgeführte, ganz oder halb ontologische Systematisirung und Classification nach dem Schema der Botanik, wie es schon früh durch Sydenham geschah, später durch Linné[4]) und besonders durch Sauvages[5]) (in Dänemark durch F. L. Bang). Noch am Schlusse des Jahrhunderts ist die berühmte Klinik des Peter Frank in Wien hauptsächlich hippokratischen Inhalts, so weit sie nicht etwas von Browns wilder Doctrin beeinflusst wird. Gerade die vorurtheilfreiesten, echt praktischen Kliniker suchen, — was ihr unvergängliches Verdienst ist — den beständig auftauchenden und um sich greifenden apriorischen Doctrinen Widerstand zu leisten, indem sie aus aller Macht das grosse Beobachtungs- und Erfahrungsprincip des Hippokratismus aufrecht erhalten in seiner Reinheit und mit dem ihm innewohnenden Vermögen, ein resolutes und besonnenes Auftreten am Krankenbett zu begründen und vorzuschreiben. Auenbrugger's eine ganz neue Aera verheissendes Werk über die Percussion, sein *„Inventum novum"*, erscheint allerdings gleich im Anfang der zweiten Hälfte des Jahrhunderts, aber als eine einzelne Schwalbe, die wenige Zeitgenossen beachten, keiner vollkommen versteht. Man unternahm sehr fleissig Sectionen, und schon der grosse Leydener Kliniker

Sylvius im 17ten Jahrhundert zeichnete sich in hohem Grade in dieser Beziehung aus, aber eine recht fruchtbringende klinische Würdigung der Section wurde nicht erreicht. Erst die grossen französischen Forscher im Anfang dieses Jahrhunderts schaffen die neue Aera, indem sie in wirklich fruchtbarer Weise Morgagni's pathologisch-anatomisches und Auenbrugger's klinisches Erbe aufnehmen und weiter ausführen. Gleich ausgezeichnet durch ihr minutiöses Untersuchungstalent und ihre geniale Combinationsgabe schaffen sie im Laufe weniger Decennien eine vollkommen entwickelte pathologisch-anatomische Klinik mit umfassender methodisch physicalischer Organuntersuchung an den Kranken, und die mächtigen von ihnen ausgehenden Impulse führen die Klinik bald noch weiter vorwärts auf den angewiesenen Bahnen durch klinische Koryphaeen in Dublin und Wien, wo eine neue noch mehr hervorragende Schule sich schnell auf den Ruinen der alten aufbaut. Diese 2te Hauptperiode könnte daher als die Paris-Dublin-Wiener Periode bezeichnet werden.

Aber zugleich mit der pathologischen Anatomie gelangte gleichfalls die neue exacte experimentelle Physiologie zu blühender Entwicklung, zunächst von Bichat ausgehend, und der energische Geist Magendie's greift auch die Probleme der praktischen Medicin und Therapie an und betont, dass entscheidende Fortschritte zu allererst auf dem Wege des Experiments gesucht werden müssen. Seine Schüler führen seine Forschungen weiter, auch einer klinischen Anwendung zu, die Wirkung hiervon verpflanzt sich nach Deutschland, und in Berlin tritt gegen Mitte des Jahrhunderts ein genialer Kliniker, Traube, auf, der auf der vorliegenden französischen Basis mit Beharrlichkeit und streng wissenschaftlicher

Consequenz eine 3te Phase in der Geschichte der Klinik ausbildet, diejenige, welche also nicht nur die ganze wichtige 2te Phase, namentlich die grossen Resultate der Wiener Schule, sowie natürlich die brauchbaren Elemente der hippokratischen Periode in sich aufnimmt, welche sich nicht nur alle stets wichtiger werdenden Hülfsmittel der exacten fundamentalen Naturwissenschaften aneignet, sondern zugleich eine neue Basis legt, hergeleitet von der experimentellen Pathologie, die zugleich eine mächtige Stütze in der bahnbrechenden Forschung Virchow's findet. Diese hierdurch gebildete 3te Periode könnte man die Wien-Paris-Berliner Periode nennen.

Diese führt nun ziemlich unmerklich, ganz allmählich in die jetzige klinische Phase über, die alle früher hervorgehobenen Elemente für das Gedeihen der Klinik in stets steigender Progression sich entwickeln lässt, die aber im Uebrigen noch lange nicht reif für eine erschöpfende Charakteristik ist. Ein gewisses praktisch-klinisches Charakteristicum zeigt jedoch die jetzige Phase schon und zwar zunächst dadurch, dass die stets weiter entwickelte Specialuntersuchung mit Benutzung aller von den Hülfswissenschaften gegebenen Mittel und Apparate ganz allmählich die traditionell begründete Einheit der medicinischen Klinik durchbricht. Diese unsere Entwicklungsphase wird die Zeit der Specialkliniken *par excellence*. Ich habe früher erwähnt, dass schon zu Anfang des Jahrhunderts neben den 3 Hauptkliniken einzelne Specialkliniken auftauchen. Unterstützt von der neuen Localpathologie kommt diese Bewegung bald in Gang sowohl in Paris wie in Wien. Es werden sogar besondere stethoskopische Kliniken eingerichtet, und schon vor ungefähr 4 Decennien wird von dem energischen Traube[6]) ein Programm für die Vermehrung der Anzahl und die Erweiterung der Thätigkeit der Specialkliniken aufgestellt. Durch die überwältigende Entwicklung der Chirurgie unter dem Schutze der Antisepsis, durch die enorm ausgebildete Technik der Gegenwart und durch die von der Menge des wissenschaftlichen Materials geforderte, zunehmende Theilung der Arbeit, wird auch das traditionelle Gebiet der eigentlichen medicinischen Klinik stets mehr eingeschränkt, sodass wir jetzt vor einer drohenden Auflösung der ehrwürdigen auf Hollands kräftigem Boden entstandenen Institution stehen. Und wenn dies nicht nur eine nothwendige Entwicklungsconsequenz ist, sondern auch eine Bewegung mit vielen verheissenden Zukunftsfrüchten für die Klinik und die Wissenschaft überhaupt, so ist es doch zugleich eine so radicale und in mancher Beziehung so bedenkliche Revolution, dass sie wohl kundigen Universitätsklinikern Furcht und Zweifel und damit zugleich den Trieb einflössen kann, die ihnen anvertraute bedeutungsvolle Institution gegen verletzende Unterminierung von Seiten der Hülfswissenschaften und der Detailarbeit zu vertheidigen.

Die fortgesetzte Theilung der Arbeit und das Umsichgreifen der Specialkliniken wird daher sicherlich nur eine Seite des Charakters der jetzigen klinischen Phase darstellen; eine zweite und vielleicht nicht weniger bedeutungsvolle Seite wird sich gerade in einer Reaction dagegen von Seiten der Freunde der alten klinischen Medicin unter Leitung der medicinischen Universitätskliniker offenbaren, eine Reaction, deren Tragweite und Folgen man noch nicht übersehen kann, die sich aber häufig durch sprechende Beweise von Seiten der Fach-Professoren documentiert hat. Am deutlichsten ist sie vielleicht in der Berliner Klinik zu Worte gekommen, wo der kürzlich verstorbene Frerichs namentlich in seinen letzten Jahren, in Verbindung mit Leyden, seinem Collegen und späteren Nachfolger auf dem Lehrstuhl der ersten medicinischen Klinik, entschlossen in die Schranken getreten ist gegen eine zu weitgehende einseitige Arbeitstheilung und für die Aufrechterhaltung der Einheit und Selbständigkeit der klinischen Medicin, für „die Untheilbarkeit des Organismus" und in Consequenz hiervon für die dauernde Verlegung des entscheidenden Schwerpunktes der Klinik an das Krankenbett und nicht in's Laboratorium[7]) -- Bestrebungen, die nach dem Tode Frerichs von seinem Nachfolger mit grosser Kraft und ebenfalls mit stets deutlicher Anknüpfung an historische und hippokratische Stützpunkte im Kampf gegen die drohende Revolution fortgesetzt worden sind. Auch mehrere andere Kliniker haben auf verschiedene Weise ihr Interesse für diese so fundamental wichtige Frage gezeigt, und so sehen wir, wie von Deutschland [Billroth, v. Ziemssen[8]), Rühle in Bonn, dem Polikliniker v. Dusch in Heidelberg, Henoch, Th. Jürgensen, Rumpf u. a.[9])], von Norwegen[10]) aus u. s. w. in Schriften verschiedener Art das weitere Schicksal der medicinischen Klinik erwogen und Mittel zur Abhülfe der Beschwerden, die in jedem Falle mit einer eingreifenden Uebergangsperiode verbunden sind, dargelegt werden. In diesen Schriften wird die Bedeutung und das Verhältnis der Poliklinik, besonders ihr Verhältnis zur stationären Klinik erörtert — die Frage über die Ordnung dieser Angelegenheit ist ja noch kürzlich in Berlin, nach dem Tode des unermüdlichen Poliklinikers Joseph Meyer, eine recht brennende gewesen — für die Errichtung besonderer propädeutischer Kliniken zur Ausbildung in den zahlreichen Uebungen der mannichfaltigen Technik gewirkt, und überhaupt eifrig nach einem den Verhältnissen und den erweiterten Ansprüchen der Wissenschaft angepasstem, zweckmässigem *modus vivendi* gestrebt. Möglicherweise könnte eine zusammenfassende objective Darstellung der historischen Entwicklung der medicinischen Klinik, wie diejenige, welche ich hier beabsichtige, auch einen nicht ganz unwichtigen Beitrag zur Lösung dieser brennenden und wichtigen Frage abgeben — und die Geschichte der Medicin also hier einen neuen Beweis dafür liefern, dass sie die Macht besitzt, die ich ihr vindicieren möchte; die Macht sich als einen Factor von gewisser actueller Bedeutung geltend zu machen.

Die hippokratische Klinik.

Die älteste Zeit.

Wenn die hippokratische Klinik schon durch ihre Bezeichnung als solche bestimmt zurückweist auf den Vater der Heilkunde, wenn ihr Hauptinhalt, sowie ihre Principien ihren Ursprung im Hippokratismus haben, so liegt die Frage nahe, ob denn diese antike Medicin, die den Nachdruck nur auf die genaue Beobachtung am Krankenbette legte, nicht selbst die naheliegenden praktischen Consequenzen aus ihrer Lehre gezogen und eine wirkliche Klinik eingerichtet habe. Diese Annahme, die auch durch positive Zeugnisse bestärkt wird, hat vor der Hand noch mehr für sich, wenn man sich erinnert, dass die Ausbildung in Griechenland überhaupt an wohl organisierten Privat-Schulen stattfand, und dass dies in erster Linie mit der Heilkunde der Fall war. Schon die allerälteste griechische Heilkunde, die mystischen Tempelkuren, die in Wirklichkeit jedoch eine Art von Hospitalskuren darstellten, und deren eigenthümliche, pompöse Verhältnisse ich in meinen früheren Vorlesungen beschrieben habe, stand unter der Leitung einer wohlorganisierten Priesterkaste mit ihren Adepten und mit Vererbung der geltenden Traditionen von einer Generation auf die andere. In den späteren auf die Basis ausgebildeter Erfahrung gestützten wirklichen Aerzteschulen der

Asklepiaden, die besondere Bedeutung gerade an den Stellen erlangten, wo die Tempelheilkunde florierte, nämlich auf Kos und in Knidos, erreichte der Unterricht der Schüler einen hohen Grad der Entwicklung. Hippokrates selbst war von Kos, Sohn eines Asklepiaden und aus einer solchen Aerzteschule hervorgegangen, und durch seine Schriften zieht sich wie ein rother Faden die Betonung der hohen Wichtigkeit einer klinischen Ausbildung.

Die Schrift „de officina medici" ($\kappa\alpha\tau'\ i\eta\tau\rho\varepsilon\tilde{\iota}o\nu$) betont gleich im Anfang, dass es in erster Linie darauf ankommt, mit Hülfe aller Sinne ein vollständiges Bild vom Zustande des Kranken zu gewinnen. Und dass diese Forderung ernst gemeint ist, geht hinreichend aus der ganzen semiotischen Entwicklung hervor, wie sie z. B. in „de humoribus" ($\pi\varepsilon\rho\grave{\iota}\ \chi\upsilon\mu\tilde{\omega}\nu$) formuliert ist — einer Schrift, die den Eindruck macht, als solle sie die Grundlage für Vorlesungen abgeben. Hier wird eine sehr ausgedehnte und minutiöse objective Untersuchung des Kranken nach allen Richtungen gefordert, man soll den ganzen Körper sowie die einzelnen Teile desselben beobachten, besehen und befühlen. Auf folgende Punkte wird die Aufmerksamkeit besonders gelenkt: Gemütsstimmung, Gedächtnis, Schlaf, Träume, Unruhe, Frostanfälle, Erbrechen und Diarrhoe, Husten, Auswurf, Schlucken, Niesen, Thränen, Hunger, Durst, Schmerzen, Sprache, Meteorismus, Nasen-Schleimhaut, die Hypochondrieen, Augen, Hautfarbe, Ausschlag, Palpitationen, Geschwulst unter der Haut und in den Gelenken, Zustand der Haare und der Nägel, Geruch der Haut, des Mundes, der Ohren, der Darmentleerungen und der Flatus, von Wunden, des Schweisses, Aussehen und Geruch des Urins, der Samenflüssigkeit, Absonderung der Brustdrüsen und des Uterus. Sogar zu einer physicalischen Untersuchung hat Hippokrates einen wichtigen

Anlauf gemacht, und es ist ja bekannt, dass er das Schütteln „Succussio" anwandte, um Ansammlungen in der Brusthöhle zu entdecken. In „de morbis" (περὶ νούσων) finden sich ferner Andeutungen der Auscultation, indem er beschreibt, wie man durch Anlegen des Ohres an die Brust des Kranken es „wie Essig kochen" oder „wie Leder knirschen" hören kann, womit er offenbar das pleuritische Reiben meint. An den verschiedensten Stellen in den hippokratischen Schriften wird unermüdlich die Nothwendigkeit betont, alle diese mannigfachen Phänomene genau zu beachten.

Die Ausbildung in der hippokratischen Zeit geschah in der Weise, dass die Schüler selbst sich einen Lehrer wählten, bei dem sie Unterricht genossen. Einige praktische Anleitungen erhielten sie in den sogenannten „ἰητρεῖα" (officinae medici), grossen und besonders für chirurgische Zwecke ausgestatteten Räumen in den besten Gegenden Athen's und anderer Städte, welche man wohl mit unsern alten Baderstuben oder den modernen Sanitätswachen vergleichen könnte. Sie standen unter der Leitung angesehener Aerzte und nahmen Kranke auf zu vorläufiger Hülfeleistung. Allmählich richteten auch die Gemeinden grosse „ἰητρεῖα" ein, wo ein bezahlter vom Staate angestellter Arzt zugegen war, und wo zugleich Betten vorhanden waren zur vorläufigen Aufnahme von Kranken, sodass sie also interimistische Hospitäler darstellten, während wirkliche, wohl organisierte Krankenhäuser im alten Griechenland nicht existierten. Genauere Aufklärung über die Beschaffenheit und Organisation des klinischen Unterrichts, der ohne Zweifel in diesen Räumen stattgefunden hat, habe ich indess nicht finden können, weder in der Schrift „κατ' ἰητρεῖον" noch in andern hippokratischen Schriften, wie ich auch ohne Erfolg einige weitere Nachforschungen, zum Theil mit kundigem philologischem Beistand, angestellt habe. Meinen Notizen hier und an manchen andern Punkten der älteren Geschichte liegen im wesentlichen die von Haeser sorgfältig gesammelten Daten zu Grunde.

Auch über die Verhältnisse im alten Rom kann ich nähere Aufklärung nicht geben. Die Ausbildung ging hier wahrscheinlich in derselben Weise vor sich wie in Griechenland, und es waren ja auch hauptsächlich Griechen, die im Römerreich die medicinische Hauptrolle spielten. Die Schüler pflegten sehr früh, meistens schon in den Knabenjahren, in die Schule bei einem Meister zu kommen. Eigentliche öffentliche Unterrichtsanstalten existierten auch hier nicht, wenigstens nicht in den früheren Perioden, das Ganze war im Wesentlichen wie in Griechenland Privatsache. Auch in Rom wurden in Nachahmung der griechischen ἰητρεῖα grosse Consultations-Räume etabliert: *„tabernae medici"* oder blos *„medicinae"*. Klinischer Unterricht fand sowohl hier als ambulatorisch statt, worüber sich bei verschiedenen Schriftstellern Mittheilungen finden, so z. B. bei Philostratus (Sophist, zuerst in Athen, später in Rom), der in einer Art von Roman, die den Zauberer Apollonios von Tyane zum Mittelpunkt hat, von 2 Aerzten spricht, die begleitet von 30 Schülern einen Kranken besuchen, und bei dem Satiriker Martialis, der über einen berühmten Arzt in Rom, Symmachus, folgendes Epigramm hat:

„Languebam, sed tu comitatus protinus ad me
Venisti centum, Symmache, discipulis
Centum me tetigere manus Aquilone gelatae
Nec habui febrem; Symmache, nunc habeo."

Hier sieht man also schon den grossen Konflict zwischen der Anforderung des Unterrichts und der humanen Rücksicht auf den Kranken hervortreten, den

Konflict, der auch später eine gewisse hemmende Rolle in der Entwickelung der Klinik gespielt hat, der um ein Haar die stethoskopischen Forschungen und Demonstrationen Traubes und Scodas gehemmt hätte und der ganz besonders in Bezug auf die geburtshülfliche Klinik (Credé u. a.) sich in verstärktem Maasse in der neuesten antiseptischen Periode geltend gemacht hat.

Aber das Hauptmittel zur Einrichtung einer wirklich methodischen Klinik, das Vorhandensein eigentlicher Krankenhäuser, fehlte noch, und diese Vorbedingung wurde erst geschaffen durch die thatkräftige Nächstenliebe des mittelalterlichen Christenthums. Indess konnte das Christenthum entsprechend seinem Geiste und seiner Tendenz sich nicht besonders günstig stellen zu dem grossen hippokratischen, unbefangenen Forschungs- und Beobachtungsprincip, dessen Bedeutung gerade im Mittelalter sehr in den Hintergrund tritt, und es wird daher verständlich, dass in den ersten christlichen Hospitälern, z. B. dem grossen *Hotel Dieu* in Paris, welches schon im 8ten Jahrhundert gegründet wurde, lange Zeit hindurch absolut keine Rede von solchem Unterricht war. Die Krankenhäuser waren ausschliesslich Wohlthätigkeitsanstalten unter Leitung der geistlichen Orden.

Etwas günstiger stellte sich das Verhältnis im Osten, in Mesopotamien, Syrien und besonders Persien, wo zuerst entflohene griechische Gelehrte, später auch die ebenfalls geflüchteten christlichen Nestorianer zum Theil in Verbindung mit Juden medicinische Lehranstalten gründeten, mit welchen allmählich auch klinischer Unterricht in Krankenhäusern verbunden wurde. Eine weitere Entwickelung erhielten diese Anstalten, als diese Länder von den Arabern erobert wurden. Die Kalifen, zum Theil warme Anhänger der Wissenschaft und der Medicin, richteten grosse Krankenhäuser ein, die von einem arabischen Verfasser Makrizi beschrieben sind. So war z. B. in Bagdad, diesem glänzenden Mittelpunkt der Wissenschaft, wo auf einmal 6000 Studierende versammelt gewesen sein sollen, ein grosses Krankenhaus mit 24 Aerzten und in Kahira ein ähnliches mit Apotheke, Vortragssaal für die Oberärzte und einer Poliklinik, wahrscheinlich also auch mit einem regelmässigen klinischen Unterricht, worüber aber nichts näheres berichtet wird.

Die arabischen Akademieen im Westen, in Spanien, zeigten in gewissen Beziehungen einen noch grossartigeren Aufschwung, z. B. in Cordova, wo eine riesige Bibliothek existierte, und namentlich in Sevilla, „diesem Centrum der Religion, der Mutter der Weisen, dem Lichte Andalusiens". Bei den toleranten Arabern konnten sowohl Juden wie Christen ohne Schwierigkeit studieren, und die zahlreichen jüdischen Aerzte in der mittleren Periode des Mittelalters gingen hauptsächlich aus von den arabischen Universitäten. Aber die Wissenschaft der Araber war vorwiegend theoretisch, speculativ, mit grosser Vorliebe für scharfsinnige Auslegung namentlich der galenischen Lehre. In praktischer Beziehung interessierten sie sich zunächst für die aufs feinste entwickelte Puls- und Urinlehre, wo ihre dialektischen Talente einen fruchtbaren Tummelplatz fanden, und für die Ausbildung einer immer künstlicheren Polypharmacie, bei der die zahlreichen Syruppe eine grosse Rolle spielten, besonders zum „Kochen" der kranken Säfte. Mit Rücksicht auf das Studium der Anatomie genügt es zu erwähnen, dass der Koran jede Berührung einer Leiche als unrein betrachtet und ausserdem noch auf das strengste Abbildungen lebender Gegenstände, wozu auch Leichen gezählt werden, verbietet. Die wirklich vorurtheilsfreie hippokratische Beobachtung konnte also in der arabischen Medicin niemals zu ihrem Rechte kommen.

Dies war dagegen vollständig der Fall in der bemerkenswerthen Schule in Salerno, deren Glanzperiode in das zehnte und elfte Jahrhundert fällt. Die Schule scheint, nach Haeser's Annahme, aus einem Collegium dort wohnender Aerzte hervorgegangen zu sein, die schon durch die Benennung *„Collegium hippocraticum"* ihren Standpunkt hinreichend praecisierten. Hier war lange Zeit der einzige Ort im ganzen christlichen Westen, wo eine höhere Schule der Heilkunde existierte, die vollständig ausserhalb geistlicher Oberhoheit stand. Die Lehrer waren verheirathet, ja es gab sogar Lehrerinnen und zwar sehr berühmte, Frauen und Töchter der Professoren, z. B. Abella im 11ten Jahrhundert, die *„de atra bile"* und *„de natura seminis humani"* schrieb, Trotula, die eine angesehene Schrift publicierte: *„De mulierum passionibus ante, in et post partum"*, und im 14ten Jahrhundert Constanza Callenda, ebenso schön wie gelehrt und promoviert zum *Dr. med.*; noch im 15ten Jahrhundert werden Mercuriadis und Rebecca Guarna genannt. Dass in dieser hippokratischen Schule auch klinischer Unterricht stattfand, ist sehr wahrscheinlich und wird noch wahrscheinlicher durch erhaltene klinische Literaturwerke. Eine Schrift *„Practica"* von einem Salernitaner, der sich Archimatthaeus nennt, enthält eine Sammlung von klinischen Fällen, in welchen im Geiste des echten Hippokratismus ein Hauptgewicht auf diätetische Therapie gelegt wird. Uebrigens darf dieses Werk nicht verwechselt werden mit einer andern Schrift *„Practica"* von einem Salernitaner Bartholomaeus; diese ist eine Arzeneimittellehre, und sie bietet ein besonderes Interesse dar, weil sie als Grundlage für die meisten alten Schriften über Arzeneimittel in Deutschland benutzt worden ist, wie auch das dänische Arzeneibuch von Henrik Harpestreng etwas daraus entnommen zu haben scheint. Inzwischen entwickelte sich die Schule zu Salerno allmählich zu einer vollständigen Universität für „weltliche Wissenschaft", die 1213 von Friedrich II. zur Staatsanstalt erhoben wurde. Aber zugleich mit diesen glänzenderen äusseren Verhältnissen begann der Rückgang sich zu zeigen, der echte Hippokratismus musste Schritt für Schritt den arabischen Uebersetzungen und Bearbeitungen des Aristoteles und Galen weichen; dazu kam, dass die scholastische Philosophie mehr und mehr die Alleinherrschaft an sich riss, und das Resultat war, dass allmählig jede freie Forschung, und besonders jedes medicinische Forschen erstickt wurde. Die meisten neuentstandenen Universitäten mussten in steigendem Maasse hierunter leiden, an Stelle von Beobachtungen traten scholastische Auslegungen. Von einem klinischen Unterricht aber war kaum mehr die Rede.

Verhältnismässig günstig blieben mit Rücksicht auf die Medicin doch die italienischen Universitäten gestellt, nicht nur Salerno, sondern auch Padua und Bologna, wo die Tradition von einem klinischen Unterricht wohl niemals vollständig verloren ging. Aber diese erhielten nun einen gefährlichen Nebenbuhler in einer französischen Universität in Montpellier. Auch diese war hervorgegangen aus einer freien Schule der Heilkunde, die früh im Mittelalter unter Mitwirkung jüdischer Gelehrter gestiftet war, und in höherem Grade als irgend eine andere Universität wusste diese sich das ganze Mittelalter hindurch von der Hegemonie der Kirche frei zu halten. Hier fuhr man fort auf Empirie und Beobachtung Gewicht zu legen, und man pflegte auch in echt hippokratischem Sinne die Chirurgie, sodass der grosse Guy de Chauliac von hier seinen Ausgangspunkt nehmen konnte. Ein eigentlich klinischer Unterricht hat hier jedoch kaum in dieser Periode stattgefunden, und die „*Practica*", die eine regelmässige Disciplin sowohl hier wie an anderen Universitäten darstellten, umfassten nur verschiedene mehr theoretische Unterrichtsfächer.

Im Beginn der Renaissance trifft man allerdings Anzeichen, die auf eine gewisse Vertrautheit mit klinischem Unterricht deuten; so findet man in der Dresdener Bibliothek einen prachtvollen galen'schen Pergamentcodex aus dem 15ten Jahrhundert in lateinischer Uebersetzung mit colorierten Initialen, in welchem unter anderm ein Arzt dargestellt wird, der einem Schüler einen abgezehrten Kranken demonstriert, während jener ein Recept nach Dictat des Lehrers schreibt. Daneben stehen pflegende Nonnen. Dies findet aber seine Erklärung darin, dass der genannte Codex eine Abschrift einer lateinischen Uebersetzung zu sein scheint, die im 14ten Jahrhundert von dem gelehrten und verdienten salernitanischen Professor Nicolaus de Reggio hergestellt ist. Ueberhaupt musste die Renaissance unter dem zunehmenden Einfluss des ursprünglichen hippokratischen Geistes allmählig dahin kommen, die Aufmerksamkeit auch auf die Wichtigkeit klinischer Anleitung zu richten, und die alte Sitte, dass berühmte Aerzte Schüler mitnahmen zu ihren Kranken, musste bald allgemeiner werden. Vielleicht kam man auch, wenigstens an einzelnen Stellen, der Organisation einer wirklichen Poliklinik etwas näher, z. B. in Montpellier. Wenigstens ist es ein Arzt aus Montpellier aus dem Anfang des 17ten Jahrhunderts, Theophrast Renaudot, der einen frühen Versuch gemacht hat, eine solche in Paris zu gründen.

Dieser gewiss durchaus nicht eigentlich grosse, aber jedenfalls merkwürdige und in seiner Art geniale Mann[1], dessen am meisten hervortretende Charaktereigenschaft ein ausserordentlicher Wirkungsdrang ist, zog ungefähr

1612 von Montpellier in die Hauptstadt, wo er hoffen durfte mit Hülfe Richelieus, dessen Bekanntschaft er früher gemacht hatte, ein weites Feld für seine Thätigkeit zu finden. Den Stein religiösen Anstosses, dass er Reformierter war, entfernte er schnell, indem er zur katholischen Kirche übertrat; und nun genoss er Jahre lang den wirksamen Schutz Richelieu's und selbst den des schwachen Königs Ludwig XIII. Er wurde Leibarzt des Königs und beseitigte dadurch alle Hindernisse, welche von der eifrigen Pariser Facultät, die nur ihre eigenen promovierten Aerzte dulden wollte, seiner ärztlichen Thätigkeit in Paris in den Weg gelegt wurden. Aber es war ihm zu wenig nur zu praktisieren. In einem Hause der *Rue de la Calandre* richtete er ein Nachweisungsbureau mit einem „*coc d'or*" als Schild ein, wo man Adressen erfragen konnte — eine Form der „Adressbücher", die bald in andern Städten Nachahmung fand — damit verband er kurz darauf ein Miethscomptoir und ferner ein Assistenzhaus (Lombard, *maut-de-pitié*), eine italienische Einrichtung, sammt einem chemischen Laboratorium, wo er auch Unterricht gab und namentlich die von der Pariser Facultät verbannten Paracelsischen Antimonpräparate fabricierte, deren therapeutischen Werth er in Montpellier kennen gelernt hatte. Seiner umfassenden Thätigkeit setzte er aber die Krone auf, als er, was bis dahin unbekannt war, begann eine Zeitung „*Gazette*" herauszugeben, deren unmittelbare Fortsetzung „*Gazette de France*" zu sein sich gerühmt hat. Zuerst erschien sie nur in Manuscript 1 Mal wöchentlich, später wurde sie gedruckt und enthielt zahlreiche Neuigkeiten sowohl von auswärts als von Paris, aber wesentlich unschuldiger Art, was selbst der ihm übelgesinnte Pariser Professor Guy Patin in seinen Briefen bezeugt: „R. thut nichts, was Werth hat, es sollte denn seine Sonnabend-Zeitung sein, die angenehm zu lesen ist, da sie nie schlechte Neuigkeiten bringt, deren man sonst genug hört in dieser Zeit." Indess war doch etwas sehr schlimmes an der Zeitung, und zwar besonders in den Augen Guy Patin's und der übrigen Mitglieder der Facultät, lauter Anhängern des Galen; die letzte Seite nämlich war regelmässig eingenommen von grossen Reclamen für all die ausgezeichneten Heilmittel, die man „*à l'enseigne du Coc d'or*" kaufen konnte, und in erster Linie für das Antimon, dessen Lob stets aufs lauteste ausposaunt wurde. Aus diesem Grunde machte die Facultät auch den Versuch die Zeitung zu unterdrücken, aber der König, der sie sehr begünstigte, und wie das Gerücht ging, selbst darin schrieb, hielt seine schützende Hand über sie. Als jedoch sein Geschäft allmählich immer grössere Dimensionen annahm, wurde Renaudot mehr philanthropisch und begann Sonnabends seine Antimonmittel gratis an die Armen zu verteilen. Und hieraus entwickelte sich zuletzt die Poliklinik, die mir Anlass giebt, diese originelle Persönlichkeit herbeizuziehen. Zunächst hielt er die Dispensieranstalt nur Sonnabends offen, später aber jeden Werktag, und der Zudrang wurde so stark, dass er mehrere (junge) Mediciner von Montpellier zur Assistance verschreiben musste. Zuletzt hatte er 15 junge Aerzte aus Montpellier an der um die Dispensieranstalt concentrierten Poliklinik angestellt. Er war jetzt auf der Höhe seines Ruhmes, wurde zum Generalcommissar für die ganze Armenpflege in Paris ernannt und verbesserte dieselbe nach vielen Richtungen. Aber als Richelieu 1642 gestorben war und der König zugleich schwächlicher wurde, fiel die Pariser Facultät über ihn her und setzte es, trotzdem die medicinische Facultät zu Montpellier des Princips wegen kräftig für ihn in die Schranken trat, durch, dass ihm das Recht zu practicieren abgesprochen wurde. Er fuhr indess fort seine Zeitung herauszugeben und suchte seine Gegner zu versöhnen, indem er seine beiden Söhne in die Pariser Corporation als medicinische Doctoren einschreiben liess. Dreizehn Jahre nach seinem Tode (1653) musste die Pariser Facultät den freien Gebrauch der Antimonpräparate verordnen.

Renaudot's Poliklinik war nur von kurzer Dauer, und andere Spuren eines wirklich klinischen Unterrichts finden wir nicht in Paris, weder in der Zeit der Renaissance noch in den folgenden Jahrhunderten. Die doctrinären Galenisten der Facultät sahen höhnisch auf einen solchen Unterricht herab, und das uralte grosse Pariser Hospital *Hôtel Dieu* (ursprünglich übrigens der gemeinsame Name für französische Krankenhäuser), welches ungefähr 1200 Kranke fassen konnte, wurde ebenso wenig wie das am Schluss des 16ten Jahrhunderts gegründete „*La Charité*" fruchtbringend gemacht für die Ausbildung von Aerzten oder überhaupt für irgend einen wissenschaftlichen Zweck. Die Krankenhäuser wurden nur als Stätten der Barmherzigkeit betrachtet und wurden hauptsächlich von den geistlichen Gesellschaften in Verbindung mit einigen Chirurgen geleitet.

Wir besitzen einen recht illustrierenden und in seiner Art interessanten Bericht[3] über die Verhältnisse im *Hôtel Dieu* im 17ten Jahrhundert; derselbe rührt her von einem Patienten, der damals dort behandelt wurde, einem später in Dresden ansässigen „Bürger und Schneider" Christoph Rink. Derselbe hielt sich als Geselle in Paris auf, wurde krank, und als verschiedene Aderlässe ihm nicht halfen, sandte sein Meister eine „*supplic*" an das neue Hospital *La Charité* um Aufnahme. Hier war jedoch kein Platz, und er wandte sich daher an das alte *Hôtel Dieu*, wo er auch ohne Schwierigkeit aufgenommen wurde. Die Bedienung bestand damals aus 300 Nonnen als Pflegemüttern und Schwestern, 9 Priestern, 6 Apothekern und 8 Barbieren. Ein alter Barbier empfing ihn in der Aufnahmestube und befühlte ihn, um seine Krankheit zu entdecken, ein Priester schrieb ihn ein, und zwei Schwestern führten ihn zu seinem „Quartier", wo er in ein grosses Bett zwischen 2 andere Kranke gelegt wurde und zwar so, dass sein Kopf zwischen den Füssen seiner Bettkameraden zu liegen kam, was er durch eine Abbildung weiter illustriert. In diesem Quartier waren überhaupt nur solche grosse Betten für mehrere Kranke, und erst wenn der Tod nahe war, wurde der betreffende Patient isoliert.

Nach Ténon und Coste[4]) lagen noch im vorigen Jahrhundert oft sogar mehr als 3 Patienten in einem Bett; namentlich lagen oft 4 Wöchnerinnen zusammen. Rinks Kameraden starben beide. Die erste Behandlung, der er unterworfen wurde, war psychischer Art; man versuchte nämlich ihn zu der rechten Lehre zu bekehren, aber dieser Versuch prallte ab an dem standhaften Lutheraner. Am folgenden Tage kam der Medicus mit Apotheker und Barbier, und nun ging es los mit dem traditionellen Aderlass, der nicht weniger denn 20 Mal an ihm vollzogen wurde, abwechselnd an beiden Armen, was er alles gut überstand. Andere Beachtung wurde ihm von Seiten des Arztes nicht zu Teil, die Nonnen dagegen waren unermüdlich bestrebt ihn zu pflegen und ihm Tag und Nacht erfrischende Getränke zu reichen, er preist sie darum auch in hohem Grade in seiner altmodischen treuherzigen Sprache: „Die grosse Mühe, stanck und Ungemack dulden diese Nonnen alles mit gedult und fröhligem Herzen, sprechen denen Kranken zu gleich einer Mutter oder noch besser — ich habe dergleichen in keinem Land oder Stadt gehöret, und beschämen sie die eigennützigen Lutheraner."

Dies war gerade in der Periode, wo die praktische Medicin der Pariser Facultät von dem mehr bekannten als berühmten Galenisten Guy Patin (1601—72) geleitet wurde, dessen ganze Therapie in *saigner* und *senner* bestand. Aber diese beiden Kurmethoden, Aderlass und Sennesblätter, wandte er auch im reichsten Maasse an, selbst bei Säuglingen, und seine Methode beherrschte die rechtgläubige französische Therapie noch bis weit in das folgende Jahrhundert hinein. So erzählt Peter Frank[5]), der seiner praktischer Ausbildung wegen nach Strassburg kam, dass auf dem dortigen grossen Militärhospital der medicinische Oberarzt nur auf folgende Art seinen 200 Patienten gegenüber auftrat: Er trat schnell in den Krankensaal hinein, begleitet rechts von einem Barbier, links von einem Apotheker, beide bestimmt die respectiven Ordinationen zu notieren. Er bleibt beim ersten Bett stehen, wirft einen Blick nach rechts und links auf das schon Notierte im Journal des Barbiers und des Apothekers und sagt: „*Jean, comment vous portez vous?*" „*Trés mal monsieur le médecin!*" antwortet der Soldat. „*Avez-vous été saigné?*" „*Oui, monsieur!*" „*Avez-vous pris la médecine à purger?*" „*Oui, monsieur!*" Zugleich legt er 2 Finger auf den Puls und befiehlt: nach rechts „*Saignée!*" nach links „*Médecine évacuante!*" Während die beiden Assistenten eilfertig die Ordinationen notieren, ist er schon am nächsten Bett, wo es ganz ähnlich hergeht, und so weiter bei allen acut Kranken, die er so in einer halben Stunde abfertigen kann.

Trotz der grossen Hospitäler war ein eigentlicher klinischer Unterricht in Paris und wohl überhaupt in Frankreich bis in die letzten Decennien des 18ten Jahrhunderts vollständig unbekannt. Für den jämmerlichen, stagnierenden Standpunkt der officiellen französischen

Medicin liegt aus dem 17ten Jahrhundert, dem Zeitalter Guy Patins, ein hinreichend bekanntes Zeugnis vor in Molières beissender Persiflage, namentlich in seiner letzten Komödie, „*le malade imaginaire*", in den Doctoren Diafoirus, Vater und Sohn. Sehr charakteristisch und treffend ist in dieser Beziehung die grosse Replique, in welcher der alte Doctor die Vorzüge seines Sohns hervorhebt, um diesen in seinen Bemühungen um Angelique, die Tochter des eingebildeten Kranken, zu unterstützen: „*Il est ferme dans la dispute, fort comme un turc sur ses principes, ne démord jamais de son opinion et poursuit un raisonnement jusque dans les derniers coins de la logique. Mais, sur toute chose, se qui me plaît en lui, et en quoi il suit mon exemple, c'est qu'il s'attache aveuglement aux opinions de nos anciens, et que jamais il n'a voulu comprendre ni écouter les raisons et les expériences des prétendues découvertes de notre siècle touchant la circulation du sang et autre opinions de même farine.*" Und der Sohn Thomas holt dann stolz eine These gegen die verworfenen „*circulateurs*" aus der Tasche, um Argan und Angelique noch mehr zu imponieren. Am meisten drastisch ist jedoch das Zwischenspiel, das eine Doctorpromotion darstellt, wobei der Baccalaureus die schlafbringende Wirkung des Opiums aus einer „*virtus dormitiva*" erklärt und auf alle Fragen der Doctoren nach den Mitteln, die bei den verschiedensten Krankheiten angewendet werden müssen, stets nur antwortet:

Clysterium donare
Postea seignare
Ensuita purgare
Reseignare, repurgare et reclysterisare;

wozu dann der Chor applaudiert:

Bene, bene, bene, bene respondere
Dignus est intrare
In nostro docto corpore.

Die Medicin in Paris verdiente in Wircklichkeit solch blutigen Hohn. Die Ausbildung bestand nur in Thesen mit ewigen Disputationen, in theoretischen Commentaren der Galenischen Schriften, wirkliche Krankenbeobachtungen wurden gar nicht berücksichtigt. In Deutschland und an manchen andern Orten stand es nicht besser, und ich habe ein wenig bei dieser Kehrseite der Medaille verweilt, um dadurch die ganze eminente Bedeutung der Klinik, wie sie gleichzeitig in Holland in Flor kam, um so deutlicher hervortreten zu lassen. Allerdings wendet auch die Klinik sowohl Clystier als Venaesection an, beides sind ja hippokratische Hauptmittel, aber der grosse Unterschied ist der dass es hier auf Grund sorgfältiger Krankenbeobachtung und Individualisirung geschieht, in der galenischen Pariser Schule dagegen nur ganz schematisch.

Es würde jedoch sehr Unrecht sein unerwähnt zu lassen, dass die Pariser Schule schon im 16ten Jahrhundert mehrere Gelehrte und Praktiker besass, die ihre Mitwelt bedeutend überragten sowohl durch Vorurteilslosigkeit und geistige Ueberlegenheit als auch durch positive Kenntnisse; dieselben haben einen bedeutenden, günstigen Einfluss auf die praktische Medicin ausgeübt, indem sie dieselbe von dem früher alleinherrschenden arabischen Galenismus ab- und einem reineren Hippokratismus zuführten. Von diesen muss besonders der gelehrte Duret, Herausgeber und Commentator mehrerer wichtiger hippokratischen Schriften, hervorgehoben werden, sowie auch dessen Schüler Joh. Fernelius (1485—1558), einer der berühmtesten Aerzte seiner Zeit. Wir haben um so mehr Grund diesen Schriftsteller und Praktiker hervorzuheben, als seine Schriften und namentlich seine „*universa medicina*" zum Teil die Grundlage des Inhalts der späteren holländischen Klinik bilden. Der Leydener Professor van Heurne sagt treffend von Fernelius: „*Fernelius arabum ductum non sine Graecorum demonstrationibus secutus est. Ejus lectionem laudo.*"[6]) Dies ist in Wirklichkeit der Standpunkt Fernels, wohl noch zum Teil gestützt auf den arabischen Galenismus, zugleich aber doch dahinarbeitend die Medicin von demselben loszureissen. So z. B. mit Rücksicht auf die Uroskopie, einen Hauptpunkt des alten Doctrinarismus. Er erkennt wohl zum Teil die ganze auf dieselbe gestützte subtile Diagnostik an, und nach dem Zeugnis seines Freundes Plancy in der in „*universa medicina*" abgedruckten Biographie bestand seine grosse Vormittags-Consultation, die vielleicht eine Art Poliklinik mit Unterricht darstellte, zum grossen Teil in der Inspection von zugesandtem Urin und darauf basiertem Gutachten über den betreffenden Patienten. Aber daneben tritt er mit scharfer Kritik auf gegen die „*uroscopi, qui multa de absente aegroto ex sola urinae inspectione augurentur.*" In der Therapie ist er vorwiegend arabisch, und die zahlreichen complicierten Syrupe dieser Schule spielen eine besonders hervorragende Rolle. Auch Fernels Schüler Baillou (Ballonicus) war ein hervorragender Arzt von vorwiegend hippokratischer Richtung, und hat als solcher eine wesentliche Bedeutung für die spätere Klinik gehabt.

Höher als Paris jedoch stand Montpellier, wo ein freierer Geist, besonders in praktischer Beziehung sich zu regen fortfuhr; auch stand diese Facultät stets in einem gespannten Verhältnis zu Paris. Freilich erklärt Th. Bartholin[7]), der 1641 nach Montpellier kam „*propter veterem medicinae famam*", dass er in wissenschaftlicher Beziehung in hohem Grade enttäuscht worden sei; die

Professoren sind „*solis disputationibus candidatorum occupati*" und „*pauca praestant*". Es scheint also damals ein gewisser Rückschritt stattgefunden zu haben, wenn anders Bartholin, dessen Verständnis für die Erfordernisse der praktischen Medicin wahrscheinlich sehr mangelhaft war, richtig hierüber urteilt. Aber kurz darauf tritt der berühmte Charles Barbeyrac (1629—99), „Languedoc's Hippokrates" [8]), auf.

Barbeyrac's litterarischer Nachlass und namentlich seine berühmten „*Dissertations*", in welchen er die Krankheiten der Lunge, des Herzens, des Magens, und ferner Frauenkrankheiten, venerische und einzelne andere Krankheiten behandelt, zeugen von einem klaren, reformatorischen Geist und zwar sowohl auf pathologischem als auf therapeutischem Gebiet. Er erhebt nicht nur Widerspruch gegen den galenischen Dogmatismus, sondern wagt es sogar Hippokrates' eigene Anschauungen zu kritisieren, z. B. in der Lehre von der Genese der Peripneumonie, wie er denn überhaupt wohl der erste ist, der recht scharf zwischen Pneumonie und Pleuritis unterscheidet. Auch seine Behandlung der Phtise zeigt selbständige Beobachtung und Auffassung, und im Gegensatzt zu den Alten, für welche die Krankheit nur durch ein *ulcus pulmonum* bedingt wurde, hebt er hervor, dass man neben dieser Genese eine Entwickelung von Tuberkeln wohl beachten muss, die er häufig bei Sectionen constatiert hat. „Es sterben eine Menge Phtisiker ohne dass die Lungen ulceriert sind, sondern dieselben sind nur gefüllt mit Verhärtungen oder Tuberkeln oder *matières sabuleuses*." Ich nehme besonderen Anlass dies hervorzuheben, da die historischen Tuberkelforscher, z. B. Waldenburg [9]), dies nicht beachtet, sondern seinen Schülern Morton und Sydenham, sowie seinem Zeitgenossen Sylvius alle Ehre des Tuberkelnachweises zugeschoben haben. In seiner Therapie zeigt er sich echt hippokratisch, bestrebt einfache Mittel anzuwenden. Besonders reformatorisch ist seine Opposition gegen die traditionelle Anwendung anregender Mittel, um bei verschiedenen Fieberkrankheiten, namentlich bei den Pocken, die *Materia peccans* auszutreiben, was auch ausführlich in seinen „*Dissertations*" behandelt wird. Er betont im Gegenteil die Wichtigkeit einer kühlenden und erfrischenden Behandlung: „Die Alten beachteten nicht, dass sie durch die anregende Behandlung das Fieber erhöhten, welches grade die meiste Gefahr bringt". Für seine Zeit hat er eine ausserordentlich grosse Bedeutung gehabt und, obgleich durch sein reformiertes Glaubensbekenntnis von der Facultät ausgeschlossen, übte er doch eine äusserst fruchtbare praktisch medicinische Lehrthätigkeit aus und hatte einen Sydenham unter seinen Schülern. Haller nennt ihn sogar „*summus clinicus*", und es kann kaum zweifelhaft sein, dass er methodisch poliklinischen Unterricht gegeben hat, obwohl keine bestimmten Mittheilungen darüber vorliegen.

Vornehmlich sind es jedoch die blühenden italienischen Universitäten, welche die Tradition der Schule zu Salerno auch in der Richtung aufrechthalten, dass sie wenigstens dann und wann klinischen Unterricht abhalten. So ist es z. B. bekannt, dass früh im 16ten Jahrhundert eine Klinik am Hospital San Francesco in Padua bestand, geleitet von Montanus (da Monte), einem gelehrten und angesehenen Arzt, bekannt sowohl durch seine Bearbeitung medicinischer Klassiker als durch seine Teilnahme an dem grossen Aderlassstreit Brissot's, in welchem er, gemeinschaftlich mit seinem Freunde und Universitätscollegen Vesal auf Seite der Hippocratiker gegenüber der arabischen Lehre stand — nach dieser sollte der Aderlass möglichst entfernt von der afficierten Stelle appliciert werden, z. B. am besten an den Füssen bei Lungenentzündung, während die Hippokratiker stets an dem der Entzündung entsprechenden Arm zur Ader liessen.

Aber während wir auch von da Montes Klinik nichts näheres wissen, liegen von ähnlichen Versuchen seines Nachfolgers, Degli Oddi, bestimmte Mitteilungen vor. In einem alten Bericht über das Gymnasium Patavinum [10]) von Tomasini, später hervorgezogen von Comparetti, einem angesehenen Kliniker in Padua am Schlusse des vorigen Jahrhunderts, wird erzählt, dass es die germanische Nation an der Universität war, die im Jahre 1578 Wiederaufnahme des klinischen Unterrichts verlangte. Die Studentencorporationen konnten mit einer so bestimmten Forderung auftreten, da die Universität zu Padua damals noch die alte freie und demokratische Stellung hatte, wo alle Universitäts-Angelegenheiten, auch die Wahl der Professoren von den Consiliarii der Nationen in Verbindung mit dem Rector, der ebenfalls ein Student war, abgeschlossen wurden. *„Rectore Slatarichio agente Germanorum praecipue nomine decretum est, ut professores duo ex practicorum classe xenodochium statis temporibus inviserent, ibique de morbis per occasionem oblatis ad juventutis utilitatem dissererent."* Es wurde ein Männersaal und ein Weibersaal zur Klinik eingerichtet, und degli Oddi übernahm selbst den letzteren, während der Männersaal seinem Collegen Bottoni übertragen wurde. Es wurden nicht nur regelmässig klinische Vorträge gehalten, sondern es wurden auch Sectionen mit zugehörigen Demonstrationen während der ganzen kalten Jahreszeit ausgeführt. Diese anatomischen Uebungen mussten indess nach Tomasini bald eingestellt werden *„querelis anicularum ad praefectos loci delatis professoribus interdictum est, ne ullum cadaver in posterum aperiretur."* Die Untersuchung menschlicher

Leichen war damals noch sehr wenig gern gesehen, und es ging den Professoren in Padua nicht besser als dem gleichzeitigen dänischen Anatomen Anders Christensen.

Dieser klinische Unterricht in Padua war übrigens nicht von langer Dauer, sondern sank wieder herab zu einer „*schola de pulsibus et urinis*" und scheint auch nicht viel anderes gewesen zu sein, als Th. Bartholin hier 1642 praktischen Unterricht bei Giulio Sala [11]) genoss. Es knüpft sich indess ein besonderes Interesse daran, und zwar namentlich deshalb, weil diese Klinik das unmittelbare Vorbild für die im folgenden Jahrhundert in Holland errichtete klinische Institution abgiebt, durch welche dieser wichtige Unterricht erst seine bleibende Bedeutung gewinnt und wirkliches Bürgerrecht in der Facultät erhält. Unter den Schülern degli Oddi's und Bottoni's befand sich nämlich ein holländischer Mediciner, Jan van Heurne, der nicht nur in Padua promovierte, sondern hernach einige Jahre als Arzt dort lebte, und der hier reiche Gelegenheit hatte sowohl hippokratische Grundsätze einzusaugen, als auch die Bedeutung der Klinik schätzen zu lernen. Nachdem er dann Professor der Medicin in Leyden geworden war, fuhr er fort energisch dahin zu streben den Hippokratismus zu activer Geltung zu bringen, was hinreichend zu Tage tritt sowohl in seiner commentierten Ausgabe des Hippokrates, die von Curt Sprengel zu „den besten in ihrer Art" gezählt wird, als auch in anderen geradezu didaktischen Schriften. Als Grundlage seiner Vorlesungen über practische Medizin hat er übrigens, wenigstens zum Teil, wie auch später sein Sohn, Fernelius benutzt, zugleich aber durch zahlreiche hinzugefügte Bemerkungen und Commentare versucht die Anschauungen desselben einem wirklichen Hippokratismus näher zu bringen. Was ihn verhindert hat, die praktischen Consequenzen seines Standpunktes zu ziehen und nach Paduas Beispiel eine Klinik zu gründen, muss dahin gestellt bleiben; aber diese wichtige Einrichtung an der Universität zu Tage treten zu sehen, erlebte er nicht, das war erst seinem Sohn und Nachfolger in der Facultät, Otto van Heurne, vorbehalten. Mit diesem, der seinem Vater 1601 im Amt folgte, und einem gleichzeitigen Professor in Utrecht, ebenfalls einem der ausgezeichneten Schüler Jan van Heurnes, beginnt die wirkliche, grosse und bedeutungsvolle Geschichte der Klinik.

Die holländische Klinik 1636—1738.

I. Van Heurne und seine Zeitgenossen.

Dieselben Schwierigkeiten, die Jan van Heurne an der Errichtung einer Klinik in Leyden gehindert hatten, scheinen sich auch später während der Professur seines Sohnes geltend gemacht zu haben. Obgleich die Sache fortwährend in Erwägung war, obgleich der Hippokratismus sich so emporgerungen hatte, dass seine praktischen Consequenzen in einer Klinik unabweisbar schienen, vergeht doch noch eine Reihe von Jahren, ohne dass man der Verwirklichung sonderlich näher kommt. Und so geschieht es, dass Leyden die Ehre verscherzt die erste holländische Klinik eröffnet zu haben, und dass im Gegenteil eine neuere, concurrierende Nachbaruniversität sich die Priorität durch ein ausserordentlich resolutes Auftreten aneignen kann. Zugleich mit der Einweihung und Eröffnung der Universität Utrecht im Jahre 1636, steht hier eine klinische Institution vollkommen fertig, um in Wirksamkeit zu treten.

Es ist Willem van der Straten (Stratenus) (1593 —1681), wie sein Lehrer in Utrecht geboren und hier lange Jahre angesehener Arzt, der gleich bei der Eröffnung der Universität mit einem organisierten *„collegium practicum publicum, in quo ad morbos caute curandos studiosi in nosocomio instruuntur"* hervortritt und sofort beginnt klinischen Unterricht im Utrechter Hospital zu geben. Ueber die Methode seines Unterrichts sagt der spätere Professor in Leyden, der Preusse Albert Kyper, in einer interessanten Schrift vom Jahre 1643, die ausführlich den medicinischen Unterricht behandelt, „*medicinam rite discendi et exercendi methodus*" [12]: Sehr muss ich den berühmten und kundigen Stratenus, Arzt in Utrecht und zugleich daselbst Professor der praktischen Medicin und der Anatomie, loben, indem er nicht nur, soweit es an ihm liegt, seinen Kranken im Hospital die sorgfältigste Kur angedeihen lässt und auf's genaueste Rücksicht nimmt auf die Diät (ein Ausdruck seines hippokratischen Standpunktes), sondern auch, wenn er in Gegenwart einer Schaar Studierender einen Kranken untersucht hat, darnach aus der Krankengeschichte die Frage löst, welche Krankheit vorliegt, welches die Ursachen, die Symptome und die Prognose ist und welche Kur angewendet werden muss, und dann die so behandelte Krankengeschichte in öffentlicher Disputation erörtern lässt." Also bestand seine Klinik in Vortrag verbunden mit der damals allgemeinen Disputation. Dass er eine Capacität gewesen ist, geht unter anderem daraus hervor, dass man einige Jahre später sich vergebens bemühte ihn für die Universität zu Leyden zu gewinnen; übrigens wurde seine klinische Thätigkeit in Utrecht bald dadurch abgebrochen, dass er eine Stellung als Leibarzt bei Prinz Friedrich Wilhelm von Oranien und später bei dessen Sohn Wilhelm II und Enkel Wilhelm III annahm. 1672 kehrte er in seine Vaterstadt zurück, doch nicht als Arzt oder Professor der Medicin, sondern als Bürgermeister [13]. Straten ist offenbar ein Mann von vielseitiger, bedeutender Begabung und einem unruhigen Streben nach verschiedenartiger, hervorragender Thätigkeit gewesen und hat sich nicht dauernd in der Medicin concentrieren können —

eine Persönlichkeit, die an den dänischen Kliniker Fenger erinnert.

Aber dieser rasche Coup von Seiten Utrechts brachte Leyden endlich dahin seine Ueberlegungen zum Abschluss zu bringen und sich aufzuraffen, um auch ferner die Hegemonie aufrecht zu erhalten, auf welche diese stolze Universität schon durch ihre glänzende Entstehungsgeschichte Anspruch machen konnte. Dieselbe war ja eingeweiht worden mitten im grossen Befreiungskriege und unmittelbar nach der glücklichen Beendigung der heldenmütigen Verteidigung der Stadt, als der Prinz von Oranien die Wahl stellte zwischen der Befreiung von allen Steuern für lange Zeit oder der Errichtung einer Universität. Die Bürgerschaft mit dem unbeugsamen Bürgermeister van der Werf an der Spitze zeigte da ihren hohen Blick, indem sie resolut eine Universität verlangte — die Bürger wollten sich ebenso gross im Frieden wie im Kampf zeigen: sie begnügten sich nicht mit der Ehre die Retter des Vaterlandes zu sein, sondern sie wollten auch das Centrum der Wissenschaft innerhalb der ehrwürdigen Mauern ihrer Stadt haben. Und die kühnen Wünsche gingen vollauf in Erfüllung, und das nicht am wenigsten in Bezug auf die medicinische Wissenschaft. Bis weit hinein in das 18te Jahrhundert war wohl kein Mediciner, der seine Kenntnisse in weiterem Maasse zu vervollkommnen strebte, wenigstens nicht im ganzen nördlichen Europa, der nicht die Leydener Universität aufsuchte. Nur ein flüchtiger Ueberblick in Bricka's [14] Verzeichnis der Dänen und Norweger, die in Leyden immatriculiert waren, legt hiervon ein sprechendes Zeugniss ab.

Schon im Jahre nach der Stiftung der Universität Utrecht finden wir die Klinik in Leyden in Thätigkeit im „St. Caecilia Gasthuis", einem, wie es scheint, unansehnlichen Hospitalsgebäude, das nur kurz erwähnt und nicht abgebildet ist in der illustrierten Beschreibung Leydens, die van Lewen [15]) publiciert hat. Der erste medicinische Professor Otto van Heurne bildet im Verein mit Ewaldus Schrevelius (1575—1646) ein *"collegium medicum practicum"* (1637), entsprechend dem Muster Paduas, und mit einer vom Kuratorium bewilligten Gehaltszulage von 200 Gulden für die Professoren. Beide waren fungierende Aerzte am Hospital, welches übrigens von mehreren Staatsärzten geleitet wurde, und die Stadt, die in ihrer damaligen Glanzperiode über 100,000 Einwohner hatte, konnte leicht eine Klinik mit passendem Material versehen. Es wurde eine getrennte klinische Abteilung im Hospital eingerichtet mit 2 Krankensälen, der eine für Männer, der andere für Frauen, jeder sechs Betten enthaltend, die mit Patienten vom übrigen Hospital belegt wurden. Ein geräumiges *Theatrum anatomicum* wurde neben dem Hospital aufgeführt, wo die Sectionen vom Chirurgen *"praesente medico"* vorgenommen wurden. Zwei Medici, einer für jeden Saal, nebst einem Chirurgen fungierten als Assistenten, und es wurde genaues Krankenjournal geführt (*"Diarium practicum"*). Die beiden Professoren waren nominell wohl gleichgestellt, aber sowohl im Anfang wie später war doch das wirkliche Verhältnis so, dass der eine von ihnen der angesehene Kliniker war, um den die Zuhörer namentlich sich sammelten, während *"alter Professor"* eine Nebenrolle spielte. Von dem genannten ersten Paar war es nur Heurne, der sich einen wirklich historischen Namen als Leydener Kliniker machte.

Ueber die klinische Unterrichts-Methode desselben liegen Berichte vor von zwei Zuhörern, dem schon genannten Kyper und Thomas Bartholin, der sich 1638—39 in Leyden aufhielt, also gerade in den Jahren, wo die Klinik in ihrer ersten Blüte stand. Bartholin berichtet an Ole Worm [16]): *"Professores practici in singulas septimanas bis studiosos medicinae in nosocomio publico ad praxin manuducunt, habito diligenti morborum et remediorum examine.*" Wahrscheinlich waren die beiden Wochentage von Anfang an Mitwoch und Sonnabend; später war das jedenfalls feststehend. Ferner aber erfahren wir von Bartholin, dass die Klinik schon damals zugleich als Prakticanten-Klinik organisiert war, indem abwechselnd 4 Studierende gewählt wurden, „*qui quotidie aegros illos visitent et medicamenta a practico et studiosorum consilio praescripta ut exhibeantur efficiant.*" Bartholin berichtet ferner in einem anderen Brief[17]): „*Proxime elapsa sabbathi die in nosocomio publico, quo bis in singulas hebdomadas confluunt Aesculapii alumni et Professor medicinae practicus, ut in morborum naturam. causas et remedia inquirant, sectionis cadaveris humani interfui.*" Diese kleine Mittheilung illustriert übrigens nicht sowohl die Leydener Klinik, als vielmehr Bartholin's eigenen heilwissenschaftlichen Standpunkt. Die klinischen Uebungen betrachtet er offenbar als etwas, das ihn nicht angeht, er gehört nicht zu den „*Aesculapii alumni*", die sich dafür interessieren in's Hospital zu gehen und Kranke zu untersuchen; sobald es sich dagegen um eine anatomische Untersuchung handelt, ist er mit dabei und folgt derselben mit Interesse, obwohl er in diesem Falle nicht viel Ausbeute hatte. Denn er erzählt weiter „*verum ex principalibus partibus, quae praeter naturam se habuit, invenimus nullam, quare causa in spiritus vel humores referebatur.*" Dies wird also nach der Epikrise van Heurnes referiert.

Glücklicherweise ist Bartholin's Freund und Studiengenosse Albert Kyper ein Mann, der mehr Sinn und Interesse für die Klinik hat; er ist offenbar ein stetiger

Zuhhörer van Heurnes im Hospital gewesen und giebt in seinem obengenannten Buch eine Schilderung seiner ganzen Unterrichtsmethode. „Sobald H.", sagt er, „an die Spitze der Klinik gekommen war, liess er, um besser für die Fortschritte der Schüler sorgen zu können, diese selbst den Kranken ausfragen, und fragte sie danach selbst der Reihe nach, nach ihrer Meinung über die Krankheit, die Ursachen derselben und der Symptome, über die Prognose und die Behandlung, und erst zuletzt entwickelte er seine eigene Meinung darüber." Es war also nicht nur klinischer Vortrag, sondern zugleich eine gründliche examinatorische Klinik, und wir haben also die merkwürdige Erscheinung, dass die Holländische Klinik schon in ihrer ersten Kindheit alle drei Hauptformen des Unterrichts voll entwickelt hat. Dies war indess nur kurze Zeit der Fall, denn hernach macht Kyper folgende für die Studierenden charakteristische Mitteilung: „Diese Methode gefiel inzwischen den meisten nicht, und daher enthielt er sich später klüglich derselben und trug nun blos seine Meinung von der Krankheit und ihrer Behandlung vor." Van Heurne war also so wenig überlegen und selbständig, dass er sich gleich vor dem Widerstand der Studenten beugte, aber an gutem Willen fehlte es jedenfalls nicht, und Kyper sucht noch mehr die guten Absichten seines Lehrers zu betonen, indem er versichert, dass „falls die Studierenden die Wiederaufnahme jener Methode wünschen sollten, er diesem Wunsche schleunigst nachkommen würde." Dies war indess erst dem späteren Kliniker Sylvius vorbehalten, der in überlegener Weise verstand, diese fruchtbringende Methode durchzuführen.

Den Inhalt des klinischen Unterrichts van Heurnes macht Kyper nicht zum Gegenstand seiner weiteren Charakteristik. In einem Facultätsschreiben [18] betreffend die Einrichtung des „*Collegium practicum*" wird den beiden

Professoren zur Pflicht gemacht „den Studierenden Kenntnis der Krankheiten und besonders die Zeichen, die aus der Urin- und Pulsuntersuchung entnommen werden, zu lehren." Diese Zeichen mussten ganz gewiss auch ferner als eine der Grundsäulen der Semiotik angesehen werden, indem man den Hauptsitz der meisten medicinischen Krankheiten in's Blut verlegte, und aus dem Urin („Colatur des Blutes") konnte man ja auf das chemische Verhalten des Blutes schliessen. Und bei Benutzung dieser Kriterien konnte man recht leicht zu einer Diagnose kommen; so lehrten auch alte Schriftsteller (z. B. der Mönch Mercurius [19]), dass man, indem man die 4 Finger der rechten Hand auf den Puls des rechten Arm's des Patienten legte, auf eine Erkrankung im Kopfe schliessen könne, wenn der Anschlag des Pulses namentlich vom Zeigefinger gefühlt würde, auf eine Krankheit der Brusthöhle, wenn er vom Mittelfinger gefühlt würde, auf ein Unterleibsleiden, wenn der 4te Finger den Stoss erhielte. Ebenso hatte man z. B. in den von dem angesehenen byzantinischen Arzt Johannes Actuarius aufgestellten 14 Farbennuancen des Urins recht bequeme diagnostische Anhaltspunkte. Dass der Inhalt der neuen Leydener Klinik doch keineswegs sich auf diese alte, spitzfindig entwickelte galenisch-arabische Lehre beschränkt hat, dürfen wir auch ohne weiteres daraus schliessen, dass sowohl der alte wie der junge van Heurne, wie schon erwähnt, ihrer Lehrthätigkeit Fernelius zu Grunde legten und dazu noch weiter fortgeschrittene hippokratische Reformatoren waren. Ausserdem aber liegt schon von diesem alten Kliniker eine sehr illustrierende Kasuistik vor, aus welcher wir uns ein Bild seines Wirkens und Auftretens am Krankenbette machen können, und dieses Bild ist um so zuverlässiger, als die 30 referierten Krankengeschichten von seiner eigenen Hand niedergeschrieben sind. Sie sind jedoch nicht als selbständige Schrift herausgegeben, dazu legte man damals der klinischen Casuistik noch nicht die genügende Bedeutung bei, und sie sind auch nicht von ihm selbst publiciert — dies würde er vielleicht als unter seiner Würde betrachtet haben. Aber sein Sohn, ein holländischer Senator, hat sie zwischen seinen Manuscripten gefunden, und ein unternehmender Buchdrucker in Leyden hat sie als Appendix einer von ihm gedruckten und 1656 in Utrecht publicierten eleganten Quart-Ausgabe von Fernel's *Universa medicina* beigegeben, einem berühmten Werk, das sowohl von dem älteren als dem jüngeren van Heurne ihren Vorlesungen zu Grunde gelegt und interpretiert wurde. Die Ausgabe[20]) trägt folgenden Titel: „*Joh. Fernelii universa medicina, notis. observationibus, remediis secretis Joh. & Othonis Heurnii illustrata. Cui accedunt casus et observationes rariores ex praxi et diario Cl. Praestantiss. Viri D. D. Othonis Heurnii Ultrajecti, medicinae anatomiae et chirurgiae in Academia Lugduni Batavorum Professoris Primarii.*" Die Ausgabe ist versehen mit einem geschmackvollen Titelbilde, Fernelius darstellend mit einem aufgeschlagenen Buche vor sich sitzend und zu beiden Seiten von ihm van Heurne senior og junior, der letzte den Puls eines Patienten fühlend und mit der andern Hand das wichtige Uringlas umfassend. Rechts von van Heurne senior sieht man einen Patienten mit dem Arm in der Binde, um zu bezeichnen, dass die Chirurgie im Sinne des Hippokratismus mitaufgenommen ist in die Wissenschaft. In einer Vorrede teilt der Buchdrucker mit, dass vermittelst der im Texte beigefügten Bemerkungen von van Heurne senior und junior wie auch von mehreren anderen berühmten Aerzten (darunter Sylvius in Amsterdam) „*Fernelius antea obscurus involutusque nunc plenior et om-*

nibus expositus" werde. Besonders erfreut ist der Buchdrucker darüber, dass ihm vom Senator eine Menge Formeln überlassen sind für „*remedia secreta et selecta, magnoque tempore et usu comprobata, quae Praestantiss. Doctiss. medici Joh. et Otho H. non nisi filiis medicis communicare decreverant.*" Alle diese zum grössten Teil sehr complicierten Receptformeln sind gleichfalls in den Text gedruckt.

Die am Schluss des Werkes mitgeteilten 30 Fälle sind alle sorgfältig wiedergegeben, und bei den Gestorbenen ist stets die Section vorgenommen und mitgeteilt. Es sind lauter „*casus rariores*", aber *Historia VIII* muss als besonders bemerkenswerth gelten, indem hier am Schluss die pompöse Form betont wird, in welcher van Heurne dieselbe zum Gegenstand einer klinisch-epikritischen Vorlesung gemacht hat: „*Demonstrabat mortisque causas explicabat Otho Heurnius Professor adstantibus plurimis medicinae studiosis et praesentibus D. Damiano Weissens et D. Joanne Moebergio Reipublicae Leydensis medicis ordinariis: sectionem administrante Mr. Joanne Camphusio Reipublicae Leydensis et nosocomii Chirurgo ordinario: ad hoc officium speciatim a D. D. Academiae curatoribus et Reipublicae Leydensis Coss. delegatis.*

Die Krankengeschichte, die jedenfalls charakteristisch ist und die medicinisch-klinische Auffassung der damaligen Zeit illustriert, betrifft

eine 33jährige Jungfrau, die „*ex menstruis restagnantibus*" gestorben ist. Einige Monate vor Aufnahme in's Hospital trank sie, als sie von der Reinigung des Hauses ermüdet und erhitzt war und sie gerade ihre *menses* hatte, eine grosse Menge kalter Molken. Dieselben schmeckten ihr gut und erfrischten sie, weshalb sie den Genuss derselben fortsetzte. Dadurch wurde den auf Grund der Menstruation offnen und schlaffen (*laxata*) Gefässen, die zum *Uterus* führen, viel Kälte von den Molken zugeführt und wurden dieselben in dem Grade „*constricta*", dass die Menses nicht wieder eintraten. „*Restagnans materia*" lagerte sich dann in den Lungen ab und „*corrumpsit parenchyma*". Eitrige Substanzen sammelten sich allmählich in den Gefässen und den Parenchymräumen der Lungen, und von hier wurde ein „*vapor putridus*" durch das Herz allen Unterleibseingeweiden mitgeteilt und ihr Tonus und Temperament gestört. Dann trat ein „*Febris tabifica*" hinzu, welches häufige Aderlässe erforderte; sie hustete viel Schleim, Blut und Eiter aus, und es stellte sich eine unstillbare Diarrhoe ein „*ex resolutione facultatis naturalis in coquendo et retinendo*". Der Puls war stets „*durus, celer, creber.*" Es erfolgte Hektik mit *Facies hippocratica*, „*hecticae febris incendio, ulceris pulmonum edacitate ac pravitate nutritium humorem consumente.*" Sie lag sehr lange zuhause, und als sie auf die klinische Abteilung kam, „*quoniam morbi violentia omnium remediorum salutiferem efficaciam superabat, medicinae auxiliis locus non fuit.*" Die Section ist recht sorgfältig beschrieben: *Vomicae* und kleinere Eiterheerde wurden überall in der rechten Lunge gefunden, deren Gewebe im Uebrigen induriert war. Auch zerstreut in der linken Lunge mehrere Eiterheerde. Im *Pericardium* und beiden Thoraxhöhlen viel wässerige Flüssigkeit, ebenso im *Peritonaeum*. Die Leber, wie auch die Milz, war gross und blass.

Van Heurne zeigt sich hier als Kliniker von klarer didaktischer Begabung, die ganze Entwickelung dieser floriden Phtise ist praecis dargestellt. Ganz im hippokratischen Geiste ist die Diagnose rein aetiologisch bezeichnet.

Die Krankheit ist entstanden infolge der sistierten Menses, also, um im heutigem Sprachgebrauch zu reden, hat eine Auto-Intoxikation stattgefunden, deren Entwicklungsmodus ebenfalls in anschaulicher und charakteristischer Weise praecisiert wird, aber freilich nur als eine purulente Putrescenz, ausgehend von einer Suppuration der Lunge, während er ebensowenig wie seine Zeitgenossen überhaupt eine Tuberkelentwickelung beachtet.

Ein nicht geringeres Interesse scheint mir ebenfalls, wenigstens in gewissen Beziehungen, sich an folgenden Fall (*Historia II*) zu knüpfen:

Ein 32jähriger Spitzenweber aus einer kleinen Stadt Valencyn hielt sich seines Erwerbes wegen in Leyden auf. Am Abend des 22ten Decembers 1636 fiel er „*cibo et potu obrutus*" eine hohe Treppe herab. Ein hinzugerufener Chirurg applicierte sofort *Sectio venae cephalicae*. Im Lauf der Nacht trat eine starke Blutung aus dem linken Ohre ein, „*totamque crapulam tunc evomuit*". Er lag soporös da, stets auf der rechten Seite. Eine Fractur konnte nicht entdeckt werden. Morgens in's Hospital gebracht antwortete er unsicher auf Anrede und konnte keine nähere Aufklärungen geben. Er giebt an im ganzen Kopfe Schmerzen zu haben. Dec. 24: unverändert. Klagte jedoch auch über Schmerzen in der „*regio cordis*", wo nichts gefunden wurde, die Atmung war leicht. Beim Aufrichten klagte er über Schmerzen überall. Kein Fieber. Kein Stuhlgang, daher Clystier nach dem folgenden charakteristischen, ausführlichen Recept:

Quattuor herbarum emollient.
$\overline{aa}$ man. *i*
Rad. althaeae
— liliorum
$\overline{aa}$ Unc. *ß*.

Farin. sem. lini
— foeni graec.
āā Unc. *i*
Ficus pingu
Nr. 5.
Flor. chamom.
— meliloti
āā M. *β*.
ebulliant in aqua commun.
Colaturae
℔ *i*.
admisceatur
Electuar. diacathol.
—· diaphaenic.
aa Dr. IV.
Mell. rosat. solutiv.
Unc. *i*.
Salis Rom.
Dr. *i*.
Olei liliorum
— chamom.
āā Unc. *i*.
misce pro clystere.

Dec. 25. Das Lavement wirkte gut, aber ohne Erleichterung des Kopfes; immer noch sehr benommen, der Puls klein, schwach intermittierend. Angerufen und nach Schmerzen gefragt, giebt er an solche in der Stirn zu fühlen, aber keine Empfindlichkeit bei Berührung. Dec. 26. Etwas klarer. Gab an Schmerzen rechts in der Stirn zu haben, aber mehr in der Brust, namentlich beim Atmen. Kein Stuhlgang später, daher wird ordiniert: *„ut statum iteraretur Clyster"* und um Expectoration hervorzurufen folgender Linctus, *„quia aliis convenientibus nosocomii officina non erat instructa"*:

Syr. de scabiosa
— de violis
Oxymell. simpl.
Unc. *i.* *β.*
misce pro linctu.

Dec. 28. Der Puls langsam, kräftig, regelmässig. Kein Fieber.

Dec. 30. Klagte über Schmerzen überall im Körper, aber namentlich im Kopf und in der Brust, wo doch keine Verletzung entdeckt wurde. Wenn er Mund und Nase schloss und stark exspirierte, wurden die Schmerzen im Kopf nicht vermehrt. *Sensorium* klarer. Kein Fieber. Kein Stuhlgang seit dem Clystier, daher wurde folgender „*haustus purgans*" ordiniert, dessen gar zu einfache Zusammensetzung Heurne damit entschuldigt, dass derselbe „*praescriptus homini egenti et qui de publico curabatur*".

Fol. sennae orient. a. stipitib. mundat.
Unc. *β.*
Semin. anisi cont.
Dr. *β.*
infundantur per noctem.
Aqu. foeniculi
— cichorei
$\overline{aa}.$
mane colaturae
Unc. *ij.* *β.*
immisce
Electuar. diacathol.
Unc. *β.*
Syr. rosati lax.
Unc. *i.* *β.*
misce pro potione.

Dies wirkte gut und führte Erleichterung herbei.

Januar 2. Appetit und Schlaf gut. Keine Schmerzen weiter.

Jan. 6. Ass alle Malzeiten gut, ging umher im Saal und unterhielt sich mit den Andern, am Ofen sitzend.

Jan. 18. Entlassen.

In der Epikrise motiviert van· Heurne ausführlich, warum er in diesem Fall es wagte sich exspectativ zu verhalten und alles der Natur zu überlassen, weshalb er weder eine chirurgische Operation vornahm noch ein *„errhinorum molimen (hoc est per sternutationes e cerebro per nares attractiones)*, und sein ganzes Raisonnement ist sehr vernünftig. Da kein Fieber vorhanden war, sagt er, auch kein besonderer Schmerz oder Bluterguss an einer bestimmten Stelle im Kopf, da reichlich Blut aus dem Ohre geflossen war, und da er von Tag zu Tag besser wurde, und die natürlichen wie die animalen Functionen allmählich von selbst in Ordnung kamen, so wäre es nicht nur überflüssig, sondern sogar leichtsinnig gewesen an eine eingreifende Behandlung zu denken und den Kranken aus Sicherheit in Gefahr zu führen; denn *vasa meningea*, die zerrissen waren durch die Heftigkeit der Erschütterung, wachsen allmählich durch Ruhe zusammen und würden durch Niessmittel noch mehr zerrissen werden. Der Gebrauch dieser Mittel ist sehr nützlich in solchen Fällen, wo das Blut, das aus den Gefässen herausgeflossen ist, stagniert und im vordersten Teil des Kopfes putrid wird. Aber bei diesem Kranken war hiervon kein Zeichen vorhanden, indem die Kopfschmerzen stetig abnahmen und das Sensorium klarer wurde. Zu trepanieren (*secare caput*) aber ohne die Notwendigkeit, die durch eine deutliche Fractur bedingt ist, heisst das Leben der Patienten *„ferri ludibrio"* aussetzen. Daher begnügt er sich in diesem Falle damit, durch Clystier und milde Medicamente „*primae et secundae regionis excrementa*" herauszuschaffen. Dennoch fühlt er sich offenbar nicht recht sicher in der vernünftigen Verteidigung der exspectativen Behandlung und appelliert daher zum Schluss mit Nachdruck an die Autorität seiner grossen Hauptstütze Hippokrates, indem er aus Liber V Epidemiorum einen ähnlichen Fall referiert, wo ebenfalls ohne eingreifende Behandlung Heilung eintrat.

Van Heurne tritt sowohl hier wie in verschiedenen anderen der mitgeteilten Krankengeschichten nicht nur als praktischer und vorurteilsfreier Kliniker von echt holländischem Typus auf, sondern es tritt sofort deutlich ein Bestreben hervor, die Klinik auf wirklich hippokratischen Grundsätzen aufzubauen und die praktische Medicin abzulenken von den doctrinären Anschauungen und Subtilitäten des einseitigen galenischen Arabismus. Dies wird nun fürderhin die Losung der Klinik, obwohl das grosse Program, welches Hippokrates in seinen Schriften entwarf, während der ganzen folgenden klinischen Periode niemals ganz erfüllt, sondern nur in beschränktem Maase realisiert wird, und obwohl es, wie wir bald sehen werden, schnell zu recht heftigen Collisionen kommt zwischen dem hauptsächlich empirischen hippokratischen Grundprincip und einer Deduction aus all den neuen Entdeckungen auf dem Gebiete der Physiologie und zum Teil auch der naturwissenschaftlichen Hülfswissenschaften, auf welche das 17te Jahrhundert mit Recht stolz sein kann.

Otto van Heurne war begabt mit einer poetischen Ader und veröffentlichte mehrere Gelegenheitsgedichte. Sowohl hierin wie in seinem ganzen äusseren Lebenslauf, seiner sehr frühzeitigen Anstellung an der Universität als „seines Vaters Sohn", einer langen Thätigkeit (er war über 50 Jahre lang Professor) erinnert er uns an den dänischen Kliniker O. L. Bang. Er starb 1652, 75 Jahre alt.

Ein besonderes Lob erhalten sowohl van Heurne als Schrevelius von Kyper, weil sie ganz offen den Studierenden („*filii medici*") „*medicamentorum formulas gratas et efficaces abque diuturna praxi comprobatas*" mitteilten. Auch in dieser Hinsicht war Leyden offenbar seiner Zeit voraus und wenigstens zum Teil frei von der gewinnsüchtigen Geheimniskrämerei, die in ausgedehntem Maasse und mit grossem pecuniärem Nutzen von fast allen medicinischen Celebritäten im übrigen Europa betrieben wurde; ja bis hinein in das 18te Jahrhundert fand man es ganz in der Ordnung, dass der Kliniker seine „*medici filii*" in Unwissenheit hielt über die Zusammensetzung der von ihm am meisten benutzten Mittel.

Van Heurne's Nachfolger wurde sein oftgenannter Schüler Albert Kyper, der in seiner Unterrichtsmethode seinem Lehrer gefolgt zu sein scheint, und ebenso wie dieser gern die examinatorische Klinik eingeführt hätte, „wenn nur die Studierenden gewollt hätten". Uebrigens dauerte seine Funktionszeit nur kurz, indem er schon 1655, während er *Rector universitatis* war, von einer pestartigen Epidemie, die plötzlich Leyden überfiel, hinweggerafft wurde. An seinen Tod knüpft sich für uns Dänen ein besonderes Interesse, insofern derselbe in einem ausführlichem Briefe von dem damaligen Mediciner und eifrigen Anatomen Peter Schumacher[21]), dem späteren Grafen von Griffenfeld, der kurz vorher an der Leydener Universität immatriculiert worden war, seinem Kopenhagener Praeceptor Thomas Bartholin, dem Freund und Studiengenossen Kypers, mitgeteilt wird.

Der beigeordnete College Kypers in der praktischen Medicin war van der Linden (1609—64), ein angesehener Lehrer und fleissiger Schriftsteller, unter anderm bekannt durch die Herausgabe der hippokratischen Schriften und einer ausführlichen medicinischen Bibliographie, ein sprechender Beweis seiner grossen Gelehrtheit. In praktischer Beziehung hatte er besonders dadurch Bedeutung, dass er den neuen von van Helmont auf Grund der Lehre des Paracelsus entwickelten chemiatrischen Grundsätzen in der Therapie huldigte — ein Standpunkt, dem er buchstäblich bis zum Tode treu blieb, indem er, ohne sich einem Aderlass unterwerfen zu wollen, einer Lungenentzündung erlag.

Dies veranlasste den stets bissigen Pariser Galenisten Guy Patin, ihm in einem seiner Briefe [22]) folgenden namentlich für den Verfasser des Briefes charakteristischen Nachruf zu widmen: *„Quelle pitié, faire tant de livres, savoir tant de Latin et de Grec, et se laisser mourir de la fièvre et d'un catarrh suffoquant sans se faire saigner! J'aime mieux être ignorant et me faire saigner quelques fois — Voilà comme meurent les fous et les chimistes!"* In Betreff dieser in formeller Beziehung unleugbar glänzenden Briefe Guy Patins muss man übrigens zur Ehre des Verfassers hervorheben, dass sie nur gegen seinen Willen veröffentlicht worden sind. Aber es ist sicher, dass van der Linden einen ganz andern Nachruf verdient und ohne Zweifel ein tüchtiger Kliniker gewesen ist. Sein Name ist indess in der Geschichte etwas in Schatten gestellt worden durch einen klinischen Stern erster Grösse, der nach dem Tode Kypers die Stelle neben ihm im *Collegium practicum* erhielt, und dem ich eine ausführliche Besprechung widmen muss.

II. Sylvius.

Das erste Stadium der holländischen Klinik zeichnet sich neben der vollständig und musterhaft entwickelten Unterrichtsmethode namentlich dadurch aus, dass der eingewurzelte galenisch-arabische Doctrinarismus bekämpft und allmählich verdrängt wird von hippokratischen Anschauungen, von einer mehr allseitigen und gründlichen Beobachtung und einer mehr besonnenen, mehr individualisierten Therapie, in welcher auch die energisch betonten diaetetischen Principien und die damit verknüpfte Einwirkung auf den Allgemeinzustand, zur Geltung kommen müssen. Dagegen machen sich die Impulse, die hervorgehen aus den grossen Entdeckungen auf anatomisch-physiologischem und anderen Gebieten, und der ganze dadurch erfolgende Durchbruch in hohem Grade und in gewisser Collision mit dem alten Hippokratismus geltend bei dem genialen, klinischen Reformator, der Kyper's Nachfolger als Professor med. pract. wurde, nämlich Franciscus de le Boë Sylvius.

Dieser Mann, der nicht verwechselt werden darf mit dem etwas älteren Pariser Anatomen Jac. Sylvius, war von französischer Herkunft, wie schon sein Name (eigentlich Dubois) zeigt. Er gehörte einer reichen und vornehmen Hugenotten-Familie an, die nach Holland ausgewandert war, und war in Hanau 1614 geboren, wesshalb er auch oft den Beinamen „Hanoviensis" führt. Nachdem er an verschiedenen berühmten Universitäten studiert hatte und in Basel zum Doctor creïrt war, hielt er 1640—41 anatomische Vorlesungen in Leyden, und das französische Blut, das in seinen Adern rollte und seine Persönlichkeit sehr verschieden machte von dem holländischen Typus, offenbarte sich schon hier in einer feurigen, zündenden Beredsamkeit, die auch ferner stets ein wesentliches Charakteristicum seiner Lehrthätigkeit war, und deren Wirkung noch mehr erhöht wurde durch seine ganze schöne und einnehmende Persönlichkeit. Daneben aber fesselte und imponierte er seinen Zuhörern ebenso sehr durch seine gründlichen Kenntnisse, seine wissenschaftliche Energie und geniale Originalität, mit welcher er auf Grund Caspar Bartholins *Institutiones* die anatomisch-physiologischen Thatsachen und Doctrinen entwickelte. Bald wurde er berühmt in der wissenschaftlichen Welt durch seine selbständigen Forschungen auf dem Gebiet des Drüsen- und Nervensystems; die letzteren liess er der 1641 publicierten Ausgabe der *Institutiones* von Caspar und Thomas Bartholin in einigen daselbst gedruckten Mitteilungen („*Notae de cerebro*") zu gute kommen. Sein Name ist ja jedem Mediciner bekannt durch die „*Fossa Sylvii*".

Gerade um diese Gebiete concentrierte sich zum grossen Teil in jener Periode die anatomisch-physiologische Forschung, namentlich nachdem die Entdeckung des Kreislaufs vervollständigt worden war durch die Entdeckung des Chylus- und Lymph-Systems. Als Folge dieser Entdeckung wurde die Leber von Th. Bartholin feierlich ihrer grossen Function als Bildungsstätte des lebenbringenden Blutes enthoben; die Bereitung der *Spiritus vitales* aus dem Blute wurde teils dem Herzen, teils dem Gehirn zugeschrieben. Dies letztere Organ wurde besonders von Malpighi und Wharton als eine grosse Drüse dargestellt, die vermittelst des Blutes vom linken Herzventrikel, welcher vor Steno „*calidi innati sedes*" war, die wichtigen Spiritus herstellte und dann durch die hohlen Nerven durch den ganzen Körper führte, sodass sie schliesslich vom Lympfsystem aufgenommen wurden und folglich mit dem Blut einen ganz analogen Kreislauf hatten. Diese Lehre wurde eben von Sylvius entwickelt und festgestellt in seiner 4ten *Disputatio medica: „De spirituum animalium in cerebro cerebelloque confectione, per nervos distributione, atque usu vario"* (1660)²³), und diese seine Auffassung spielt auch in seinem ganzen klinischen Wirken eine Rolle.

Gleichzeitig war eine andere grosse wissenschaftliche Bewegung in der Medicin hervorgetreten, von welcher der feurige Sylvius ebenfalls stark ergriffen wurde. Dies war die Anwendung der Chemie zur Erklärung der vitalen Processe und zur Neutralisierung der krankhaften Zustände, welche man gerade vom chemischen Standpunkte aus als durch eine abnorme „Fermentation" der körperlichen Flüssigkeiten, des Blutes, des Urins, und besonders der Galle bedingt ansah, und zwar so, dass ein Ueberschuss von „*acrimoniae*", *lixiviosae* und besonders *acidae* entwickelt wurde. Acrimoniae lixiviosae waren namentlich bei putridem Fieber vorhanden. Die eigentliche Feststellung dieser nicht nur für die Wissenschaft sondern auch für die Heilkunst sehr eingreifenden chemischen Hypothese, deren erste Grundlage von Paracelsus und van Helmont gegeben ist, wird ebenfalls hauptsächlich Sylvius verdankt, der auch hier seine Originalität zeigt, indem es sich entrüstet abwendet von der Lehre seines Vorgängers van Helmont und seiner Annahme der „*Archaei*", als der wirksamen Principien im Organismus. Sylvius nimmt keine solche innewohnenden spirituellen Kräfte an, alles ist ein materialistisches Spiel der chemischen Kräfte. In dieser Beziehung kann ich übrigens auf meine früher publicierten Vorlesungen über therapeutische Doctrinen verweisen.

Sylvius war indess zugleich praktisch veranlagt und trachtete danach seine Theorien der Feuerprobe bei seinen Kranken zu unterwerfen. Schon 1641 liess er sich in

Amsterdam nieder, wo er 17 Jahre lang als höchst angesehener Arzt und zugleich als aufopfernder Armenarzt der protestantischen Wallonen-Gemeinde thätig war, und wo er folglich reiche Gelegenheit fand seine chemischen Mittel in zahlreichen originalen Formeln anzuwenden. Daneben vergass er nicht seine Anatomie und nahm beharrlich Sectionen seiner verstorbenen Patienten vor, wobei er unter anderem feststellte, dass eine geschwollene Milz, die bei den damals herrschenden malignen Intermittensepidemien häufig in den Leichen gefunden wurde, durchaus nichts mit Melancholie zu thun habe, wie die antike Medicin lehrte. Die Milz zählte Sylvius übrigens auf Grund seiner ausgedehnten Drüsenuntersuchungen zu den *„glandulae conglobatae"* (d. h.: ohne Ausführungsgang) und stellte schon früh die geniale Hypothese auf, dass ihre physiologische Bedeutung die sei, eine „Tinctur" herzustellen, durch welche Chylus in Blut verwandelt werde. Noch weit reichere Gelegenheit zu pathologischen Sectionen fand er, als er nach dem Tode Kypers, doch erst auf wiederholte Aufforderung, den Ruf nach Leyden als Professor med. pract. annahm; und dass er mit grossem Eifer fortfuhr die pathologische Anatomie zu pflegen, das geht hinreichend aus den Berichten über sein Wirken hier hervor, z. B. auch aus dem in der königl. dänischen Bibliothek im Manuscript aufbewahrten Tagebuch Ole Borchs,[24]), der dem Sylvius von dessen früheren Studiengenossen Thomas Bartholin empfohlen lange Zeit im Hospital und im Sectionszimmer zu Leyden studierte. Uebrigens ist Borch, der bei all seiner Polyhistorie doch stets besonders für die Chemie eingenommen war, besonders bestrebt von dieser Richtung der Lehrthätigkeit des Sylvius zu profitieren und schreibt stets und sorgfältig seine viele Medicamentformeln auf.

Ich finde um so mehr Veranlassung, die gründlichen

und unermüdlichen anatomischen Untersuchungen des Sylvius besonders zu betonen, als man gewöhnlich den Leistungen dieses so genialen und bedeutenden Mannes nicht hat Gerechtigkeit widerfahren lassen — ich selbst habe es in früheren Publicationen auch nicht gethan. Es ist die Folge seines feurigen Geistes, dass an verschiedenen Stellen seiner chemiatrischen Schriften Hypothesen hervorsprudeln und wie ein Feuerwerk glänzen, denen eine kritische Betrachtung vom Standpunkt der Gegenwart sich unwillkürlich kühl gegenüberstellt; aber bei eingehenderem Studium wird es doch bald klar, dass der alte, zuverlässige Haeser Recht hat, wenn er im Gegensatz zu anderen hervorhebt, dass Sylvius durch seine Hypothesen namentlich nur neue Ausgangspunkte für die wissenschaftliche Forschung angeben und dass er versuchen will die neuen Bahnen zu zeigen, auf welchen die praktische Medicin nach seiner festen Ueberzeugung streben muss ihrer Vervollkomnung näher zu kommen, namentlich durch Bildung einer **wirklich wissenschaftlichen** Grundlage durch Benutzung der Anatomie und Physiologie, der emporsprossenden Chemie, und alles in Verbindung mit **einer sorgfältigen klinischen Beobachtung**.

Seine Besonnenheit und Selbstkritik gehen hinreichend aus einer Äusserung hervor, die sich in seiner Vorrede zu seinem Hauptwerke „*Praxis medicae Idea nova*" findet: „Wohl höre ich, dass meine Gewohnheit, zweifelnd und zögernd alles zu überlegen und abzuwägen und nicht schleunig zu einer Entscheidung zu kommen, verschiedenen missfällt — als ob es unter der Würde eines Professors wäre in schwierigen Fällen sich seine Meinung vorzubehalten, und als ob man sich über die unaufgeklärten und unbekannten Dinge ebenso bestimmt aussprechen müsste wie über die sichern und bekannten" — ein Ausspruch, dem er gewiss nicht immer treu geblieben ist, der aber doch in der Hauptsache wahr ist, insofern Sylvius durchaus nicht der wilde und durch Unfehlbarkeitshochmut verwirrte Dogmatiker ist, wozu man ihn häufig hat stempeln wollen.

Ich werde mir erlauben dies noch deutlicher durch ein specielles Beispiel aus seiner pathologischen Lehre zu illustrieren, ein Beispiel, dessen Betonung mir um so mehr am Herzen liegt, als ich gerade in diesem Punkte seiner Autorität Abbitte schulde für frühere allzuwenig anerkennende Aussprüche. Ich meine hier seine Tuberkellehre; ich habe allerdings in meiner Inaugural-Dissertation und auch anderswo seinen Nachweis der Tuberkeln erwähnt — aber er hat mehr geleistet. Er hat nicht nur klar und bestimmt selbst den miliaren Tuberkel nachgewiesen, zu einer Zeit, wo sonst keiner diesen sicher erkannt hatte — ja er war seiner Zeit so weit voraus, dass nicht einmal der zwei Menschenalter später wirkende grosse und weltberühmte Leydener Pathologe und Kliniker Boerhaave denselben kannte, und ganz übereinstimmend mit der traditionellen galenischen Auffassung die Phtise nur definierte als bedingt durch eine Suppuration der Lungen mit Bildung eines *ulcus*, eine Genese, die übrigens auch nicht von Sylvius geleugnet wird. Aber dieser ist zugleich ein gut Stück weiter gekommen in der Lehre. Er kann sich auch hier nicht mit der Entdeckung der einzelnen Facta begnügen, er ist gleich voll Feuer bestrebt zu generalisieren, eine Lehre daraus zu construieren, und kaum hat er in einem Appendix seiner „*Praxis medicae Idea nova*" referiert, „*quid mihi observare contigerit*", als auch schon wie gewöhnlich „*autoris conjecturae atque cogitationes*" über die Entwickelung der Tuberkeln aus „*glandulae pulmonum secundum naturam imperceptibiles, praeter naturam vero sensim auctae*" zu Tage treten mit dem fesselnden Glanz und Funkeln der Hypothese

— man ist (mich selbst nicht ausgenommen) geneigt gewesen diesen Ausspruch in der nüchternen Ausdrucksweise moderner Kritik Feuerwerk zu nennen und nichts anderes. Dieser Ausdruck ist indess, näher betrachtet, sehr ungerechtfertigt: Sylvius hat sich in die Untersuchung des Lymphsystems und dessen Drüsen (*glandulae conglobatae*, wozu er auch die Milz zählte) vertieft und in dieser Beziehung parallel mit dem genialen Steno gearbeitet, er hat solche kleine Drüsen in verschiedenen Teilen des Körpers entdeckt, er hat ferner gesehen, dass die Aetiologie der Phtise in naher Beziehung steht zu einer scrophulösen Diathese, er hat schliesslich die Bedeutung einer erblichen Disposition für die Entwickelung der Krankheit constatiert, und erst durch all diese soliden Vorauszetzungen, „*quae longo tempore consideraveram*", kommt er zu seinem allerdings hypothetischen, aber doch sehr wohl begründeten und fruchtbaren Schluss, dass gerade in der Verbindung der Skrophulose und der Tuberculose die Erklärung der constatierten „*Dispositio hereditaria ad phtisin*" liegt. Mit imponierender Genialität hat er den weit später errungenen Standpunkten der Wissenschaft vorgegriffen und ist in Wirklichkeit der einzige Forscher, der etwas wirklich Epochemachendes in der Entwickelung der Tuberkellehre geleistet hat bis zum Schluss des folgenden Jahrhunderts, bis Baillie und Bayle. Es ist hier nicht der Ort näher auf diesen wichtigen Specialpunkt der Entwickelung der Pathologie einzugehen, vielleicht wird es mir aber ein anderes Mal vergönnt sein eine zusammenhängende Darstellung der ganzen interessanten älteren Tuberkelforschung und- lehre zu geben.

Mit männlichem Ernst und berechtigtem Selbstgefühl spricht er in der Vorrede zu seinem genannten Hauptwerk, nachdem er betont hat, dass er glaube es seiner.

Stellung an der Universität Leyden und seiner grossen Erfahrung schuldig zu sein, seine Mitteilungen herauszugeben, folgendes aus: „So habe ich, um mein Amt gehörig zu verwalten, Tag und Nacht mich in Ueberlegungen vertieft, indem ich mir allmählich in's Gedächtnis zurückrief, was ich lange Zeit sorgfältig beobachtet und notiert hatte, indem ich neuere Erfahrungen mit den älteren verglich, die ich täglich auf eigene Kosten zum allgemeinen Wohl (als Armenarzt in Amsterdam) gemacht hatte, und indem ich daraus die Schlüsse und Lehren zogen, welche am sichersten waren für die Heilung der Kranken und für einen erspriesslichen Unterricht der studierenden Jugend, die in grosser Anzahl herbeiströmt, um mich in Allem, was ich für wahr und gut ansah, zu hören, und für eine gründliche Ausbildung derselben in der medicinischen Praxis, die sie einst kunstgerecht ausüben soll". Ich bedaure nur, dass ich diesen langen Passus nicht in dem etwas verwickelten, aber wuchtigen und pompösen Latein des Verfassers habe wiedergeben dürfen, was einen viel tieferen Eindruck als meine matte Uebersetzung gemacht haben würde.

Wenn Sylvius in diesem Ausspruch mit besonderer Betonung seinen Unterricht der Jugend hervorhebt, so ist das nicht zufällig. Offenbar ist er vorzugsweise in diesem Punkte, als Lehrer, etwas in seiner Art einzig dastehendes, und es ist sicher voll berechtigt, was Haller, der in seinen Charakteristiken sich mit wohlüberlegter Moderation ausdrückt, von ihm in seiner grossen Ausgabe von „*Boerhavii methodus studii medici*" sagt: „*Minime vilis homo fuit, ut nunc, destructa ejus theoria, vulgo creditur. In dissecandis morbosis cadaveribus diligens, in praxi felix, in docendo totus, ut fere universam Europam in suam sectam pellexerit; acuti vir ingenii*". Und gilt das von seiner Thätigkeit als Lehrer überhaupt, so hat es doch ganz besonders Gültigkeit für sein klinisches Wirken, wo sein feuriges, unermüdliches Streben und sein Eifer in hohem Grade imponierte und seine zahlreichen Schüler aus allen Landen, sowie alle Zeitgenossen fesselte. Während die früheren Kliniker Leydens, wie auch später Boerhaave, nur zweimal wöchentlich in „de Ziekenzaalen" unterrichteten, stellte er sich dort täglich mit einer zahlreichen Schüler-Schaar ein, untersuchte, secierte, demonstrierte und spornte sie an zum Selbststudium.

Er war 44 Jahre alt und ausgerüstet mit reicher Erfahrung aus seiner vieljährigen Thätigkeit in Amsterdam, als er 1658 das klinische Lehramt in Leyden antrat. Und dass er noch in seiner vollen Kraft und im vollen Besitz seines geistigen Feuers und eines ungeschwächten Forschungstriebes war, gleich unermüdlich suchend und strebend nach den grossen Idealen der Wissenschaft, als er 1672, 58 Jahre alt, der bösartigen Malaria erlag, — kurz nachdem seine Frau und seine einzige Tochter derselben Krankheit zum Opfer gefallen waren — das zeigt die schon citierte Vorrede seines grossen Hauptwerkes, die vom April 1671 datiert ist. Von dem Charakter seines klinischen Unterrichts und der Methode, die er in den 14 Jahren anwandte, während welcher er mit so grosser Bravour die Klinik leitete, besitzen wir eine höchst illustrierende Darstellung in der ausführlichen *„Oratio funebris"*, die sein tüchtiger Collega und späterer Nachfolger im Collegium med. pract. Lucas Schacht[25], der Nachfolger van der Lindens, im grossen theologischen Auditorium ein halbes Jahr nach seinem Tod über ihn hielt. In dieser hebt Schacht unter anderem seinen musterhaften, reinen, allen Ausschweifungen abgeneigten Charakter hervor: *„quis unquam Sylvium nostrum aut ebrium aut a potu sordidum vidit?"* (ein gewiss nicht ungewöhnliches Laster auch bei den damaligen Doctores), und preist auch seine aufopfernde Thätigkeit für alle Armen: „nicht nur in Amsterdam, sondern auch hier nahm er leicht die erste Stelle unter den Aerzten ein, und zwar nicht nur wegen seiner ausgedehnten Gratisbehandlung der Armen, an welche er reichlich nicht etwa billige Medicamente verteilte, sondern die kostbarsten, die ausgesuchtesten und zum grössten Teil von seiner eigenen Hand bereiteten —" worauf er sich ausführlich über seinen klinischen Unterricht ausspricht:

„Welche Schaaren Studierender strömten nicht zusammen aus allen Ländern um Sylvius vortragen zu hören oder ihn öffentlich Kranke behandeln zu sehen! Denn was er vorbrachte über die Krankheiten, sei es öffentlich in der Akademie oder privatim in seiner Wohnung (die Professoren in Leyden lasen viel zu Hause und zwar hier *privatim* d. h. gegen Bezahlung), das demonstrierte er hernach im Hospital vor allen und vor den einzelnen so evident und solid, dass man einsah, dass er niemals etwas ohne Grund oder falsch sagte. Geehrte Zuhörer, ich kann nicht unterlassen, einige Worte über seine Fertigkeit im docieren hinzuzufügen, wenn er mit seinen Schülern am Krankenbett zusammenkam, und ihnen den Sitz des Leidens, die Ursachen der Krankheit und die Kurmethoden erklären sollte. Er gab sich dann anfangs den Anschein, als sei er zweifelhaft und ganz unkundig und gab keine Aufklärungen, aber langsam und der Reihe nach fragte er bald den einen, bald den andern aus, bald wandte er sich an mehrere zugleich, welche er bisweilen zum Disputieren zusammenführte, und erst danach nahm er selbst das Wort, hervorhebend, was richtig geantwortet war, milde tadelnd und verbessernd, was falsch war, indem er stets aus dem, was man schon kannte, den Grund herleitete, dass es so und nicht anders sein musste. Und durch diese Methode machte er seine Schüler wetteifrig und fleissig und allmählich sicher und fest, und alle liebten ihn. Sie schienen nicht sowohl von ihm gelernt zu haben, als vielmehr selbst es herausgefunden zu haben, indem er sie nur leitete und ihr Urteilsvermögen reizte. So blühte, Tag für Tag mehr, solange er lebte, unsere Facultät, unsere Akademie, unsere Stadt, indem von Ungarn, Russland, Polen, Deutschland, Dänemark, Schweden, der Schweiz, Italien, Frankreich, England — kurz woher nicht? stets neue Studierende kamen teils ältere dorthin heimkehrten. So war er unter seinen Schülern."

Diese Schilderung giebt uns ein lebendiges Bild der anregenden, rein sokratischen Unterrichtsmethode des Sylvius, welche von einem überlegenen Meister angewandt stets grosse, fruchtbringende Resultate liefert. Verschiedene spätere hervorragende Kliniker haben auch eine ähnliche Methode geübt und in unserem Jahrhundert ist sie z. B. von dem grossen französischen Lehrer Léon Rostan, wie auch von dem dänischen Kliniker Fenger durchgeführt worden.

Nach dieser Darstellung seiner genialen Unterrichtsmethode kehren wir zurück zum Inhalt seiner Klinik. Hierzu haben wir das Material in seinen *„Methodus medendi"* und *„Idea nova"*, welche beziehungsweise die allgemeine und die specielle Pathologie und Therapie behandeln, und ausserdem in den besonderen Mitteilungen von seiner Klinik, die von seinem Schüler Merian [26]) herstammen, und die 160 *casus medicinales s. historiae aegrotorum* umfassen, alle behandelt *„proprio marte et arte"* d. h. mit den originellen Medicamentcompositionen des Sylvius. Diese Casuistik scheint indess ziemlich mangelhaft in stark zusammengedrängtem Auszug hergestellt zu sein, und giebt kein wirklich lebendiges Bild, und der Schüler, der bestimmt erklärt, alles *„ex ore prae-*

ceptoris volante calamo" notiert zu haben, ist wohl kaum seiner Aufgabe gewachsen gewesen; die Darstellung steht jedenfalls weit hinter dem zurück, was uns von Boerhaave's Klinik überliefert ist und was wir bald betrachten werden. Wahrscheinlich ist die Beredsamkeit des Sylvius von der eigenthümlich feurigen Art gewesen, die sich schwerlich wortgetreu auf's Papier bringen lässt. Ueberhaupt ist es für uns nicht leicht, einer Casuistik auf der damaligen mangelhaften Basis Gerechtigkeit widerfahren zu lassen. Sehr sorgfältig hat Merian sicherlich die genannten Medicamentformeln aufgezeichnet, ein Punkt, in dem Sylvius auch grosse Erfindungsgabe zeigte und in dem er sich besonders dadurch verdient gemacht hat, dass er die damals noch allgemein gebrauchten, haupsächlich von den Arabern stammenden ungeheuer zusammengesetzten Arzeneimischungen vereinfachte. Aber vom heutigen Standpunkt aus ist es unleugbar sehr schwierig einen recht lebendigen Eindruck von diesem seinem Verdienst zu erhalten, wenn man Merian's Aufzeichnungen der „*Remedia Sylviana*" teils „*ordinaria*", teils „*extraordinaria*" durchliest (die *extraordinaria* wurden von ihm in einem Privat-Colleg, also im Hause und gegen Bezahlung mitgeteilt); denn weitläufige *Polypharmaca* finden sich auch hier in Menge. So z. B. seine „*Potio antiscorbutica*", ein Weinauszug von 15 verschiedenen vegetabilischen Ingredienzien — eins von den *vina medicata*, die überhaupt in grosser Gunst bei den Klinikern Leidens als tonisierende Mittel standen. Nur sehr langsam ist die Therapie überhaupt von der alten eingewurzelten Polypharmacie abgekommen, und Boerhaave, der sogar den Wahlspruch „*simplex sigillum veri*" hatte, wendet später immer noch, wie wir bald sehen werden, ähnliche Zusammensetzungen an, ja sogar das alte Musterpräparat Theriak, welches auch häufig von Sylvius gebraucht wird, aber in der Regel doch nur als ein Weinauszug: *Aqua theriacalis*, wodurch das Präparat haltbarer wird.

Bei diesem historisch sehr merkwürdigen Präparat muss ich einen Augenblick verweilen. Es hat seinen Namen von θηρίον (ein wildes Thier) und sollte ursprünglich ein Gegengift gegen den Biss giftiger Thiere sein, später ein allgemeines Antidot. Es soll erfunden sein von Mithridates dem Grossen von Pontus, jenem berühmten König, der sich mit allen möglichen Wissenschaften, aber in erster Linie mit der Giftmischerei befasste. Andromachus von Creta, der Leibarzt Neros (daher die Bezeichnung *Theriaca Andromachi*) vervollständigte die Composition, namentlich durch den Zusatz von Kreuzotternfleisch, und es kam soweit, dass das Präparat im Ganzen aus 72 Bestandteilen der verschiedensten Wirkungen zusammengesetzt war. Es wurde auch bei den verschiedensten Indicationen in allen Krankheitszuständen benutzt, aber allmählich besonders gegen pestartige und andere maligne Fiebererkrankungen. Es war zugleich *Antidotum, Alterans, Tonicum, Cardiacum, Diaphoreticum, Anthelminticum* und *Sedativum*, das letztere nicht ohne Grund, insofern es ein gut' Teil Opium enthielt. Diese Wirkung war am stärksten in dem frisch bereiteten Präparat, aber je älter (und also mehr zersetzt) es wurde, desto mehr wunderbare Eigenschaften wurden ihm beigelegt. Die genaue Zubereitung galt als das Meisterstück der Pharmacie und als geradezu historische Begebenheit, die mit grossem Pomp und Ausarbeitung von Festschriften gefeiert wurde. So liegt z. B. ein Bericht aus Nürnberg vor, wo es im Jahre 1594 im Laufe von 2 Monaten unter Aufsicht des Senats und mit vielen Festlichkeiten hergestellt wurde, und es giebt über die Zubereitung dieses Mittels in 2 Apotheken zu Kopenhagen 1671 zwei Fest-Dissertationen von Th. Bartholin[27]), in welchen der zum

Pomp sehr geneigte Verfasser, der an der Spitze der Facultät die Fabrication beaufsichtigte, in effectvollen und gelehrten Wendungen sich über die merkwürdigen Eigenschaften dieses historischen Medicaments ausspricht — wohl das einzige therapeutische Thema, für welches Bartholin sich eifrig interessiert hat. Besonders betont er die wichtigen „*Trochisci viperini*", die von den Kopenhagener Apothekern wirklich hinzugesetzt worden sind, während man, wie er erklärt, dieselben oft durch ein Falsum ausgelassen habe. In Nürnberg wurde das Mittel zum letzten Mal 1754 dargestellt, in Paris 1787, um welche Zeit der Pharmacologe Beaumé in Montpellier den ketzerischen Vorschlag machte die Zahl der Bestandteile auf 27 zu reducieren, wogegen jedoch die Pariser Facultät ernstlich protestierte, und die 72 Ingredienzien wurden aufrechterhalten[28]). Inzwischen waren in Deutschland stark vereinfachte Praeparate dargestellt, sogar ein *Theriaca pauperum*, das nur aus 4 Droguen bestand, hierunter *Roob Juniperi* als Hauptbestandteil, und ein solches oder ähnliches billiges Praeparat ist es vielleicht, das man hauptsächlich in dem nach Aussage sowohl van Heurnes wie Boerhaaves sehr dürftig ausgestatteten klinischen Hospital Leydens benutzt hat. Dieses Präparat figuriert auch in älteren dänischen Parmacopoeen und zwar nach der Medicinaltaxe mit einem Preis von 4 Schilling pr. Lot. In seiner ursprünglich monströsen Zusammensetzung, auch mit „*Viperae italicae*", wird es noch in der *Pharmacopoea danica* 1772 aufgeführt, wo sich zugleich ein „*Spiritus theriacalis*" nach dem Muster des Sylvius findet.

Nach dieser kleinen pharmakologischen Abschweifung muss ich noch einige Schlussbemerkungen über die Therapie des Sylvius machen, die im Allgemeinen als rationell bezeichnet werden muss, d. h. hergeleitet von seiner chemiatrischen pathologischen Lehre, so dass also die krankhafte Fermentation in den Flüssigkeiten des Körpers bekämpft und neutralisiert werden soll, die alkalische Gährung durch saure, die saure Gährung durch alkalische Mittel, unter welchen die Antimonpräparate, Calomel, Ammoniakverbindungen (*Sal volatile oleosum*, *Spiritus cornucervi* etc.) und Opium die wichtigsten sind. *Alterantia*, selbstverständlich in verwickelten Formeln, spielen eine grosse Rolle sowohl mit Rücksicht auf die Consistenz und Fermentation der Flüssigkeiten als zur Einwirkung auf die wichtigen *Spiritus animales*. In Uebereinstimmung mit dem Hippokratismus wendet er häufig Emetica an, doch auch hier mit den neuen metallischen Mitteln der Chemiatrie. Den Aderlass wendet er wohl einmal an, namentlich bei *Plethora* und z. B. bei sistierter Menstruation am Fusse, aber im Ganzen ist er doch in der Benutzung dieses souverainen hippokratischen Mittels verhältnismässig sehr zurückhaltend und schliesst sich in dieser Beziehung recht nahe an seinen Collegen van der Linden und den gemeinsamen Vorgänger in der Chemiatrie van Helmont an, der ein heftiger Gegner des Aderlasses war, und daher in Guy Patin's geschmackvollen Briefen bezeichnet wird als „*un méchant pendard flamand, qui est mort frénétique*".

Van der Linden und Sylvius, deren Pathologie und Therapie also in so wesentlicher Beziehung vom Hippokratismus abweicht, dass sie nur durch ihre — wenn ich so sagen darf — ganze klinische Grundstimmung doch gewissermassen noch mit unter diese Fahne kommen können, repräsentieren indess nur eine vorübergehende Schwenkung im Standpunkt der Klinik Leydens. Die himmelstürmende Reformbestrebung, die unermüdlich erstrebte Anwendung der neuen naturwissenschaftlichen Entdeckungen in der praktischen Medicin und der Klinik, welche bis zum äussersten Sylvius charakterisiert und durchdringt, war allzu sanguinisch und übereilt und konnte nicht durchgeführt werden. Der nächste grosse Stern in der Geschichte der Leydener Klinik, Herrmann Boerhaave, ein Mann, der nicht weniger durch seine echt holländische Persönlichkeit als durch den Geist seiner Lehre, sein Festhalten an der geschichtlichen Continuität, seine ruhige akademische Immanenz und olympische Ueberlegenheit in scharfem Gegensatz zum Franzosen Sylvius steht, stellt schnell einen besonnenen Eklekticismus mit Rückkehr zu einer echten hippokratischen Grundlage wieder her.

III. Boerhaave.

Der eben gethane Ausspruch darf durchaus nicht so aufgefasst werden, als ob Boerhaave geradezu eine Reaction in der medicinischen Wissenschaft bedeuten sollte und dieses sein charakteristisches Merkmal wäre. Im Gegenteil, auch er ist ein Reformator in hervorragendem Grade und zwar in einer vom praktischen Standpunkte aus weit mehr fruchtbringenden Weise als Sylvius, indem er in seiner ruhigen Ueberlegenheit es versteht sich zu mässigen, und mit scharfem Blick erkennt, was gerade jetzt reif ist zur Mit-Aufnahme in's System. Sein Wirken stellt nur in sofern eine Reaction dar, als er im Gegenzatz zu der vorwärtsstürmenden Chemiatrie des Sylvius vorsichtig ist in der Anwendung der neuen naturwissenschaftlichen Entdeckungen und Theorien und mit besonderem Nachdruck die Notwendigkeit einer aus genauen Beobachtungen am Krankenbette hervorgegangenen selbständigen Erfahrung im hippokratischen Geiste betont. Seine erste akademische Festrede, gehalten 1701 bei dem Antritt des Lectorats über theoretische Medicin als Einleitung zu seinen Vorlesungen über „*Institutiones*", hat zum

Gegenstande *„de commendando studio Hippocratico"* und legt dieses in eindringlichen Worten den Zuhörern ans Herz, seine letzte, gehalten 1731 bei der Niederlegung seines 2ten Rectorats, führt den Titel *„de honore medici, servitute"* und betont in streng hippokratischem Geiste und in gewählten Ausdrücken die Stellung des Aztes als Diener der Natur *„in sanandis morbis principatum obtinet natura."* Von den Autoritäten des 17ten Jahrhunderts ist es also der „englische Hippokrates" Sydenham (1624—1689), in dessen Fusstapfen Boerhaave zunächst tritt. Die wissenschaftliche Hauptbedeutung Sydenhams besteht darin, dass er in schärfster Weise Front gemacht hat sowohl gegen den alten galenischen Doctrinarismus als gegen die übereilten neuen naturwissenschaftlichen Lehrsätze und im Gegenzatz hierzu die Anwendung der rein empirisch-inductiven Methode, im Sinne Bacons und seines Freundes Locke, in der Krankheitslehre und in der Therapie verlangt hat. Theoretisch erkennt er wohl die fruchtbringende Bedeutung der Hypothese an, in der Praxis aber will er durchaus nichts wissen von *„hypothesis philosophica, quae judicium scriptoris praeoccupat"*, hier gilt nur *„experientia, non autem ratio"*. Hippokrates ist also das einzige grosse Vorbild, vor dem Sydenham sich unbedingt beugt, er will die Lehre desselben von allen Ausschweifungen des späteren Galenismus reinigen und dadurch die einzig gültige Grundlage wirklichen Fortschreitens der ärztlichen Wissenschaft und der ärztlichen Kunst zuwegebringen und ganz besonders der letzteren, denn Sydenham ist in erster Linie Praktiker und betrachtet die Bedeutung der Wissenschaft im wesentlichen als unterstützende Nebensache. Boerhaave geht aus hauptsächlich von Sydenham und lässt sich in seinem Streben ebenfalls von vorwiegend praktischen Gesichtspunkten leiten, folgt ihm jedoch nicht in seiner hippokratischen Exklusivität. Boerhaave sieht im Gegenteil klar ein, dass es jetzt gilt den Hippokratismus mit den Resultaten der neuen Wissenschaft zu befruchten, hiervon aufzunehmen, was als richtig und haltbar angesehen werden muss, zum Besten der Reform der praktischen Medicin.

Von den beiden Richtungen, welche in der eben voran gegangenen Zeit sich geltend gemacht hatten, verhält sich Boerhaave am kühlsten der Chemiatrie gegenüber, für deren lockere Grundlage er als gründlicher Chemiker ein scharfes Auge hatte, was er unter anderem in seiner akademischen Festrede *„de chemia errores suas expurgante"* documentiert. Die himmelstürmende Weise des Sylvius ist seinem Geiste in hohem Grade zuwider, wenn er auch mit kundiger Auswahl einzelne Elemente der chemiatrischen Lehre aufnimmt und mehrere Receptformeln des Sylvius anwendet. Dagegen hegt er grosse Sympathie für die auf Anatomie und Physiologie, auf die exacten Hülfswissenschaften (Mathematik, Physik) basierten jatromechanischen Theorien, die den Organismus als eine *„machina hydraulica"* ansahen und die namentlich von den genialen Italienern Borelli[29]) und Bellini entwickelt waren. Diese Forscher waren auch besonnene Männer und sehr vorsichtig in der Anwendung der Theorien in der Praxis und bewirkten so eigentlich eine Trennung der theoretischen Heilwissenschaft und der Heilkunst — in der Ausübung der letzteren waren sie wie Sydenham geneigt den empirischen, hippokratischen Standpunkt festzuhalten. Hier lag also eine grosse, praktisch wichtige und dringende, für einen überlegenen Geist wohl ausführbare Aufgabe vor: mit vorsichtiger Auswahl die neuen Anschauungen in nähere organische Verbindung mit dem alten Hippokratismus zu bringen.

Dies wollte Boerhaave erreichen — er wollte also

sich an keine einzelne Schule anschliessen, indem „*libera ab omni secta hodie coli potest medicina*", sondern stets kritisieren und wählen. Und in dieser Art hat er in musterhafter Weise seine Aufgabe in seinen medicinischen Schriften durchgeführt, besonders in „*Institutiones medicae in usus annuae exercitationis domesticos*" (also Basis seiner Vorlesungen) und in „*Aphorismi de cognoscendis et curandis morbis*". Das letzte ebenso classische wie typische Werk, das schon in seiner Form auf Hippokrates zurückweist, behandelt in 1495 kurzen Paragraphen (*Aphorismen*) die ganze allgemeine und specielle Krankheitslehre, darin auch in hippokratischem Geiste ein Teil der Chirurgie einbegriffen, mitsammt der Therapie.

Die ausserordentliche Klarheit und zusammengedrängte Kürze, die nicht Platz hat für ein einziges überflüssiges Wort, die vollendete Logik in der Entwicklung, der consequent durchgeführte, praktische Gesichtspunkt, alles dieses vereinigt sich die dem Umfange nach kleine Schrift zu einem in seiner Art einzig dastehenden Werk zu machen.

Es ist keine bahnbrechende Arbeit in dem Sinne, dass sie der Wissenschaft grosse, neue Perspectiven eröffnet hätte Boerhaave war durchaus kein solch' wissenschaftliches Genie, und seine Schriften sind daher auch in unserem Jahrhundert öfters Gegenstand einer sehr kühl kritischen Beurteilung von Seiten kompetenter Geschichtsforscher gewesen, z. B. von A. F. Hecker[30]) und besonders von Daremberg[31]), der sagt, dass „*dans les Aphorismes et dans les Institutions il n'y a ni profondeur ni rien qui dépasse la mesure ordinaire de l'esprit humaine*". Und das ist in sofern wahr, als die Institutionen und namentlich die Aphorismen nichts anderes bieten und nichts anderes bieten wollen als eine opportunistische, praktische Lehre, welche ein vorhandenes

Bedürfnis der Heilkunde befriedigte, auf dem Grunde der empirisch-klinischen Erfahrungen des Hippokratismus und der neuen physiologischen Entdeckungen aufzubauen und in vollendeter Form klar zu legen. Aber dies Ziel hat er auch vollkommen erreicht. Alle organischen Erscheinungen werden zurückgeführt auf eine Bewegung der festen und flüssigen Substanzen nach mechanischen Gesetzen, und ganz in Uebereinstimmung mit der Darstellung früherer Jatromathematiker, ohne irgend wesentlich Neues hinzuzufügen. Die Grundsubstanzen des Körpers sind „*fibrae*" und „*vasa*", und hiervon werden die Urformen der Krankheiten abgeleitet. Die „*fibrae*" werden entweder „*debiles et laxae*" oder „*rigidae*"; „*vasa minima*" sind Sitz für „*Obstructio*", und auf dieser Basis werden wiederum die verwickelteren Krankheitsformen construirt. In den „*morbi humorum*" macht er der Chemiatrie Einräumungen und stellt verschiedene „*acrimoniae*" auf, deren Abnormitäten jedoch zum Teil auch von mechanischen und physischen Veränderungen der morphologischen Elemente (Atome) bedingt werden, so bei der Plethora und der Anämie, und ebenfalls bei der „*Cacochymia*", die in der Pathologie Boerhaaves einen hervorragenden Platz einnimmt.

In der Lehre von der Entzündung und vom Fieber, welche ja stets einen Hauptabschnitt der Pathologie dargestellt hat, spielt ebenfalls ein mechanisches Element die Hauptrolle. Ein durch „*cruor stagnans*" bewirkter „*Attritus*" und „*Obstructio*" in den kleinen Gefässen ist „*causa proxima*" der Entzündung, die starke Reibung in den Gefässen, hervorgerufen durch schnelle Contractionen des unter dem Einfluss des Nervenfluidums stehenden Herzens, ruft die Wärmeerhöhung des Fiebers hervor, auf welche Boerhaave sehr genau achtet, wie es dem Vertreter der Wiedereinführung des Hippokratismus ziemt. Die vermehrte Wärme war ja für die alte Medicin das eigentlich pathognomische Symptom des Fiebers, was schon die Bezeichnung desselben (πυρετός, πύρεξις) hinreichend beweist, und erst unter dem Einfluss der spitzfindigen Puls- und Urinlehre der späteren Araber nimmt „*pulsus velox*" und „*rubor urinae*" in dieser Hinsicht die erste Stelle ein. Der vorsichtige Boerhaave stellt „*calor*" in pathognomischer Bedeutung nicht so hoch, dass er geradezu mit dieser damals eingewurzelten Auffassung bricht, und überhaupt musste die jatromechanische Schule, der er zunächst angehörte, natürlich ein Hauptgewicht auf das Verhalten des Pulses legen. Wichtiger als seine beiden anderen pathognomischen Fiebersymptome „*horripilatio*" und „*calor*" (*Aphorisma* 563) ist denn auch die Pulsbeschleunigung: „*Ex his* (nämlich 3 Symptomen) *sola velocitas pulsus adest omni febris tempore, ab initio ad finem, eaque sola medicus praesentem febrim judicat*", sagt er in *Aphorisma* 570. Im Stadium der Horripilation bestand nämlich nach seiner Meinung keine Wärme-Erhöhung, das Herz arbeitete da noch zu schwach, „*spiritus cerebelli minus influentes*". Eine Verminderung der Wärme während des Fieberfrostes glaubt er sogar direct nachgewiesen zu haben durch Thermometermessung, vermittelst der neuen zweckmässigen Quecksilberthermometer, die kurz vorher von Fahrenheit, der seinen Wohnort von Danzig nach Holland verlegt hatte, erfunden waren. „*Calor febrilis thermoscopio externus, sensu aegri et rubore urinae internus cognoscitur* — so lautet sein 673stes Aphorisma, durch welches er also seine Anwendung des Fahrenheitschen Thermometers und seine Priorität in Bezug auf diese wichtige Untersuchungsmethode des Allgemeinzustandes des Organismus feststellt. Hierdurch macht der Hippokratismus den zweiten entscheidenden

Schritt vorwärts in exakter Richtung. Den ersten Schritt, die Bestimmung des Körpergewichts unter den verschiedenen Zuständen des Organismus, machte Sanctorius, Kliniker in Padua und Salas Vorgänger, ein Jahrhundert früher.

Mehr als ein Anlauf zur Thermometrie wurde es jedoch kaum von Seiten Boerhaaves. Die ungeheure Energie des Santorio im exakten Arbeiten besass er nicht, dazu war seine hippokratisch-klinische Persönlichkeit allzu olympisch. Dass aber doch einige Beobachtungen angestellt sind in seiner klinischen Schule, das zeigt namentlich sein treuer Schüler und Ausleger van Swieten, der in seinem Commentar zum 476sten Aphorisma (*de combustione*) die normale Körpertemperatur zu ungefähr 96 Grad (etwa 36° Celsius) angiebt, und im Commentar zu „*calor febrilis*" verschiedene Beobachtungen mitteilt, wovon folgendes angeführt werden mag: Durch die äussere Berührung kommt man nicht zu einer sicheren Bestimmung der Fieberwärme, dies muss geschehen mit Hülfe des Quecksilberthermometers, welches man dem Kranken in die Hand giebt oder in seinen Mund legt, oder „*nudo pectore*" oder in der Achselhöhle anbringt, nur während einiger Minuten, dann wird es eine erhöhte Temperatur zeigen — wie hohe Steigerung man constatiert hat, teilt er nicht mit; sehr weit ist man also auf diesem Gebiete in Boerhaaves Klinik nicht gekommen. Wir werden indess später einen Schüler der Klinik kennen lernen, der diese Untersuchungen mit Kraft und Eifer aufnimmt.

Die von Sylvius stammende Einteilung der fieberhaften Krankheiten in zwei Hauptarten nach der Beschaffenheit des Blutes, die inflammatorischen mit „*spissitudo sanguinis*" und „*crusta phlogistica*", und die putriden mit „*dissolutio sanguinis*", wird von Boerhaave anerkannt, aber in einem andern Fundamentalpunkt betont er in seiner Eigenschaft als Hippokratiker eine von seinem Vorgänger sehr verschiedene Lehre. Er fasst nämlich die Fiebererscheinungen vollkommen teleologisch auf, und stellt z. B. in seiner obenerwähnten Rede „*de honore medici, servitute*" folgendes Axiom auf: *Febrium laudamus medici instrumentum felicissimum, quo natura perficit mille morborum acutorum et diuturnorum aliter incurabilium sanationem perfectissimum*". So weit entfernt man nun auch später und zumeist in unserer antipyretischen Periode davon gewesen ist, dieses alte hippokratische Axiom anzuerkennen, so dürfte es doch wohl möglich sein, dass es wiederum in der Wissenschaft zu Ehren kommen könnte, und zwar mit Hülfe der Bakteriologie, die ja schon die Empfindlichkeit der pathogenen Mikroben gegenüber auch nur geringen Temperatursteigerungen konstatiert hat.

Ebenfalls handelt Boerhaave im Geiste des Hippokratismus, wenn er sowohl in seinen Aphorismen wie namentlich in seiner ausführlichen „*methodus studii medici*", einem Werk, das sich übrigens besonders durch umfassende Litteraturangaben auszeichnet und dadurch Zeugnis ablegt von der grossen Gelehrsamkeit des Verfassers, auch die Chirurgie mit abhandelt, die er als den Teil der Medicin definiert, „*quae manus applicatione morbis curandis inservit (quae non per diaeteticam aut pharmaceuticam curantur)*". Seine „*consilia ad chirurgiam*" umfassen ungefähr 100 Seiten im 2ten Bande dieses voluminösen Werkes. Er ist allerdings ein gelehrter Forscher, aber in erster Linie ist er ein so hervorragender Praktiker, dass er unmöglich der „gelehrten" Medicin folgen kann, wenn sie glaubt vornehm die Chirurgie als etwas niedriges, handwerksmässiges und unwissenschaftliches ignorieren zu müssen — etwas, wozu unleugbar nothwendig mehr gehört als gelehrte apriorische Speculation.

In der eigentlichen Semiotik ist sein Standpunkt im ganzen ein auswählend-conservativer mit stetigem Hinweis auf Hippokrates. Er erkennt das traditionell geltende an, aber legt auch hier Zeugnis ab von seiner überlegenen, besonnenen Auffassung. So z. B. mit Bezug auf den alten Cardinalpunkt, die diagnostische Bedeutung des Urins. Hierüber sagt er in seinen Institutionen (*de urina ut signa*): „*in ferendo judicio de urina simul accuratissime attendendum ad reliqua signa in morbis apparentia, aut aliter artem hanc ubique fallaciae esse plenissimam.*" Ohne mit dem Alten zu brechen ist er also doch über die veraltete einseitige Uroskopie hinausgekommen.

Auch in der Therapie ist sein Standpunkt im Wesentlichen derselbe. Im Princip stellt er sich, gemäss seinem Wahlspruch „*simplex sigillum veri*" rein hippokratisch. Am deutlichsten tritt dies hervor in einer Rede, die er 1709 bei der Uebernahme der ordentlichen Professur für Medicin und Botanik hielt und die den Titel trägt: „*oratio, qua repurgatae medicinae facilis asseritur simplicitas.*" In derselben kommt der oft citierte Ausspruch vor, dass man, um allen wesentlichen Indicationen gerecht zu werden, nur ganz wenige und einfache Mittel braucht: *Aqua, Acetum, Vinum, Hordeum, Nitrum, Mel, Rheum, Opium, Ignis et culter phlebotomus scopo huic sufficiunt*"; und ferner fügt er noch unter Hinweis auf Sydenham hinzu: „*candore solito exclamat Sydenhamus: agendi gnaro raram remediorum penuriam!*" In der Vorrede zu seinem „*libellus de materia medica et remediorum formulis*", einem Anhange zu den Aphorismen — in welches er keine Medicamentformeln aufgenommen hat, damit die Schüler dieselben nicht zu früh erfahren und sich gedankenloser Empirie hingeben sollten – spricht er sich in demselben Sinne aus und eifert heftig gegen die Polypharmacie der Araber: „*Dolui gentem sollertissimam, licet subnixa esset tam utilibus adminiculis ejus subtilitas, parum boni, mali plurimum, medicae attulisse disciplinae.*" Aber wir werden bald sehen, dass er trotz seiner Principien und seines Wahlspruchs, doch nicht so ganz „*simplex*" in seinen Ordinationen ist; sie sind kaum mehr vereinfacht als bei Sylvius und zeigen, dass der grosse Boerhaave in gewissen Beziehungen nur das Kind seiner Zeit war. Ganz im hippokratischen Sinne legt er grosses Gewicht auf diätetische und hygieinische Therapie, kurz darauf, die Widerstandskraft des Organismus zu heben. Dies ist wohl das entscheidendste Charakteristicum seiner Therapie und geht wie ein roter Faden durch alle seine klinisch therapeutischen Entwicklungen. Sein Erstes und Letztes ist „*conservatio et restitutio aegri*" durch eine allseitige Erfüllung der „*indicatio vitalis*", welche nach seinem Sprachgebrauch gerade darauf ausgeht, zu diesem Zweck die diätetischen und hygieinischen Agentien so allseitig wie möglich anzuwenden, wie denn hierher auch alle die medicamentösen *Cardiaca* gehören, die er am Schluss der *Institutiones* (*de methodo medendi*) ausführlich behandelt, und deren Bezeichnung als „herzstärkend" gerade darin begründet sein soll, dass das Herz „*causa princeps*" aller vitalen Bewegungen und Erscheinungen ist. Die specielle Anwendung dieser therapeutischen Principien in der Klinik werden wir bald kennen lernen, und wir werden dann zugleich sehen, dass er übrigens als guter Hippokratiker *Laxantia*, *Emetica* und Aderlass hoch hält, wie denn auch die salinischen blutreinigenden und verdünnenden Mittel bei ihm sehr beliebt sind; *Nitrum* gehört ja ganz besonders zu seinem Arzneischatz. Im

Ganzen schliesst er sich in der Behandlung der akuten Krankheiten an sein nächstes Vorbild, Sydenham, an, und da namentlich an dessen milde und kühlende Fiebertherapie im Gegensatz zu der erregenden Methode, die früher allgemein im Gebrauch war, und der auch Sylvius huldigte. Trotz seiner hippokratischen Lehre von der eminent nützlichen Bedeutung des Fiebers für den kranken Organismus erkannte er nämlich ebenso wie Sydenham und Barbeyrac, dass die Fieberbewegungen leicht allzu gewaltsam und gefahrdrohend werden können und daher bekümpft werden müssen. Wie in allen Stücken ist er auch in der Anwendung der antifebrilen und antiphlogistischen Methode sehr besonnen und masshaltend, so besonders mit Rücksicht auf den Aderlass, der von ihm in weit geringerem Grade benutzt wird als von Sydenham.

Das ausserordentliche Ansehen, welches Boerhaave bei seinen Zeitgenossen und der nächsten Nachwelt genoss, wird schon zum Teil motiviert durch die obenerwähnten das Bedürfnis der Zeit voll befriedigenden Schriften. Aber um die beispiellose Verehrung und Begeisterung, ja geradezu Anbetung, deren Gegenstand er bei Schülern und beim Publicum war, zu erklären, gehört etwas anderes als seine Schriftstellerei. Dazu sind gewisse besondere persönliche Eigenschaften erforderlich, die nur einzelne Auserwählte besitzen und die Boerhaave im vollsten Maasse besessen hat.

Es tritt deutlich hervor, dass er als Lehrer wie als Arzt ausgerüstet gewesen sein muss mit jener sublimen und eigenthümlich einnehmenden Persönlichkeit, die grade der echte Hippokratismus besonders zur vollen Entwicklung bringen zu können scheint, wo die Vorbedingungen dafür vorhanden sind. Verschiedene der grossen Kliniker, mit denen diese Schilderung sich befasst, zeigen sich in höherem oder geringerem Grade mit diesem göttlichen

Prärogativ begabt — schon bei Sylvius kommt es zur Geltung — aber keiner von ihnen allen kann sich doch in dieser Beziehung mit Boerhaave messen, es sollte denn etwa in der Neuzeit Schönlein sein, der wenigstens von einigen seiner Schüler in ähnlichem Masse angebetet worden ist. Ich will hier nur hinweisen auf den Ausspruch seines sonst so kritischen Schülers Griesinger über ihn: „Alles schien er mir zu wissen, alles am Krankenbette zu können", und auf das was sein Schüler Billroth mit der ihm eigenen Wärme gesagt hat:

„Man lernte von Skoda und Oppolzer Vortreffliches für die Praxis, doch von Schönlein zugleich Ewiges für's ganze Leben. Man bewunderte Skoda in seiner einsamen Grösse, man musste Oppolzer bald liebgewinnen, doch wer sich Schönlein geistig nahe fühlte, schwärmte, wurde begeistert für ihn und durch ihn für die Medicin." [32]
Ganz ebenso war es mit denen, die sich Boerhaave geistig nahe fühlten, und *exempla instar omnium* liefern seine berühmtesten Schüler: Bassand, Gaubius, der spätere englische Leibarzt Pringle, van Swieten, de Haen und Albr. von Haller. Dieser Letztere, der 3 Jahre lang bei Boerhaave studierte, sagt von ihm [33]: „Lasst mich etwas ausführlicher sein in der Erwähnung meines geliebten Lehrers, mit dem nur einige wenige sich an Gelehrsamkeit messen können, aber kaum einer in den Eigenschaften des Geistes; dieser Geist, der göttlich war, liebte alle und hasste niemand, aber that wohl auch seinen Neidern und Gegnern." Und ähnlich drückt sich van Swieten aus in der Vorrede zu seinem umfassenden Werke „*Commentaria in H. Boerhaavii aphorismos*", ein Werk, das durch und durch der Ausdruck einer begeisterten Huldigung für den „*magnus praeceptor*" ist, dessen Schüler er 21 Jahre hindurch gewesen war, was er als ein seltenes und einzig dastehendes Glück preist.

Boerhaave war der Sohn eines Geistlichen und wurde 1668 in der Nähe von Leyden geboren, wo er Theologie als Hauptfach studierte, aber sich zugleich mit grossem Eifer der Philosophie, Mathematik und Medicin befleissigte und 1690 zum Doctor der Philosophie promovierte (durch eine Dissertation „*de distinctione mentis a corpore*"). Die Medicin zog ihn jedoch mehr und mehr an, und 1693 promovierte er in der kleinen holländischen Universitätsstadt Harderwyk als Doctor der Medicin. Es war inzwischen sein bescheidener Plan Prediger zu werden und nur nebenbei etwas Heilkunde zu treiben, wie es damals noch recht gewöhnlich war. Aber durch einen Zufall verscherzte er seine geistliche Laufbahn. Auf der Rückreise von Harderwyk kam er in Disput mit einem Mitreisenden über Spinoza, und in seinem warmen Gerechtigkeitsgefühl verteidigte er diesen grossen Philosophen so eifrig, dass er von protestantischen Zeloten als Spinozist denunciert wurde und so die Hoffnung auf Anstellung als Prediger aufgeben musste. Er liess sich dann als Arzt in Leyden nieder, aber nur mit geringem Glück, und ein chronisches *ulcus* des einen Beines, an welchem er von Kindheit an laborierte, machte ihn noch dazu unbehülflich in Gang und Bewegung, bis er es endlich zur Heilung brachte durch ein altes Hausmittel, Waschen mit Urin, in dem Salz aufgelöst war. Sein Vater war damals längst gestorben, ohne dem Sohne etwas zu hinterlassen, und er musste daher sehr einfach und zurückgezogen leben. Diese Lebensweise setzte er übrigens später in seiner ganzen Glanzperiode als erste europäische Grösse in der Heilkunde, bei der häufig Fürsten antichambrierten, beständig fort. Die einzige Erfrischung und Erholung, welche er sich bei seinem ununterbrochenen, angestrengten Wirken gönnte, während er neben seiner gewaltigen Praxis (namentlich mündliche und schriftliche

Consultationen) „das Amt einer ganzen Facultät versah", wie Max Salomon[34]) sagt, war das Lautenspiel, in welchem er Meister war. „*Vita ei simplex, calcei in horto lignei, in totu victu exili vestituque civis minoris et opificis alicujus similem se gerebat. . . . A rege Wilhelmo maximis conditionibus invitatus, quietem academicam praetulit.*" So schildert Haller seine Lebensweise und Haltung — also wie ein Arbeiter in Holzschuhen, der allen äusseren Glanz und Schimmer verachtete. In allen Lebenslagen stand er da als ein erhabener, vollkommen tadelloses Muster, nur hat man ihn bisweilen des Geizes beschuldigt. Ein guter Oekonom ist er jedenfalls gewesen, da er ein kolossales Vermögen hinterliess. Aber dürftig waren seine Verhältnisse, wie gesagt, im Anfang, und um zu leben, musste er neben seiner Praxis als Privatdocent der Mathematik und Medicin thätig sein. Hierdurch lenkte er inzwischen bald die Aufmerksamkeit auf sich, und 1701 wurde er Lector der theoretischen Medicin mit einem Gehalt von 400 Gulden und 1709 wirklicher Professor mit 1000 Gulden Gehalt. Endlich 1714, nach dem Tode des Professors der Medicin Bidloo, wurde er Mitglied des Collegium med. pract. und Kliniker, zunächst zusammen mit Dekkers und von 1720 ab im Verein mit dem früheren vieljährigen Stadtarzt zu Leyden Osterdyck-Schacht, einem Stiefsohn des Lucas Schacht, des Collegen von Sylvius. Zugleich las er stetig über Botanik und Chemie, welche Posten er wegen Schwächlichkeit 1729 niederlegte, während er bis zu seinem Tode 1738 fortfuhr als erster Professor der Medicin und als Kliniker zu wirken.

In allen diesen Lehrerstellungen gewann er schnell seinen europäischen Ruhm und wurde der „*communis Europae praeceptor*", zu dem alle eilten, um medicinische Kenntnisse zu erwerben, und bei dem Kranke aus allen

Gegenden der Welt Rat suchten; man consultierte ihn aus andern Weltteilen blos unter der Adresse: Boerhaave in Europa. Besonders weckte er Bewunderung dadurch, dass er, was bisher in den Annalen der meisten Universitäten unbekannt war, alle seine Vorträge vollständig frei und zugleich in vollendetster und elegantester Form hielt. "*In sermone suo facilem, laetum, ut nihil audire cuperes magis — Incredibili voluptate memini me perfusum fuisse quando primum veriorem medicinam amoenissima eloquentia ornatam proponentem audivi*," sagt Haller. Am meisten aber imponierte er doch durch seine Wirksamkeit als Kliniker, in einem Fach also, von dem man damals kaum noch ahnte, dass es in so vollendet akademischem Geiste und in so schöner Form dociert werden könne. Wohl hatte Sylvius ein Jahrhundert vorher auf demselben Gebiete geglänzt, aber dieser wurde nun einmal als eine Persönlichkeit *sui generis* betrachtet, die nicht unter die geltenden akademischen Regeln gezählt werden konnte, und von seinem Tode bis zu Boerhaaves Uebernahme der Klinik 1714 hatte der klinische Unterricht keine besonders hervorragende Rolle gespielt, obwohl Dekkers nicht ohne einiges Verdienst in dieser Hinsicht ist. Erst durch Boerhaave lernt die gelehrte Welt den klinischen Unterricht voll respectieren, erst durch ihn erhält er volles Bürgerrecht in unserer Wissenschaft.

Der etwas fieberhafte Eifer, mit dem der feurige Sylvius die Klinik durch unermüdliche tägliche Demonstrationen gepflegt hatte, lag dem ruhigen, olympischen Boerhaave fern, der ebenso wie van Heurne nur 2 mal wöchentlich Klinik abhielt, und der ja auch im hohen Grade durch seinen vielseitigen Unterricht in den *Institutiones*, in Botanik und Chemie beschäftigt war. Aber an diesen beiden Tagen sammelte sich auch der ganze grosse medicinische Zuhörerkreis in "de Ziekensaalen" in dem alten

Caecilia-Gasthuis; da war nicht Platz genug in den grossen Krankensälen und es wurden daher längs den Wänden Gallerien angebracht, wo ein Teil der Zuhörer sich aufhalten konnte. Hauptsächlich bestand seine Klinik in Vortrag und Demonstration, und er legte besonderes Gewicht darauf, die einzelnen Krankheitsfälle durch ihren ganzen Verlauf hindurch zu verfolgen, und zwar so, dass er bei jeder Klinik auf die früher besprochenen Fälle zurückkam, das früher Gezeigte recapitulierte und den Verlauf der Krankheit und die Resultate der Behandlung demonstrierte, was ich gleich an einem aufbewahrten, nicht nur ausführlichen, sondern offenbar auch mit Boerhaaves eigenen Worten und Rhetorik wiedergegebenen Referat über einzelne Fälle seiner Klinik zeigen werde. Er hatte indess zugleich auch eine Praktikantenklinik eingerichtet und liess, wenigstens während einiger Jahre, regelmässig wechselnde Abteilungen seiner ältesten Schüler unter Aufsicht des an der Klinik angestellten Medikus selbst untersuchen und ordinieren.

Das genannte Referat von seiner Klinik liegt vor in einer kleineren Schrift, die zuerst anonym in England herausgegeben wurde, später in einer revidierten und erweiterten Ausgabe von Boerhaaves berühmtem Schüler A. v. Haller in Göttingen (1752), und deren hauptsächlicher Inhalt übrigens besteht aus einer Menge von „*consultationes medicae sive syllogus epistolarum cum responsis H. Boerhaave*", also aus schriftlichen Vorfragen an Boerhaave von verschiedenen Aerzten über Krankheitsfälle, natürlich namentlich bei vornehmen Patienten, und mit ausführlichen Antworten des Meisters, mit Darstellung seiner diagnostischen Auffassung und mit therapeutischen Anweisungen. Diese Methode wurde in grosser Ausdehnung zu jener Zeit angewandt, wo es namentlich auf allgemeine Gesichtspunkte ankam, und wo die eigentliche stricte

Localpathologie und die daraus sich ergebende geschärfte
Forderung einer persönlichen objectiven Untersuchung noch
nicht recht entwickelt war. Eine Autorität von der Bedeutung Boerhaaves sehen wir ununterbrochen mit solchen
Anfragen beschäftigt, wohl besonders von seinen vielen
Schülern. Wir sehen denn auch, dass er nie sonderlich
verlegen ist um eine Antwort, sondern auf Grund der
mitgeteilten Krankengeschichten und eines Referats der
am meisten hervortretenden externen Symptome stets
im stande gewesen ist seine bestimmten Responsa in
kategorischer Form mit regelmässiger Hinzufügung einer
oder mehrerer seiner für einen Hippokratiker unleugbar
sehr komplicierten Receptformeln auszufertigen. Ein nicht
geringes psychologisches Interesse knüpft sich an diese
seine Responsa wegen des vollendeten Bildes eines überlegenen, consequent feinen und taktvollen Akademikers,
welches in jedem seiner Briefe zu Tage tritt, z. B. allein schon
in seiner Antwort auf die erste Vorfrage in der Sammlung,
welche eine 31 jährige „Domina" von phtisischem Habitus
mit „*fibrae nimium laxatae*" betrifft. Die Antwort an
seinen Collegen „*nobili claroque viro*" beginnt Boerhaave
folgendermaassen: „*Sapienter observatum, descriptum
exacte et prudenter tractatum hactenus a te morbum
consideravi*", worauf er im Wesentlichen der Ansicht
des Collegen über die Ursache des Uebels „*in debiliore
tenuis corpusculi fabrica*" beistimmt, besonders „*instau-
rantia, corporis perfricatio, motui apta exercitio cum
victu facilis concoctionis*" empfiehlt und zwei Receptformeln der damals gewöhnlichen Art hinzufügt: Pillen von
asa foetida, Bals. peruv., Catechu, mastix, olibanum, und
succus Glycyrrhizae (sing. pond. gr. *iij*) und davon 3 alle
3 Stunden; ferner ein *vinum medicatum*, ein auch bei
Boerhaave sehr beliebtes Tonicum mit verschiedenen *cor-
tices*, *radices* und *semina*, wobei der Wein, *vinum*

Gallicum rubrum oder *album* oder *vin. Lusitanum* ist, dessen Zusammensetzung er im Uebrigen aber nach seinen verschiedenen Indicationen variirt. Anstatt des Weines, verordnet er jedoch häufig Bier, namentlich das damals berühmte „*mumma brunsvicensis*" [35]), wie er auch „*cerevisia medicata*" benutzt. Im Hospital muss er, wie er erklärt, aus ökonomischen Gründen sich oft mit Bier begnügen.

Ferner enthält die Schrift eine auch in seinen gesammelten „*Opera medica*" [36]) enthaltene „*introductio ad praxin clinicam*", eine schematisch zusammengedrängte Anweisung die Geschichte eines Kranken methodisch zu verfolgen und durch allseitige Beachtung der Anamnese und des *status praesens* zur Feststellung der Diagnose, Prognose und Therapie zu kommen. Die Schrift trägt den Stempel der charakteristischen, praecisen Form und Darstellung Boerhaaves — doch an einzelnen Stellen weniger klar und wohlgeordnet, wahrscheinlich durch Fehler des Nachschreibenden — und enthält 93 Paragrafen ähnlich den Aphorismen. Aehnliche schematische Anweisungen zu einer streng methodischen Untersuchung und Beurteilung, die kein Ueberspringen oder Vergessen irgend eines wichtigen Momentes zulassen, sind auch von vielen späteren Klinikern, die besonders für die Erziehung ihrer Schüler zur Genauigkeit sorgten, z. B. von Rostan, formuliert worden. Uebrigens ist Boerhaaves Anweisung mehr als ein blosses Schema, sie ist ein Leitfaden, eine Art Erinnerungswort, das eigentlich in kurzer Uebersicht seinen ganzen praktisch-klinischen Standpunkt wiedergiebt, und dadurch hat sie ein etwas weitergehendes Interesse. Er praecisiert selbst den Charakter und den Zweck der Anweisung, indem er im ersten Paragraphen erklärt, dass er wie in der Rhetorik gewisse „*loci communes*" aufstellen will, also gewisse gültige Allgemeinsätze als Grundlage des klinischen Auftretens.

In den folgenden 55 Paragraphen wird die Anamnese und die Untersuchung behandelt. Zuerst wird das Geschlecht und das Alter notiert, was besonders bei Frauen von Wichtigkeit ist, dann *„status vitae"* d. h. die Lebensverhältnisse des Patienten, ärmliche Verhältnisse oder Luxus. *„Nihil citius debilitat quam luxus"* fügt der einfache Boerhaave hinzu. Darauf werden Idiosynkrasieen und das Temperament beachtet: *„mixtio elementorum solidi et fluidi."* Das Verhalten der *„Solida"* soll näher bestimmt werden, namentlich ob *„fibrae" strictae* oder *laxae* sind. Dieser Zustand ist vorhanden, wenn der Körper gespannt und aufgetrieben, geschwollen ist, jener wenn er mager und eingeschrumpft ist, *„hoc oculus clare videt"*. In Betreff der *„Fluida"* muss Rücksicht genommen werden auf Beschaffenheit und Menge des Schleims, der Galle, der schwarzen Galle und des Blutes, *„sed hoc paulo obscurius oculis patet."* Mehr Gewicht jedoch als auf diese Kategorieen legt Boerhave auf folgende Einteilung: 1) *Temperies aquosa*, wo Wasser vorherrscht und Blässe besteht. 2) *Temperies biliosa*, wo ein graciles Aussehen, eine gelbe Hautfarbe, stark gefärbter Urin vorhanden ist — was jedoch vielleicht nicht von *„vera bilis"* abhängig ist. 3) *Temperies oleosa*, wo das Fett stark entwickelt ist. 4) *Temperies terrestris* mit Trockenheit, dunkler Hautfarbe. 5) *Temperies atrabiliaris*, schwarze Farbe, erweiterte Gefässe, zögernde Bewegungen, Verstopfung der Canäle — daher muss hier grosse Vorsicht angewandt werden, um *„movere materiam non coctam"*; die Gefässe platzen leicht und es kommt dann zu Suppuration. Schliesslich hebt er eine *„scorbutica et putrida diathesis"* hervor als etwas, das wohl beachtet werden muss an solchen Stellen (z. B. in

Holland), wo „*multi homines putrescunt dum adhuc vivunt*" mit *foetor ex ore*, eitrigem Urin, stinkenden *faeces* und Schweiss und mit leicht zerreisslichen inneren Organen, die keine Purgantia vertragen.

Ferner muss man acht geben, ob man sonst noch irgend etwas bemerken kann, was der jetzigen Krankheit vorausgegangen ist, irgend eine Praedisposition. „Aber hier muss der Arzt wohl Acht geben", wie Hippokrates sagt, „dass er den Kranken nicht erschreckt, sondern er soll still an ihn herantreten, sich an's Bett setzen und ihn mit milder Anrede ausfragen, ihn nicht stossen und ihm Furcht einjagen, nicht heftig oder eilig reden, sondern ruhig." Hier soll man dann besonders Acht geben 1) auf *Plethora* (am häufigsten in Verbindung mit Luxus), „*mirabilis morborum causa, si aliis accedat morbis*"; namentlich ist Gefahr vorhanden, wenn die Flüssigkeiten aus dem einen oder anderen Grunde vermehrt und die Gefässe noch mehr gespannt werden, da diese dann leicht zerreissen; 2) auf *Cacochymia*, die am häufigsten auftritt bei skorbutischen Patienten und gefährlich wird durch Diarrhoeen, die leicht einen sanguinolenten Charakter annehmen; 3) auf *Cachexia* „*habitus corporis corruptus, tam in solidis quam in fluidis*", die oft von „*vita anteacta*" abhängig ist. Bei der Praedisposition muss man auch Rücksicht nehmen auf die Luft, die Jahreszeit und die Temperatur, ebenso auf die Räumlichkeiten, in denen der Kranke sich aufgehalten hat, besonders ob dieselben feucht oder trocken waren, und auf die Lebensweise, ob der Patient wohlhabend ist oder arm und bei Brod und Magermilch gelebt hat.

Darnach geht man näher ein auf die Anamnese und kommt nach und nach auf die „*causa proxima*" der Krankheit. Hier fragt man zuerst: wann fing die Krankheit an? Der Patient glaubt in der Regel, dass sie anfing, als er nicht mehr arbeiten konnte, aber oft liegt der Anfang viel weiter zurück. Daher darf man die Fragen nicht allgemein stellen, sondern muss specificieren und namentlich folgende Kategorien festhalten: 1) *Gesta*, also seine Beschäftigung. 2) *Ingesta*, wozu die Luft, Speise und Trank, Medicamente, Gifte gehören. Dieser Punkt ist sehr wichtig, und hier muss man sehr genau Acht geben, was Boerhaave an einem Beispiel aus seiner Praxis illustriert. Er wurde zu einem Mädchen mit „*febris putrida*", „*foetor mercurialis*", „*exulcerationes gingivarum*" geholt. Sie wollte keine Aufklärung geben, aber Boerhaave erfuhr doch zuletzt, dass sie Mercurius vivus gegen Würmer genommen hatte. „Wenn der Arzt diesen Punkt der Anamnese vernachlässigt, wird leicht Schaden angerichtet werden können; wenn ich den Fall als scorbutisch oder als Gangrän behandelt und Spiritus salis cum melle rosac. angewandt hätte, so wäre es ihr Tod gewesen." „So gehe ich weiter von *causa remota* zur *causa proxima* und muss nun meine Fragen genau stellen." Namentlich muss man entscheiden „*qua actione laesa morbus inceperit, percurrendo omnes actiones*": 1) *vitales* (Atmung, Temperatur etc.), 2) *naturales* (Appetitlosigkeit, Durst), 3) *animales* (Zustand des Sensorium, „*facile hoc scio*"). Ferner kommt hinzu die Untersuchung der Hautfarbe, — *Calor flavus* deutet auf einen behinderten Abfluss der Galle — und endlich die der *excreta naturalia et morbosa*, was ein grosses Gebiet darstellt. 1) *Excreta naturalia* sind namentlich: Perspiration, Schweiss, faeces, Urin, Menstruationsblut, Brustmilch, Thränen, Cerumen auris. Solche natürliche Absonderungen können nun 2) *mutata et facta praeternaturalia* werden; besonders gilt dies von Schweiss, Thränen, Schleim der Nase, des Mundes, des Rachens, des Oesophagus, Larynx und der Bronchien. Besonders wichtig ist der Schweiss „*excrementum, quod sano numquam depluit, sed semper molestiam, dolorem viriumque prostrationem indicat."* Ferner ist zu beachten 3) Blut, welches häufig mit anderen Absonderungen abgeht, 4) *Excreta vomitu,* entweder Ingesta oder Schleim, Galle, Blut, schwarze Galle, faeces, pus, ichor, 5) *excreta alvo,* die aus denselben Substanzen bestehen können, wie das durch Erbrechen herausbeförderte, und besonders aus dem Genossenen, wie bei der Lienterie. Es ist sehr wichtig diesen Punkt zu beachten und derselbe wird von Boerhaave stark betont, der demselben auch schon in seiner Doctor-Dissertation zu Harderwyk besondere Aufmerksamkeit gewidmet hatte: *„de utilitate explorandorum in aegris excrementorum."* 6) Der Urin kann vielfach verändert sein: *aquosa, biliosa, flava sine foetore, mucosa, plegmonodes, qualis in febribus ardentibus, foetida, spumam continens diu, putrida, sanguinea, purulenta, ichorosa, gonorrhoica,* 7) *excreta utero: fluor albus mucosus, pus, ichor, virus cancrosum.*

Ausserdem muss man fragen, wie die Krankheit zunahm, sich hielt, abnahm oder kurz sich veränderte bis zum Status praesens. Dann muss dieser bestimmt werden, und es muss bemerkt werden, ob die Krankheit sich befindet im *initium (ἀρχή), adscensus (ἀνάβασις), vigor (ἀκμή), imminutio (μείωσις), finis (τέλος), sanatio (λύσις), in alium morbum mutatio (μετάστασις).*

Auch darf man nicht versäumen zu untersuchen, *„quaenam pars affecta sit, an* 1) *viscus (cerebrum, pulmones, cor, viscera chylopoietica, spermato-poietica), an* 2) *glandulae (salivales, mesenteriales, pancreas), an* 3) *affectio rheumatica, an* 4) *haereat in articulis (arthritis), an* 5) *Arteriae (in febribus ardentibus), an* 6) *venae (in varicosis et oedematosis malis), an* 7) *loca colligentia (cava cordis, auriculae, sinus in ca-*

pite, vesicula fellea, pelvis), an 8) *loca excernentia, an* 9) *nervi (multi horrendi morbi in solis nervis haerent) an humor vitalis (cacochymia)."* Ferner sucht man zu entscheiden „*quaenam materia peccans in parte affecta sit*", ob es *Solida* (Polypen, Würmer, Fettablagerung, scirrhöse, carcinomatöse oder condylomatöse Verhärtung) oder *Fluida* (inflammatoria, purulenta etc.) seien.

Nach all' diesem wird nach der Diagnose gefragt, nach dem Namen der Krankheit („*sed verum nomen scire debeo*"), dem Grade derselben, nach pars affecta, materia efficiens, und dann nach der Prognose, wobei es von Wichtigkeit ist, Geschlecht, Alter, Idiosynkrasie, vita anteacta, cacochymia, plethora, cachexia zu kennen. Man muss unterscheiden zwischen *spes absoluta, dubia* und *nulla*.

Diese ausführliche Anweisung ist im Ganzen in hippokratischem Geiste gehalten, und zwar nicht am wenigsten durch die minutiöse Genauigkeit in anamnestischer und aetiologischer Beziehung, welche sie charakterisiert. Auch die Krankenuntersuchung selbst wird geschildert, aber doch erst in zweiter Reihe, und in vielen Punkten, wo die Gegenwart Autopsie fordert, begnügt sich Boerhaave damit, den Kranken zu fragen und seinen Bericht zu hören. Auch geht er nicht näher darauf ein, wie die Untersuchungen, die erwähnt werden, unternommen werden sollen, indem er in dieser Beziehung keine entwickelte Technik kannte, sondern sich mit dem unmittelbaren Eindruck der Sinne begnügte.

Am Schlusse der Anweisung kommt er zur Therapie, indem aus der Erkenntniss der Krankheit hervorgeht, *quid agendum sit*. „Hier dürfen wir uns nicht verwirren lassen oder uns übereilen. Wenn wir nicht sicher sind, können wir Medicamente geben, die nicht schaden, und inzwischen weiter überlegen. Aber gieb Acht, dass der Kranke Dich nicht zweifeln sieht. Du kannst ein Purgans in Gestalt einer Flüssigkeit oder ein Medikament verschreiben, und inzwischen gewinnst Du Zeit. *Saepe confidentia in medicum est summum cardiacum!*"

Die Indication wird bestimmt als Indicatio vitalis, praeservatoria, curatoria oder mitificans. Indicatio vitalis wird von Boerhaave in anderer Bedeutung aufgefasst, wie heutzutage, indem er nämlich darunter die ganze roborierende, hygieinisch-diätetische Therapie versteht, und hier wird grosses Gewicht auf die Nahrung, die vegetabilische sowohl wie die animalische, und ihre Zubereitung gelegt, für welche er zahlreiche Vorschriften mit besonderer Berücksichtigung der holländischen Kochkunst giebt. Auch die Zubereitung verschiedener Arten Getränke, namentlich verdünnter Fruchtsäfte und Weine, „*medicamenta cardiaca replentia*", beschreibt er. *Indicatio praeservatoria* ist die „*quae causam morbi tollit, agit vel per diaetam antea explicatam vel per chirurgica (venaesectio, scarificatio, hirudinum applicatio, vesicatoria, fonticuli, setacea, clysmata, fotus, epispastica, frictiones) vel per medicamenta evacuantia et corrigentia.*" *Indicatio curatoria* wirkt „*corrigendo acre per oppositum; si acidum extra primas vias, do salem volabilem, si in primas vias, do lapides cancrorum vel cretam.*" Für *Indicatio mitificans* sind Opium und Evacuantia (clysmata) die wichtigsten Mittel. Auch in der Therapie also zeigt sich Boerhaave im wesentlichen als Hippokratiker, indem er ganz besonders die Diaetetik hervorhebt, im Uebrigen aber tritt ebenfalls sein Eklekticismus deutlich hervor, so dass er unter *Indicatio curatoria* sogar wesentliche Elemente der Chemiatrie des Sylvius, die er sonst principiell stets bekämpft, aufnimmt.

Einen näheren Einblick in sein therapeutisches Verfahren werden wir erhalten durch die in derselben Schrift enthaltene Casuistik, bestehend aus 4 Fällen, 2 vom Jahre 1726 und 2 vom Jahre 1737, ausführlich berichtet von einem Zuhörer in Boerhaaves Klinik und, wie schon oben erwähnt, ausgeschmückt mit so vielen rhetorischen Wendungen, klinischen Schlagworten und pointierten Axiomen, dass man öfters das Gefühl hat, als stehe der Lehrer in Person vor einem. Ich beklage, dass ich sie nicht ausführlich in der Original-Sprache habe mitteilen dürfen, ich werde indess den Mittelweg einschlagen, den ich schon öfters in meiner Darstellung klinischer Litteratur benutzt habe, und in zusammengedrängter Uebersetzung referieren, wo es mir hinreichend erscheint, um wiederum Boerhaave in seinem pompösen Latein reden zu lassen, wo dies zur Illustration der Sachlage von einiger Bedeutung sein kann.

Der erste Fall betrifft

ein 30jähriges unverheiratetes Frauenzimmer Sara, die am 29. Oct. 1726 auf die Klinik gebracht wurde, nachdem sie drei Wochen vorher von heftigem Fieber mit inflammatorischen Schmerzen in der Brust ergriffen worden war. Nach einer Venaesectio liessen die Schmerzen etwas nach, aber unbestimmt intermittierendes Fieber dauerte fort, verbunden mit einem Gefühl der Schwere in der rechten Seite, bis *morbi furor* zugleich mit den Kräften abnahm. Erbrechen bestand ununterbrochen von Anfang an bis jetzt. Jetzt haben die Kräfte hochgradig abgenommen, der Puls schwach, Blässe, unstillbarer Durst, kein Appetit. Heftiger Kopfschmerz, beständiger Husten ohne Auswurf.

Diagnose: Anfangs hat hier wahrscheinlich eine Pleuritis bestanden, aber die Krankheit, welche jetzt besteht und die sich in erster Linie durch Erbrechen zeigt, ist wesentlich anderer Natur. Da die inflammatorischen Schmerzen und das heftige Fieber nachgelassen haben, ist die Krankheit im Stadium der Imminuation. Die Ursache derselben muss in der Galle gesucht werden, in *bilis hypochondria occupans et solutior per cellulosum anni tempus.* Hierdurch wird *lentor sanguinis et virium prostratio* hervorgerufen und durch das Erbrechen und das putride biliöse im Verdauungscanal kommt der Durst und die Appetitlosigkeit zustande.

Nach dieser aetiologischen Diagnose, die in echt hippokratischer Weise formuliert wird, indem die Pleuritis in den Hintergrund gestellt und der Nachdruck auf die Betrachtung des biliösen Allgemeinzustandes gelegt wird, den er später noch genauer präcisiert, kommt er zur Prognose:

Die Krankheit ist allerdings sehr heftig gewesen, die Kräfte sind geschwächt, aber jetzt sind die Symptome recht gut. *Pulsus aequalis*; die Zunge ziemlich rein, *gingivae* frisch und rot; das Blut scheint gut zu sein und ist Hoffnung auf Heilung vorhanden.

Curatio: Hier kommt es in erster Linie darauf an, *viscera* zu roborieren. Aber dies kann vorläufig nicht durch innere Mittel geschehen, da nichts behalten wird wegen des ununterbrochenen Erbrechens. Die Krankheit wird daher nicht überwunden werden können, bevor *fomes* gereinigt ist und Hunger sich einstellt. Ergo muss hier erst eine Reinigung auf dem von der Natur angezeigten Wege vorgenommen werden, und darauf soll man sich bestreben den Durst zu stillen und dann erst ernstlich *viscera* roborieren.

Die Reinigung des *fomes* geschieht durch ein mildes Vomitorium, unterstützt von lauwarmem Getränk.

Rp. Ipecac. optim.
gr. xxx.
Teretur in pulv. Exh. una vice.

Und sobald das Erbrechen beginnt, giebt man:

Mell. vulg.
Unc. iij.
mit Wasser verdünnt.

Nach dem letzten Erbrechen giebt man, um den Durst zu stillen:

Aqu. dest. ceras. nigr.
Unc. xij.
Oxymel
Unc. ij.
Roob. sambuci
Unc. ij.
Spirit. sal. dulc. Dr. iv.
Tinct. op. spl. gutt. xi.
d. s. Unc. semis bih.

Die dritte Indication, das Hauptmoment der Behandlung ist für Boerhaave allzu wichtig, um aufgeschoben zu werden, und da er noch keine Tonica aus dem angeführten Grunde innerlich geben kann, applicirt er vorläufig das alte heroische Theriak äusserlich.

Rp. Theriac. Androm.
Unc. i.
Explic. s. alut.
(Roborans empl. regioni
cordis applic.)

Cor ist ja *causa princeps* aller vitalen Erscheinungen des Organismus und daher der Angriffspunkt dieser wichtigen *Indicatio vitalis*.

Diese Methode, bei einem Fall von unstillbarem Erbrechen schnell mit der Verordnung eines nicht besonders milden Brechmittels zu beginnen und ferner „auf dem von der Natur angezeigten Wege zu evacuiren" will uns ziemlich fremd erscheinen und wird kaum unsern Beifall erhalten. Aber für ihn ist die Indication unumstösslich massgebend, begründet wie sie ist auf ein's der Hauptaxiome des Hippokratismus, und er gehörte nun einmal zu den Auserwählten, deren Inspirationskunst — im Gegensatz zu dem, was sich bei gewöhnlichen Sterblichen ereignet — fast stets das Glück in ihrem Gefolge hatte. So auch hier. Denn in der nächsten klinischen Demonstration am 2. Nov. kann er triumphierend mitteilen:

Sie erbrach 5 mal nach dem Brechmittel und darnach hörte das symptomatische Erbrechen und der Schmerz im Hypochondrium auf. Bald stellten sich jedoch beide Uebel wieder ein, aber in leichterem Grade. Der Durst dauert fort und ist unerträglich. Die Kräfte, wie auch der Puls etwas besser, aber es besteht Schlaflosigkeit. Im Uebrigen *signa bona!* Kein Stuhlgang! Man muss nun fragen: Verhält sich die Krankheit, wie angenommen, und soll man mit den Medicamenten fortfahren? Ich antworte: Die Krankheit ist *reliquiae febris epidemicae*, daher fortdauernd *sanguis solutus et debilis*. Der Zustand ist im Wesentlichen unverändert. Jetzt ist es sicher, dass keine Entzündung besteht, da der Schmerz durch das Brechmittel vermindert ist. Die Prognose ist besser, indem die Kräfte im Zunehmen begriffen sind und es ist mehr Hoffnung vorhanden, dass die Kranke sich erholen wird, wenn auch langsam.

Die ganze Indication besteht nun darin, *viscera* zu roborieren, nachdem *fomes morbosus* entfernt ist. Denn die Schwäche ist jetzt die Ursache des fortgesetzten Erbrechens des Genossenen. Bei einem wohlhabenden Patienten würde es ein leichtes sein der *In-*

dicatio vitalis zu genügen, durch gebratenes Fleisch, gehackt und vermischt mit aromatischen Mitteln, mit rotem griechischem Wein und Syr. Aurantii; Friction des Unterleibes und Spazierfahrten (*motus in rheda*) würde die *concoctio* befördern. Aber hier im Hospital ist *res augusta*, hier müssen wir uns damit begnügen, etwas Bier, *mumma brunsvicensis* zu geben, ferner für trockene, warme Luft sorgen; *somnus conciliandus*. Von Medicamenten soll angewendet werden: *aromatica calida cum anodynis et febrifuga mista*. Diese durften nicht früher angewendet werden, solange noch etwa Entzündung bestehen konnte, da sie eine zu starke Bewegung in den Gefässen hervorrufen würden. Jetzt kann man sie ruhig verordnen. Wir dürfen dagegen kaum wagen zu purgieren, denn dadurch würden wir leicht schwächen.

Ergo wird die vorige Mixtur weitergegeben und neu verordnet:

    Cremor tart.
                  Unc. i.
    Cort. Peruv.
                  Dr. i.
    Theriac. Androm.
                  Dr. ij.
    Zingib. cond.
                  Unc. et semis.
    Syr. menth. qn. s.
ut f. conditum
D. S. Condit. cujus Dr. 1 quater
d. d. sumand. c. Vin. Gall. alb.
                  Unc. 1.
(Praestaret vinum gall. rubrum. sed in nosocomio non habetur)
Cont. Empl. Theriacale.

6. Nov. Die Kranke ist jetzt weit besser, kann einige Stunden ausser Bett sein. *Pulsus bonus*; die Farbe der Gingiva befriedigend, der Durst hat aufgehört, das Erbrechen abgenommen, nur einmal in 24 Stunden; der Schmerz im Hypochondrium fast vorüber.

Die Diagnose wird aufrecht erhalten; es besteht nämlich in Folge des vorhergehenden Fiebers: *sanguis solutus, bilis amplius non quidem putrida sed inutilis, hinc languor et pallor persistens.*

Die Prognose bleibt ebenfalls dieselbe, nur noch günstiger: die Krankheit wird geheilt werden, aber sehr langsam, weil der Winter sehr ungünstig ist für Schwächliche, und die Kräfte nicht zunehmen lässt, und weil eine genaue und günstige Diät nicht innegehalten werden kann.

Die Indikation ist jetzt nur, diese Schwäche zu beseitigen und die Galle zu restituiren durch Amara und Aromatica. Auf Grund der Jahreszeit müssen einige Antiscorbutica hinzugefügt werden; soweit wie möglich Fleischdiät.

    Rp. Mastich
      Myrrhae lucid.
            aā Dr. iij.
      Zingib. condit.
            Unc. iij.
    Misse accurate f. conditum
    d. s. sumatur omni trih. diei
            Dr. i.
superbibendo Unc. 1 Vini medicati hujus.
    Cort. Peruv.
            Unc. semis.
    Rad. Angelicae
    — Gentian.
    — Helenii.
            aā Unc. x.

Summit. Centaur. min.
Absinth. Rom. $\overline{aa}$
c. Vin. gall. alb. pintis IV.
f. vin. medicatum.

Hiermit schliesst das Referat aus Boerhaaves Klinik über diesen Fall, und nur am 23. Nov. wird notiert, dass sein College Osterdyck-Schacht nun die Klinik übernommen hat (die Professoren wechselten ja jeden 3ten Monat) und dass Patientin einen Rückfall hatte, als sie fast gesund war, indem sie sich des Diätfehlers schuldig gemacht hatte Bohnen mit Essig und Oel zu essen. Jetzt besteht wieder Fieber und Schmerzen in der Seite. Schacht gab Manna zum Abführen, darauf Pulver mit lapides cancror. Es ist möglich, dass es die pleuritische Affection war, die auf's Neue exacerbierte, und zu deren sicherer Diagnose die Klinik damals noch kein Mittel besass.

Zugleich mit dieser Patientin war folgender Fall von Hämoptyse und Phtisis Gegenstand der Behandlung, und Demonstration in der Klinik:

30. Oct. Gretje Brand, 50 Jahre alt, von gutem Körperbau, erlitt vor einigen Wochen einen Anfall von Hämoptoe und hat im ganzen 3 Anfälle gehabt; der erste war leicht, der zweite ernster, im letzten Anfall hat sie 16 Unzen *sanguis bonus floridus* durch Husten ohne Erbrechen ausgeworfen. Kurz darauf trat Fieber mit beständigem Husten ein, wobei zugleich Pus ausgeworfen wurde. Der Allgemeinzustand bis jetzt jedoch recht gut, die Sprache kräftig. Die Augen lebhaft, der Puls gut.

Diagnose: Da das Blut *floridus* ist, ohne Erbrechen ausgeworfen, kommt es aus den Luftwegen, nicht aus dem Magen. Aber es kommt nicht aus dem Larynx oder den Bronchialarterien, denn dann wird das

Blut tropfenweise ausgehustet und das Uebel wird geheilt. Sie hat eine grosse Menge auf ein Mal ausgehustet, ergo stammt das Blut aus den Pulmonalarterien, indem kleine Gefässe geplatzt sind durch Erosion der Gefässwände. Aber hierdurch wird sich ein bleibendes Ulcus bilden, welches sich schwerlich schliessen und in ein *ulcus tectum* verwandeln wird. Es schliesst sich fast nie. Das Blut wird in Eiter verwandelt, der sich in den Lungen ausbreitet und allmählich die Symptome der Phtisis mit hektischem Fieber hervorruft, indem der Eiter in's Blut aufgenommen wird.

Prognose: Es ist nicht viel Hoffnung vorhanden die Kranke wiederherzustellen. Hämoptoe ist häufig eine Krankheit der Jugend, wenn sie aber bei Älteren auftritt, ist sie von eingreifenden Ursachen bedingt. Es sind callöse Gefässe, die platzen, und es entwickelt sich eine Krankheit, die sehr schwer zu bezwingen ist.

Curatio. Hier gilt es namentlich 1) die Kranke vor einem Recidiv zu schützen, aber diese Aufgabe ist sehr schwierig, das Blut wird leicht auf's Neue durch die einmal arrodierten Gefässe dringen; 2) die Wunde zu schliessen. Die Indication ist daher ad 1) Ruhe, eine stille gut regulierte Lebensweise und reine milde Luft. ad 2) der Kranken Speisen, die nicht sauer sind, aber sich leicht in *sanguis blandus* verwandeln, zugeben, und zwar häufig geringe Mengen. Denn die Erfahrung lehrt, dass die Lungen leicht durch zu grosse Mengen zuströmenden Chylus beschädigt werden; es stellt sich stets Husten ein nach grösserer Mahlzeit, Milch ist besonders geeignet zur Bildung eines passenden *viscor blandus*, der sich mit dem Blut vermischen und zur Schliessung der Wunde beitragen kann. Schliesslich muss der Husten gemildert werden durch milde anodyna. Als Medicament werden folgende *Conglutinantia* angewandt:

> Rp. Olibani
> Sarcocollae
> Glycyrrhizae
> āā Dr. ij.
> m. f. pil. pond. IV. gran.
> d. s. pil. III. bih.

Und abends giebt man:

> Aqu. stillat. Melissae
> Unc. viij.
> Syr. papaver.
> Unc. j.
> Tinct. opii gtt. x.
> m. f. mixtura.

2. Novbr. Der Puls schwächer, die Kræfte abgenommen, der Husten beschwerlich, bringt ungemischten Eiter auf. Das Fieber unverändert, nämlich als Phtisis mit hektischem Fieber von Hämoptoe und einem offenen Lungengeschwür herrührend. Sie hat in den letzten Tagen noch eine grosse Menge Blut in 3 Paroxysmen ausgehustet.

Die Prognose muss auch ferner als schlecht bezeichnet werden, wenn auch augenblicklich (?) nichts bedenkliches vorliegt, denn nur wenige werden nach dem 36sten Jahr von Phtisis geheilt! Die Indication bleibt wie früher: *pulmones potius leniendos esse quam detergendos.* Ergo reine Luft, milde Nahrung mit abgerahmter Milch gemischt mit Wasser oder Gerstensuppe. Bewahre die Patientin vor Aufregung! Keine Stimulantia! Cont. pil. Scopo molliendi hoc servit:

Rp. Flor. althaeae
— papav. Rhoead.
Fol. althaeae
— virg. aur.
$\overline{aa}$ man. j.
Radic. althaeae
— Glycyrrhizae
$\overline{aa}$ Unc. j.
Stip. Dulcamar.
Unc. iv.
f. decoct. c. Syr. papav.
Unc. ij.
sumatur tepide ad Unc. II post. pil.

Alvus servetur strictissima — denn eine dreitägige Diarrhoe ist für Phtisiker letal.

6. Novbr. Patientin nahm aus Versehen die ganze verschriebene Mixtur am 2ten u. 3ten Novbr., und hat die letzten Tage keine gehabt. Alles ist verschlimmert. *Vires prostratae.* Der Husten unverändert, reichlich zunehmender Auswurf, und nach jener Mixtur dünner Stuhlgang. Die Diagnose bleibt dieselbe. Die Prognose schlecht, namentlich weil Diarrhoe hinzugekommen ist; ein Zeichen, dass Eiter in so grosser Menge resorbiert ist, dass er durch die schlaffen *vasa mesaraïca* in den Darm gelangt ist -- *licet etiam ex parte culpanda sit mixtura. Vix videtur adesse spes sanationis internae!*

Indicatio manet, — nämlich die Ausbreitung des Lungengeschwürs zu hindern, dasselbe zu reinigen und zu schliessen. Ferner den Husten zu lindern. Die Diät bleibt unverändert, aber die Medicamente müssen gewechselt werden, weniger Mollientia, aber mehr Balsamica, mit Zusatz von Anodyna um zu viel Bewegung in den Gefässen zu verhindern:

>   Rp. Oliban. puriss.
>   Dr. i et semis.
>   Opopanac.
>   Dr. i.
>   Myrrhae lucidiss.
>   Terebinth. pur
>   aa Dr. semis.
>   f. pil. pond. Gr. III. Quater trihor.
>   c. Unc. I. h. mist:
>   Aqu. stillat. Foeniculi
>   Unc. xv. i.
>   Laudan. pur.
>   Gr. iv.
>   Syr. dialh. Fernelii
>   Unc. ij.
>   Spirit. carminat. Sylvii
>   Unc. i.

Darnach notiert der Referent nur, dass der Zustand sich ziemlich unverändert hielt bis zum 23. Novbr., wo Osterdyck-Schacht die Behandlung übernahm. Das Mitgeteilte illustriert inzwischen ziemlich erschöpfend Boerhaaves und überhaupt die damalige Auffassung der Genese und Pathologie der Lungenphtise, ihren damals von allen hippokratischen Autoritäten (und in ganz besonders hervorragendem Grade von Fr. Hoffmann) angenommenen regelmässigen Ausgangspunkt von einer Hämoptoe mit Verwandlung des Blutes in Eiter und daraus hervorgehender Putrescenz und Entwicklung eines *ulcus pulmonum* — eine Lehre, die in unseren Tagen Oppolzer[37]) und besonders F. Niemeyer[38]) wieder zur Geltung zu bringen suchten.

Boerhaave, obgleich Hippokratiker, spart nicht an Medicamenten um das Geschwür zu schliessen und ein *ulcus tectum* hervorzubringen, aber ohne Erfolg, was auch, wie er selbst im Voraus mit seiner olympischen Ruhe proclamiert, das Resultat sein würde. Der Fall scheint mir ein ganz gutes Bild von dem klaren, überlegenen, sicheren Auftreten Boerhaaves am Krankenbett zu geben; alles wird durch unfehlbare Axiome festgestellt.

Vielleicht noch deutlicher tritt die eigenthümliche akademisch-klinische Persönlichkeit B o e r h a a v e s durch folgenden Fall zu Tage, welcher vom Jahre 1737, also fast vom Abend seines Wirkens, datiert, aber doch zeigt, dass die Schärfe seines Geistes vollständig ungeschwächt ist. Bei diesem Falle beginnt er seine Klinik am 21. Sptbr. damit, dass er die Diagnose mit folgenden Worten proclamiert:

„*Videtis senem huncce 66 annorum, qui hic jacet καχεξία laborans.*"

In seiner Jugend war der Patient Soldat, später wurde er Wollspinner. Von acuten Krankheiten hat er nur eine *febris tertiana epidemica* gehabt, wonach er an Kakochymie und dann an Hydrops litt, wovon er jedoch später befreit wurde. *Temperies debilis in atrabiliariam vergens.* Die Schwäche ist jetzt durch das Alter und durch die früheren Anfälle von Hydrops erhöht, doch sind noch Kräfte vorhanden. *Situs corporis* stellt ein schlechtes Zeichen dar, denn er liegt stets auf dem Rücken wegen der grossen Schwäche. Appetit ist nicht vorhanden, und die Fibern des Magens und des Darms sind so schlaff, dass alles Genossene wie bei der Lienterie unverändert *per alvum* abgeht. Der Durst ist sehr stark, und die eingenommenen Getränke gehen ebenfalls gleich *per anum* ab. Daher nimmt der Hydrops nicht zu, und der Magen füllt sich nicht.

Der Puls ist klein aber regelmässig. Die Atmung ist leicht, die Zunge trocken, glatt, kein *foetor ex ore*.

Die *faeces* stinken. Die Temperatur mässig, der Urin weniger gefärbt, nicht putrid, geschüttelt hält er den Schaum wie Seifenwasser. Keine schwimmenden Partikel darin. Etwas Husten. Die Sputa nicht foetide, enthalten keinen Eiter, keine biliöse Materie, sind aber weiss und consistent. Dieser Auswurf kommt nur heraus durch Ueberfüllung der kraftlosen Lungen, die denselben nicht austreiben können; er wird zurückgehalten, wird gekocht und eingedickt, und erst wenn die ganze Lunge angefüllt ist, wird er herausgedrückt. Die animalen Functionen sind in Ordnung.

Habetis jam quicquid ad indicationem vitalem spectat: Caro assa aromaticis condita et panis bis coctus (Brotsuppe) als Nahrung, *Mumma brunsvicena* als Getränk. Für solche Arme kann hier im Krankenhaus zugleich Gerstensuppe angewandt werden. Wäre er in besseren Verhältnissen, so hätte er *vinum graecum* bekommen. Nicht nur *solida roborandum*, sondern auch *humores corrigendum*. Ferner verschiedene *Stimulantia* und *Purgentia blanda*. Der Husten wird durch Opiate gemildert.

Allen diesen Indicationes dient Folgendes:
1) *Purgans:*   Rp. Rhei
                                 Gr. xij.
      Scammon.
                                   Gr. iv.
      Lapid. cancror.
                                   scrup. i.
      Syr. Rosar.
                                   Dr. ij.
contritis accuratissime admisce:
        Aqu. stillat. Sambuci
                                 Unc. i.
    f. haustus purgans sumendus cras
                hora secta.

2) *Sopiens:* Aqu. stillat. cort. aur.
et melissae cum opio.
3) *Confortans:* Vinum medicatum.
(Cort. Cinnam., Rad. Helenii,
Semin. Angel., Cardamom. cum
Vino gallico).

Schon bei der folgenden Klinik, 4 Tage später am 25. Septbr. konnte Boerhaave proclamieren:
Videtis jam symptomata meliora evasisse, vires meliores. Die Zunge ist feuchter, der Schlaf weniger durch Husten gestört. Der Appetit ist besser. Der Urin schäumt länger als unter normalen Verhältnissen. Der ausgeworfene Schleim ist weiss, dick wie bei der vorigen Klinik. Die Temperatur gleichmässig verteilt. Die lienterische Diarrhoe besteht noch. — Abends ein Opiat. *Cont. Cura diaetetica.*

Man konnte sich jedoch noch nicht auf diese Besserung verlassen, denn in der nächsten Klinik, am 28. Sept. erklärt Boerhaave:

Er ist jetzt äusserst matt und liegt da wie eine Leiche. *Instauranda erant solida et prohibenda putredo* — und er brauchte die verordneten Mittel, ist aber darnach schwächer geworden. Ich habe daher später (also in der Zwischenzeit nach der letzten Klinik) ihm folgendes verschrieben:

Aqu. stillat. menth.
Unc. v.
Lapid. cancror.
Dr. iij.
Laudan. pur.
Gr. iij.
d. s. cochlear bih.

um die Diarrhoe zu stillen. Darnach hat dieselbe nun in 30 Stunden aufgehört. Aber nach dem Medicament ist Erbrechen eingetreten. Die Diagnose bleibt unverändert, nur hat die Schlaffheit des Darms noch mehr zugenommen. Nach Laudanum hat er sich besser gefühlt, klagt aber über Schwindel, der eine Folge des Opiums ist — eine Wirkung, die kaum vermieden werden kann. Heute wird verordnet:

> Elaeosacchar. olei stillat. cort. aur.
> cui admisce
> Mastich
> Thuris
>   aa Dr. i.
> Succi acaciae inspiss.
>   Dr. iij.
> Tartar. puriss.
>   Dr. i.
> Conferv. Rosar. rubr.
>   Unc. 1 et semis.
> Syr. myrthae q. s.
> ut f. conditum.
> d. s. cochl. min. trih. c. Opio.

2. October. Die Medicamente werden nicht vertragen, sie werden stets erbrochen. Der Puls schwach, die Diarrhoe hat abgenommen. ‧ Ich bin der Meinung, dass man ferner die Diagnose festhalten muss. Wir wollen versuchen, ob wir etwas mit Wein und aromatica ausrichten, und daher folgendes anwenden:

> Aqu. Stomachic. c. vin. Gallic.
> Empl. stomach. epigastrii.

Boerhaave hat indess dieses Mal auch ferner kein Glück, und in der folgenden Klinik (am 5. Octbr.) lautet sein Ausspruch über den Patienten:

In der letzten Klinik (*ultimo consilio*) sagte ich, dass der Kranke alles erbrach. Dieses ist auch noch der Fall, und der Puls ist kaum fühlbar. Der Husten ist jedoch leichter und die Lienterie hat etwas abgenommen.

Cont. Stomachic. c. vino.

Wenn die Herbstkälte kommt, wird der Kranke noch schwächer werden und die Lienterie wieder zunehmen. *Sicque ad plures migrabit! Hoc ab initio mihi visum est.*

Aber nachdem er dies proclamiert und vor seinen Zuhörern betont hat, dass er als überlegener Kliniker den unglücklichen Verlauf der Krankheit klar vorausgesehen habe, tritt doch plötzlich eine günstige Wendung ein, die in der folgenden Klinik d. 9. Octbr. constatiert wird.

Die natürlichen Functionen zeigen eine Besserung, der Magen behält und verdaut die Nahrung. In 24 Stunden keine Diarrhoe. Die Schlaffheit der Intestina hat sich also gebessert. Der Husten viel leichter, Atmung natürlich. Der Puls jedoch noch immer sehr schwach. Die Diagnose ist dieselbe, die Prognose ist auch nicht wesentlich verändert. Man soll nun gute Nahrung in kleinen Mengen reichen. Die Hauptgefahr bei einer so geringen Blutmenge in den Arterien gipfelt darin, dass: *liquidum nervosum defecturum. Hocce malum, impendentis mortis signum, magnopere observant medici — oculi sordidi, pulverulenti* sind ein Symptom hiervon, aber dieses Symptom ist hier nicht vorhanden. Die Behandlung ist dieselbe wie *ultimo consilio: roborare primas vias!*

12. October. Nun ist die Besserung allgemein. *Natura tandem et arte superata sunt omnia molesta symptomata!* Die Zunge nicht mehr so trocken und glatt, sondern feucht, und die Papillen hervortretend. Nur der Puls und die Blutbewegung noch immer

schwach, weil er in Ruhe gehalten wird. Wenn er sich ein wenig zu Wagen oder zu Pferde bewegen könnte, würde dass sehr günstig sein, aber bei diesen Armen im Hospital kann es nicht geschehen, sondern muss ersetzt werden durch Frictionen des Unterleibs mit wollenem Zeug. Hippokrates sagt: *partem, quam nutrire vis, moveto!*

16. October. Auch der Puls ist besser. Der Urin stärker gefärbt, *in stramineum colorem vergens*. Doch darf man keine wirkliche Heilung erwarten, namentlich wegen des hohen Alters und der bevorstehenden ungünstigen Jahreszeit.

19. October. Die Besserung schreitet beständig vorwärts.

26. October. Gestern war das Befinden weniger gut. Falls eine Erkältung hinzutritt, wird sein Zustand sich schnell verschlechtern. Für den Augenblick ist die Hauptindication, den Körper gegen Kälte zu schützen. Von Medicamenten sind jetzt die Antiscorbutica am meisten am Platze.

Spirit. carminat. Sylvii et Spirit cochlear.
c. vino gallico.

30. October. *Videtis profecto in hoc aegro exemplum virium medicamentorum: omnia enim symptomata jam superavimus!*

Dieser Triumph war jedoch nur von kurzer Dauer, und die wiederholten Warnungen Boerhaaves vor einer zu optimistischen Auffassung zeigten sich bald nur allzu begründet. In der Klinik am 6. Novbr. wird constatiert, dass der Kranke einen vollständigen Rückfall erlitten hat.

Jam relabitur. Oleum et Operam perdimus!
Beachten Sie, meine Zuhörer, die Macht der Jahreszeit über unsern Körper, die der grosse Hippokrates stark betont hat. Besonders zeigt sich dieselbe bei alten und

durch Krankheit geschwächten Individuen. Wenn die eingetretene Kälte einige Tage anhält, *ad plures migrabit aeger.*

Als milde stimulierendes und Husten stillendes Mittel wird ordiniert:

>Aqu. menth.
>>Unc. iv.
>
>Spirit. carminat. Sylv.
>>Unc. i.
>
>Syr. papaver.
>>Unc. iij.
>
>Tinct. croci
>Succin.
>>a͞a Dr. i.
>
>d. s. trihor unc. semis.

Nur 3 Tage später *placide exspiravit aeger.*

Von Section ist nicht die Rede, überhaupt scheint Boerhaaves Klinik, was die Beachtung der pathologischen Anatomie betrifft, weit hinter der des Sylvius zurückzustehen. Aber für den rein traditionellen, hippokratischen Standpunkt, den Boerhaave einnahm und einnehmen wollte, wird die pathologische Anatomie überhaupt niemals eine hervorragende Bedeutung haben. Es ist stets in erster Linie nur der Allgemeinzustand des Organismus, nur das Allgemeinverhalten der „*solida*" und „*humores*", namentlich des Blutes und der Galle, das die Aufmerksamkeit auf sich zieht, was eben durch den zuletzt mitgeteilten klinischen Fall illustriert wird. In seiner sorgfältigen Semiotik ist Boerhaave auch aufmerksam auf die eigentümlichen Abnormitäten des Urins, aber er sieht darin nicht sowohl das Zeichen einer bestimmten pathologischen Veränderung der Nieren selbst als einer allgemeinen Kachexie, einer Desorganisation des ganzen Organismus sowohl seiner „Fibern" als der „*humores*"; seine Medicin ist

„*libera ab omni secta*", und er kann daher sowohl auf die Solidarpathologie als auf die Humoralpathologie Gewicht legen — aber nur nicht recht auf die Localpathologie. Dies ist grade ein Hauptkriterium, welches die hippokratische Klinik von der späteren pathologisch-anatomischen Klinik unterscheidet.

Aber dieser Hauptunterschied in der Auffassung steht in genauem organischen Zusammenhang mit dem ganzen übrigen abweichenden Hauptgesichtspunkt der beiden klinischen Schulen. Für die pathologisch-anatomische Klinik ist die Untersuchung des Kranken an sich nicht nur ein überaus wichtiges und integrierendes Element, sondern sie ist vollkommen ebenbürtig mit der Therapie, ja ist beinahe prädominierend im Verhältnis zu dieser; für einen Hippokratiker ist die Therapie das A und das O, seine ganze praktische Medicin ist hauptsächlich eine Lehre *de morbis curandis*, eine *ratio medendi*. Und von diesem Gesichtspunkte aus ist es berechtigt, dass das Hauptgewicht auf den Allgemeinzustand gelegt wird. Wenigstens bei den allermeisten solcher chronischen Kachexien und Desorganisationen spielen die anatomischen Organveränderungen für die Therapie keine wesentliche Rolle, die Indication ist und bleibt im Wesentlichen nur, durch alle disponibelen und besonders durch die diätetischhygieinischen Mittel zu roborieren — gerade das, was Boerhaave stets bei seinen Demonstrationen betont, und wofür der zuletzt referierte Fall ein besonders prägnantes Beispiel abgiebt.

Dieser klinische Fall erscheint überhaupt geeignet die starken und schwachen Seiten von Boerhaaves Klinik zu illustrieren und zwar sowohl in formeller als in reeller Beziehung. Seine ganze Vortragsform und didaktische Methode, die hauptsächlich in der Demonstration von einem überlegenen, sicheren akademischen Standpunkte aus auf Grund fertiger Axiome besteht, ohne eine Spur vom Fragen, Suchen und Forschen des Sylvius, tritt klar zu Tage, wie auch das überaus grosse Gewicht, welches er auf Diätetik und Hygieine in der Therapie legt. Seine *Indicatio vitalis: roborare viscera, roborare primas vias*, steht stets an erster Stelle. Seine Arzenei-Therapie war nicht wenig compliciert und hatte sich nicht weit von dem überlieferten Arabismus entfernt, trotz seines oft stark betonten Strebens nach „*Simplicitas*" auch auf diesem Gebiet. Von einem gewissen besonderen Interesse ist seine Indication zur Anwendung des Opium, das für ihn Anodynum, Narcoticum und Obstipans, dagegen durchaus nicht Cardiacum ist. Hiermit tritt er in Widerspruch mit seinem nächsten klinischen Vorbilde, Sydenham, für den das Opium sogar „*praestantissimum remedium cardiacum, unicum pene dixerim, quod in rerum natura hactenus est repertum*" ist, eine bedenkliche Lehre, die später von Brown in vollem Umfang adoptiert wurde. Auch in verschiedenen anderen Kardinalpunkten der Therapie zeigt Boerhaave seinen gesunden und überlegenen Eklekticismus und kritischen Sinn, z. B. bei der Lehre vom Aderlass, den Sydenham ebenfalls dermassen an die Spitze stellte, dass er dem Vampyrismus unseres Jahrhunderts nicht viel nachgab. Z. B. wäre in dem ersten der drei referierten Fälle ein Sydenham ohne Zweifel mit Aderlass vorgegangen, während Boerhaave nur darauf bedacht ist zu roborieren, nachdem zunächst „*fomes*" gereinigt ist.

In der oben genannten Schrift wird noch ein vierter, gleichzeitig mit dem letztgenannten in der Klinik behandelter und demonstrierter Fall ausführlich geschildert. Derselbe ist mit der Diagnose „*Paralysis*" bezeichnet und betrifft einen alten Mann mit Lähmung der unteren Extremitäten, wozu später Gangrän hinzutritt, verbunden mit einer wachsenden Geschwulst in der Lumbalregion, auf die Boerhaave grosses Gewicht legt, deren Natur mir aber ziemlich dunkel scheint, wie denn der Fall überhaupt nicht annähernd so klar ist, wie die oben mitgeteilten. Ich werde denselben daher nicht näher besprechen, um so weniger als die schon mitgeteilte klinische Casuistik leicht etwas ermüdend und mehr als hinreichend erscheinen mag. Im Uebrigen aber giebt Boerhaave, namentlich in der ersten Vorlesung über diesen 4ten Fall, eine sehr charakteristische und ergreifende Schilderung der Symptome und des ganzen elenden Zustandes dieses Kranken, indem er mit den Worten schliesst: *En miserrimum hujus senis statum!* Seine klinisch-akademische Rhetorik scheint sich unverändert pompös ganz bis zuletzt gehalten zu haben, bis schliesslich die mit seiner Herzkrankheit (*„polypus cordis"*) folgende Wassersucht ihn zwang mit der Klinik aufzuhören und bald darauf am 23sten September 1738 im Alter von fast 70 Jahren seinen Tod herbeiführte. Ueber seinem Grabe in der alten Peterskirche zu Leyden, der Westminster-Abtei Hollands, wurde ein Monument errichtet mit seinem Porträtmedaillon und der ebenso bescheidenen als sprechenden Inschrift: „Salvtifero Boerhaavii Genio Sacrvm".

Die ausserordentliche medicinische Autorität und der Einfluss Boerhaaves zeigt sich auch darin, dass man überall an den Universitäten begann den Wert des klinischen Unterrichts wenn auch nicht voll zu begreifen, so doch formell zu respectieren als ein Element, das nicht ohne weiteres ruhig von der akademischen Beachtung ausgeschlossen werden könne. Seine Schüler kehrten ja zurück in ihre verschiednen Heimstätten, alle waren sie erfüllt von Begeisterung für ihren grossen Lehrer, und dieser und der Kliniker konnten nun einmal nicht getrennt werden. Wir sehen daher, dass schon zu Boerhaaves

Lebzeiten mehrere Kliniken nach Leydens Muster eingerichtet wurden.

Dieses war zunächst der Fall in Edinburg, wo eine klinische Institution im Hospital ungefähr im Jahre 1720 [39]) gegründet sein soll, auf Anregung und unter Mitwirkung des in Frankreich geborenen und auf Grund religiöser Verfolgungen umherirrenden Daniel Duncan, der sich lange Zeit in Holland aufhielt und sich darauf in England und Schottland niederliess. Namentlich war es jedoch Rutherford, der ungefähr vom Jahre 1750 an einen regelmässigen klinischen Unterricht in Edinburg zu Stande brachte; und nach ihm der berühmte William Cullen, John Gregory und Drummond, die beiden letzten unter Anwendung der englischen Sprache, die hier also frühzeitig das Lateinische verdrängte. In Edinburg entwickelte sich ferner eine besondere Unterrichtsmethode, die später an anderen britischen Universitäten, z. B. in Dublin, adoptiert wurde, und die von Graves [40]) geschildert wird. Sie wurde ausgeübt in Form des Zwiegesprächs zwischen dem klinischen Professor und dem Patienten, indem die Antwort des letzteren zum Nutzen der Zuhörer von dem unter den älteren Schülern ausgewählten Assistenten (Practicanten) mit lauter Stimme wiederholt wurde, und der Professor einige Erklärungen hinzufügte — eine Methode, die sich also sehr von der Boerhaaves entfernte. Irgend eine besonders grosse Bedeutung erlangte die ältere Edinburgische Klinik jedoch nicht, obwohl in der letzten Hälfte des vorigen Jahrhunderts viele dorthin wallfahrteten, auch von Dänemark (z. B. Tode und Schönheyder). Der klinische Unterricht hatte hier ferner die Eigentümlichkeit, dass er nicht wie in Leyden abwechselnd nur von zwei, sondern von allen Professoren der Facultät geleitet wurde.

Auch mehrere neuerrichtete Kliniken in Italien, so eine von dem berühmten päpstlichen Leibarzt und Protomedicus Lancisi im Hospital *San Spirito* in Rom errichtete Klinik, verdanken ihr Entstehen zum Teil den Anregungen aus Leyden, wenn auch Italien seine eigene stolze Tradition hatte, die es weiter ausbauen konnte. Auch hier wurde der Unterricht abwechselnd von verschiedenen Professoren geleitet. Eine schnell wachsende Bewegung zu Gunsten der Einrichtung einer Klinik an der Wiener Universität scheint ebenfalls auf Boerhaave und seinen ihm teuren Schüler Bassand, der kaiserlich österreichischer Leibarzt geworden war, zurückgeführt werden zu können. Und hier wurde in der Mitte des Jahrhunderts nicht nur klinischer Unterricht eingeführt, sondern dieser wurde vielmehr eine unmittelbare Fortsetzung der Klinik Boerhaaves und zwar eine Fortsetzung, die ihres Ursprungs in vollstem Maasse würdig war und nicht weniger Glanz über die Wiener Universität verbreitete als dies bei Boerhaave für Leyden der Fall war. Nach Boerhaaves Tod war es Wien und nicht Leyden, das die grossen Traditionen aufrecht erhielt und weiter führte.

Hatte denn Boerhaave keinen holländischen Schüler, der sein grosses Erbe auf dem klinischen Lehrstuhl Leydens übernehmen und pflegen konnt? Ja, es gab mindestens zwei solche, und von diesen zweien ist wieder in erster Linie der Schüler zu nennen, dessen Namen ich schon oft genannt habe, seine treue Stütze und sein Commentator, Gerhard van Swieten (1700-74), der Mann, der 20 Jahre lang im engsten und intimsten Verhältnis zu seinem Lehrer stand, ihn in das Auditorium, in den botanischen Garten und in die Klinik begleitete, der ihm bei seinen chemischen Arbeiten und seinen Consultationen assistierte, der sich im Besitz hervorragender Tüchtigkeit und einer wachsenden Gelehrsamkeit befand und der Bekanntschaft mit allen grossen klinischen Autoren[41]) zeigte. In den letzten Lebensjahren seines Lehrers erteilte er sogar regelmässig und unter grossem Zudrange Privatunterricht in theoretischer und praktischer Medicin. Warum sorgte Boerhaave nun nicht dafür, dass dieser hervorragende und tüchtige Schüler sein Nachfolger an der Universität und in der Klinik wurde? Van Swieten hatte ausser der Missgunst, die stets leicht einem begünstigten Talent folgt, und die damals besonders rege gewesen zu sein scheint, noch den Umstand gegen sich, dass er Katholik war und als solcher formell von der Professur an der streng protestantischen Universität ausgeschlossen war. Aber diese Schwierigkeit hätte der allmächtige Boerhaave gewiss leicht im Interesse seines Schülers beseitigen können, und es ist und bleibt ein Rätsel, warum nichts dergleichen von Seiten des alten klinischen Koryphäen geschah, und warum er im Gegenteil vor seinem Tode den Wunsch aussprach, dem man prompt nachkam, dass die Klinik nach ihm von seinem Collegen Osterdyck-Schacht allein geleitet werden solle, einem gewiss sehr braven und gewissenhaften Armen- und Hospitals-Arzt, der allmählich zum Universitätsprofessor avanciert war, im Uebrigen aber einem Mann ohne irgend welche hervorragende Tüchtigkeit oder klinisches Talent. Die Folge war, dass die berühmten „Ziekensaalen" im St. Caecilia-Gasthuis noch vor dem Tode Osterdyck-Schachts (1742) leer standen, und dass Leydens Klinik mit Boerhaaves Tod endete.

Die Wiener Klinik 1755—1805.

Die Continuität der klinischen Entwicklung wird nicht unterbrochen durch den Untergang der Klinik in Leyden, denn die Klinik in Wien ist, wie schon oben erwähnt, die directe Fortsetzung derselben durch Schüler Boerhaaves; und zwar ist es gerade der von seinem Vaterlande verschmähte van Swieten, der dieselbe nebst verschiedenen anderen Einrichtungen gründet, der in der grossartigsten und eingreifendsten Weise die ganze Wiener Universität und das österreichische Medicinalwesen reformiert.

Alle Freunde der Wissenschaft fühlten damals aber auch in hohem Grade das Bedürfnis einer solchen Reform in Wien. Die Jesuiten hatten sich allmählich der Herrschaft über die Universität bemächtigt und dieselbe zu einer abgeschlossenen, hierarchischen Institution gemacht: der Kanzler, ein hoher Geistlicher, wachte streng darüber, dass alles sich in genauer Uebereinstimmung mit der Lehre der römischen Kirche befand. Von Staats wegen führte allerdings neben dem Kanzler ein Superintendent die Aufsicht an der Universität, vermochte aber immer weniger der Kirche gegenüber seinen Einfluss geltend zu machen. Stets schlechter stand es daher um das Studium der Naturwissenschaften, und ganz besonders musste die Medicin darunter leiden[42]). Es existierte fast gar kein praktischer Unterricht in der Anatomie, und von einer Klinik war trotz mehrerer grosser Hospitäler keine Rede. Es wurden nur jene „*medici ex commentariis*" geschaffen, deren ganze Ausbildung darin bestand, sich einige Hefte voll von den Professoren („*dictatores perpetui*") dictieren zu lassen, und die nach dem Sprichwort „*novus medicus, novum coemeterium*" zuerst einen Kirchhof mit ihren Patienten füllen mussten, ehe sie lernten praktische Aerzte zu sein. Wien war übrigens in dieser Beziehung nicht schlechter als alle damaligen Universitäten Deutschlands. Selbst die am Schlusse des 17ten Jahrhunderts gestiftete Universität in Halle, die bald einen hervorragenden Platz einnahm und unter ihren Lehrern medicinische Grössen ersten Ranges hatte, wie Stahl und Fr. Hoffmann, konnte dennoch nur einen höchst mangelhaften anatomischen und gar keinen methodisch-klinischen Unterricht bieten. Wien konnte sich insofern mit einem *commune naufragium* trösten und hatte vielleicht noch etwas voraus vor den vielen kleineren Universitäten, insofern als man noch im 17ten Jahrhundert wirklich den Versuch gemacht hatte zum Besten der älteren Studierenden der Medicin die sogenannten Famulaturen einzurichten d. h. Assistentenstellen bei beschäftigten Aerzten, wie denn auch die Hospitäler scheinbar von den Studenten und den jungen Doctores etwas besucht worden sind. Aber sehr kläglich waren doch die Verhältnisse an der Universität, als die Kaiserin Maria Theresia, die sich aufs wärmste für Aufklärung und Wissenschaft interessierte, ernstlich ihre Aufmerksamkeit auf diese Verhältnisse lenkte. Durch einen Zufall, eine gefährliche Erkrankung ihrer Schwester, der Herzogin-Wittwe Maria Anna in Brüssel 1743, bei welcher Gelegenheit der schon damals berühmte van Swieten hinzugezogen wurde, vielleicht auch durch einen Wink ihres Leibarztes Bassand (gest. 1742), der schon Leibarzt ihres Vaters gewesen war, eines Schülers und Freundes Boerhaaves, wurde die Kaiserin aufmerksam gemacht auf den hervorragenden holländischen Arzt, und 1744 wurde Gerhard van Swieten zum kaiserlichen Leibarzt ernannt.

1745 kam van Swieten, 45 Jahre alt, nach Wien und begnügte sich nicht damit als Leibarzt zu fungieren. Wirksam unterstützt von der thatkräftigen und energischen Kaiserin, begann er sofort neues Leben in das medicinische Studium zu bringen und hielt selbst mehrere Jahre hindurch regelmässige Vorlesungen im Vorsaal der kaiserlichen Bibliothek über medicinische Methodologie und Boerhaaves Institutionen. Die medicinische Facultät Wiens, die damals noch nach alter Sitte nicht aus den fungierenden Professoren, sondern aus den an der Universität promovierten Doctoren bestand, versuchte wohl ihm alle möglichen Hindernisse in den Weg zu legen; aber er liess sich ebensowenig hierdurch wie durch den Widerstand der Hierarchie gegen seine Reformbestrebungen abschrecken.

1749 sanctionierte die Kaiserin das von ihm ausgearbeitete Reformedict zur Ordnung des naturwissenschaftlichen und medicinischen Unterrichts. In jeder Beziehung zweckmässige Apparate und Hülfsmittel wurden kraft der neuen Bestimmungen angeschafft, ein botanischer Garten, ein chemisches Laboratorium, und eine Anatomiekammer mit hinreichendem Material an Leichen wurde eingerichtet und mit Jaus, einem der tüchtigsten Schüler Winslows, besetzt, und ausserdem wurde der angesehene florentinische Chirurge Palucci herbeigerufen und erhielt eine Professur der operativen Chirurgie, wie denn auch für die Geburtshülfe durch Anstellung des tüchtigen Crantz gesorgt wurde.

Die medicinische Klinik war natürlich der Gegenstand

seiner besonderen Aufmerksamkeit und musste es sein. Schon fast gleichzeitig mit seiner Ernennung zum kaiserlichen Leibarzt kam ein wahrscheinlich von ihm inspiriertes Hofrescript heraus, nach welchem eine Professur und eine Anstalt für den Unterricht am Krankenbett eingerichtet werden sollte: „*praxis exercitatio clinica viva ad methodum Leydensem.*" Hier sollten die Studierenden „lernen verschiedene Kranke zu examinieren, zu untersuchen, zu besichtigen und zu behandeln", und es kann kaum einem Zweifel unterworfen sein, dass es von Anfang an van Swietens Absicht gewesen ist, im Geiste seines Lehrers selbst diesen wichtigen, bahnbrechenden Posten zu bekleiden und denselben mit der Stellung als Leibarzt zu verbinden. In dem alten „Bürgerspital zum heiligen Geist", einer in der Nähe der Burg gelegenen Stiftung, wurden Räume für den klinischen Unterricht eingerichtet und zwar nach dem Muster Leydens mit zwei Krankensälen, einem Männer- und einem Frauensaal, jeder mit Platz für 6 Kranke, und ausserdem ausgerüstet mit einem Auditorium und einem Sectionszimmer. Van Swietens Zeit und Kräfte waren indess auf andere Weise vollständig in Anspruch genommen, indem er nicht nur als Praeses der medicinischen Facultät die neue Thätigkeit derselben mit allen damit verknüpften Promotionen und Examina organisierte und leitete, sondern allmählich auch die Leitung des ganzen Medicinalwesens übernahm und überall mit energisch reformierender Hand eingriff. Zugleich aber setzte er fleissig die umfassende litterasische Arbeit fort, der er seine besten Kräfte von Jugend an geweiht hatte, die grossen Commentare zu den kleinen Aphorismen seines Lehrers. Der erste voluminöse Band derselben, wie die folgenden in grossem Quartformat und ungefähr 1000 dicht bedruckte Seiten enthaltend, wurde noch während seines Aufenthalts in Leyden publiciert, der fünfte und letzte Band erschien erst in seinem hohen Alter. Jedes Blatt in diesem Werk zeugt von einer ausserordentlichen Belesenheit und Gründlichkeit, und seine von Amtsgeschäften freie Zeit muss zum grössten Teil zu dieser Ausarbeitung benutzt worden sein. Daneben die umfassende Thätigkeit des klinischen Professors auszuüben, musste ihm zu viel werden, und wie er schon verschiedene Capacitäten des Auslandes herbeigerufen und im Dienste der Universität angestellt hatte, so musste er nun gleichfalls nach einem medicinischen Kliniker suchen, der mit Kraft und Nachdruck „*exercitatio clinica viva*" in Scene setzen konnte.

I. De Haen.

Wenn es galt einen Arzt zu finden, der eine fruchtbare klinische Aera an der reformierten Universität Wiens begründen und entwickeln konnte, so musste van Swieten selbstverständlich sein Auge auf die Schule Boerhaaves richten, und er war nicht lange in Zweifel über seine Wahl. Er hatte einen nur wenig Jahre jüngeren hervorragenden Mittschüler von Leyden her, mit dem er stets in Verbindung geblieben war, und der während einer Reihe von Jahren als angesehener Arzt in seiner Vaterstadt Haag gewirkt und dabei zugleich zahlreiche Beweise einer fortgesetzten wissenschaftlichen Thätigkeit gegeben hatte. Das war Anton de Haen, geboren 1704, also damals 50 Jahre alt, aber noch immer im vollen Besitz jugendlicher Energie, voll Feuers und erfüllt von Begeisterung für die Medicin, ein Mann, geschaffen wie kaum ein anderer neue Bahnen zu eröffnen und seine ganze Kraft für diesen Zweck einzusetzen, voll ehrgeizigen Strebens nach grossem Wirken und nach ausgebreiteter Lehrthätigkeit.

1754 kam de Haen nach Wien als Professor med. pract. mit dem Titel eines k. k. Hofrats, erhielt das für damalige Zeit enorme Gehalt von 5000 Gulden, um sich ganz der akademischen Wirksamkeit widmen zu können, und bezog ausserdem eine prachtvolle Amtswohnung im Hospital selbst. Mit Patienten wurde die Klinik versehen teils direct aus der Stadt durch das Ambulatorium, welches mit der Klinik verbunden war, teils aus dem benachbarten St. Trinitatishospital, welches ein wirkliches Krankenhaus war. 1755 wurde die Klinik eröffnet und darnach 21 Jahre hindurch von de Haen mit nie ermüdender Energie und vollstandiger Hingebung geleitet; dies beweist, dass es sein Ernst war, wenn er in seiner Antrittsrede[43]) sagte, dass er sich seinen Schülern ganz „hingeben, weihen und opfern wolle".

In einigen 1775 erschienenen anonymen Briefen[44]) wird folgende Schilderung seines klinischen Auftretens gegeben:

„Schon 6 Uhr morgens ist de Haen sowohl im Winter wie im Sommer in der Klinik; um 8 Uhr versammeln sich seine Zuhörer, die er sofort ans Krankenbett führt. Er erklärt mit grösster Genauigkeit den vorliegenden Fall, erforscht die Ursachen mit dem ihm eigenen Scharfsinn und entwickelt sorgfältig die Symptome. Nun untersucht ein Schüler selbst den Kranken, und das gefundene Resultat flüstert er dem Lehrer leise ins Ohr. Dieser sammelt nun auch die Ansichten anderer und bespricht dann ausführlich sowohl das Richtige als das Unrichtige, was er von den Schülern gehört hat. Auf diese Weise erkennt jeder den Wert seiner Meinung ohne Gefahr zu laufen beschämt zu werden. Um 9 Uhr wird das Ambulatorium geöffnet, und hier kommen eine Menge Kranke sich Rat zu holen. Jeder einzelne wird im Beisein der Schüler aufs sorgfältigste vom Lehrer untersucht, die Ordinationen werden gegeben und vorgelesen und die Krankengeschichte wird gleich von dem Assistenten in ein dazu bestimmtes Buch eingetragen. Dies ist von unendlich grossem Vorteil für den Schüler, der die für den jungen Arzt so schwere Kunst in rechter Weise zu fragen und zu untersuchen lernt, Gelegenheit hat sich einen Schatz der brauchbarsten Beobachtungen zu sammeln, bekannt wird mit der Anwendung von Arzeneimitteln und den hierbei nötigen Cautelen, ja sogar die passendste Zusammensetzung und Mischung von Medicamenten lernt, was an den meisten Universitäten in besondern Vorlesungen als die tiefsinnigste Wissenschaft dociert wird."

In einer anderen Schilderung[45]) aus derselben Zeit heisst es:

„Wir bewunderten de Haens Sedulität und ausserordentlichen Eifer am Krankenbett. Die Anzahl der Kranken war damals sehr gross, die Betten der Klinik waren beständig alle belegt und die meisten Kranken litten an acuten Krankheiten. Es wurden indess nicht nur solche Kranke in die klinische Schule aufgenommen, die Hoffnung auf Wiederherstellung boten, sondern auch solche, deren baldigen Tod man voraussah."

Der Unterricht hatte also vornehmlich den Charakter einer Vortrags- und examinatorischen Klinik, dagegen nicht gerade den einer eigentlichen Practicantenbehandlung der Patienten. Nach der eigentlichen Klinik folgten regelmässig Vorträge über klinische Themata im Auditorium, und hier suchte er namentlich durch ausführliche *Prolegomena* seine ganze pathologisch-therapeutische Grundanschauung und Auffassung und seine klinische Methode zu praecisieren. Ein genaues Journal wurde auch über die stationären Kranken geführt und Section mit nachfolgendem epikritischem Vortrag fand regelmässig bei jedem Todesfall statt. Nachmittags erschien de Haen wieder mit seinen Schülern in der Klinik, die bald einen solchen Ruf gewann, dass man auch rings herum aus dem Auslande sie aufzusuchen anfing.

Schon aus dem Angeführten geht hervor, dass de Haen nicht sklavisch dem Muster seines grossen Praeceptors folgte, sondern der Klinik nach verschiedenen Richtungen hin eine weitere Entwicklung gab. Was indess der Wiener Klinik ihren eigentlichen Charakter verleiht und sie hoch über die Klinik Boerhaaves stellt, das sind in erster Linie die umfassenden Litteraturwerke, die von hier ausgehen. Van Swieten hatte eine regelmässige Herausgabe jährlicher Berichte mit klinischen Vorträgen befohlen, und der äusserst pflichtgetreue de Haen publicierte pünktlich jedes Jahr bis in sein hohes Alter einen voluminösen Band mit reichhaltigen klinischen Vorträgen und Ausführungen: *„Antonii de Haen, Consiliarii aulici, ac medicinae practicae, in alma universitate Vindobonensi professoris primarii Ratio Medendi in nosocomio practico, quod in gratiam et emolumentum medicinae studiosorum condidit Maria Theresia, Augustissima Romanorum imperatrix, Hungariae, Bohemiae etc. Regina.* So lautet der Titel dieses für seine Zeit und in seiner Art einzig dastehenden Werkes, das in einer geschlossenen Serie von 15 voluminösen Bänden herauskam, woran sich später noch 2 Supplementbände anschlossen; noch ein 3ter Band wurde nach de Haens Tode, mit seinem charakteristischen Bilde versehen, von seinem Schüler und Nachfolger Stoll herausgegeben.

Wir erhalten durch dieses Werk nicht nur reichhaltige Aufschlüsse über den ganzen Charakter und den Inhalt seiner Klinik, sondern zugleich auch ein lebendiges Bild seiner ganzen eigentümlichen klinischen Persönlichkeit. Die zahlreichen auf casuistische Beobachtung gestützten klinischen Mitteilungen und Besprechungen tragen alle durch ihre actuellen Hinweisungen, ihre feurige, stets schlagfertige und leidenschaftliche Rhetorik deutlich das Gepräge, dass sie ungefähr niedergeschrieben sind wie sie mündlich vorgetragen wurden; hat man einen Teil davon durchgelesen, so steht der alte Kliniker lebhaft vor einem in seiner Stärke und mit seinen Schwächen, in seiner ganzen typischen Persönlichkeit. Und in erster Linie gewinnt man — im diametralen Gegensatz zu seinem olympischen Lehrer — das Bild des nie ermüdenden, stets suchenden Forschers, der kein klinisches Problem ruhen lassen kann, sondern mit Hülfe seiner Erfahrung, seiner scharfen Kritik und ausserordentlichen Gelehrsamkeit aus allen Kräften dahinarbeitet neues Licht, neue Gesichtspunkte zu gewinnen. Er wird in keinem Punkte fertig mit den neuen, grossen und schwierigen Aufgaben, er erreicht keine fertigen Resultate, die zu neuen Doctrinen von fundamentaler Gültigkeit führen, er durchbricht in keiner Weise endgültig den Geist der alten hippokratischen Klinik — dazu ist er viel zu sehr Hippokratiker von Princip — aber er macht manchen wichtigen Anfang und constatiert Thatsachen, die nicht hineinpassen in das damals allgemein gültige System Sydenham-Boerhaaves. Öfter muss er den unerklärlichen Thatsachen gegenüber wie im 3ten Band resigniert ausrufen: *„Tota res aenigma est, aenigma manet, quaestio inanis, responsum impossibile. Quam limitatum in Naturae operibus ingenium humanum."*

Man darf nun aber keineswegs glauben, dass Unsicherheit und Tasten im Dunkeln die Folge einer solchen Resignation ist. Diese stellt nur die eine Seite seiner eigentümlich complicierten und doppelten Persönlichkeit dar, und wird in jedem Punkt bekämpft von einer ganz entgegengesetzten Neigung, von einer kategorischen

Sicherheit, die mit den Jahren immer mehr vorherrschend wird. Wie die meisten wahren Vollblut-Kliniker arbeitet er sich allmählich hinein in eine Reihe von festen Axiomen und gelangt schliesslich sogar auf einen gewissen Unfehlbarkeitsstandpunkt, der durch seinen Lieblingsausdruck „*statuminavi*" illustriert wird.

Und neben seinem unstillbaren Forschungstrieb und seinem Suchen geht beständig ein ganz entgegengesetztes conservatives oder richtiger rein reactionäres Streben einher, in welchem er gerade seinen eigentlichen Schwerpunkt finden will, nämlich das Streben: den Hippokratismus in seiner klassischen Reinheit festzuhalten, vollkommen frei von allen späteren Hinzufügungen, Entstellungen und Verdolmetschungen der Galenisten und überhaupt aller „Systematiker". Gegen die „*Neoterici*" und ihre Anmassungen kämpft er beständig mit der grössten Leidenschaft und betont principiell, dass die Beobachtungen, die im Widerspruch mit der echten antiken Lehre zu stehen scheinen, in Wirklichkeit häufig nur durch einen Missgriff der Aerzte bedingt sind, indem sie das Wirken der Natur stören und dem Kranken durch allzu eingreifende und unzweckmässige Kurmethoden schaden „*purgantibus, diaphoreticis, phlebotomiis, spirituosis, aliisque impudenter et intempestive exhibitis medicamentis. Solum studium Hippocraticum aptum est, quod in viam devios reducat!*" Uebereinstimmend hiermit hebt er es schon in seiner Antrittsrede als seine Hauptaufgabe hervor, „die medicinische Praxis von vielem überflüssigen Tand und vielen überflüssigen Doctrinen zu befreien, die unsere vortreffliche Kunst nicht nur nicht zieren oder erleuchten, sondern vielmehr dieselbe beschweren und verdunkeln, die den Schülern eine beschwerliche Last sind, den Kranken und den Aerzten aber zum Schaden gereichen." Nur zwei Autoritäten respectiert er so weit, dass er ihnen ein gewisses Recht einräumt den antiken Hippokrates zu verdolmetschen, das sind Sydenham und sein Lehrer Boerhaave, der englische und der holländische Hippokrates — ja, und dann ist noch einer da, dem er dieses Recht sehr willig einräumt, das ist de Haen selbst. Und da er nun einmal die Eigentümlichkeit hat, dass er trotz seines hippokratischen Conservatismus und seiner Orthodoxie stets selbständig forscht, erwägt und kritisiert, so ist das Endresultat doch, dass der Hippokratismus, welcher in der neuen Wiener Klinik dociert wird, eine Lehre ist, an der de Haen selbst einen bedeutenden Anteil hat, eine Lehre, die wohl in allen Punkten principiell den hippokratischen Standpunkt streng innehält, dennoch aber ununterbrochen Zeugniss ablegt von selbständig reformatorischer Auffassung und Thätigkeit.

Dieser Standpunkt tritt schon deutlich hervor in den beiden ersten Bänden seiner *Ratio medendi*, wo er *„methodi Hippocraticae, Sydenhamianae ac Boerhavianae praestantiae"* (weiter ausgeführt in Band 13) behandelt und die Grundzüge der für einen Hippokratiker so wichtigen hygieinisch-diätetischen und der medicamentösen Therapie darstellt. Seine Schilderung *„de Diaeta aegrorum"* ist im Ganzen im Geiste des Hippokratismus gehalten. Er will ebensowenig wie Hippokrates in irgend einer Weise die Krankheit nähren und wendet daher in allen acuten Fällen knappe Diät an, mit *„Decoctum, Puls, Cremor Hordei aut Avenae."* Aber er fügt doch gleich aus eigener Machtfülle Fleischsuppe hinzu (*„Jus carnium"*) und verteidigt diese bedeutende Abweichung von Hippokrates mit dem Umstand, dass dieselbe in ganz Deutschland und Oesterreich stets das erste Mittagsgericht bilde. Als Getränk giebt er auch *aqua hordei vel avenae*, dem er ein wenig Honig (alles hippokratisch) oder bei stärkerem Fieber etwas Säure, namentlich Citronensaft, hinzusetzt, wodurch der Durst gut gemildert wird. Der vorsichtigen Empfehlung frischer, kühler Luft bei acuten Krankheiten von Seiten der ältern Hippokratiker verschafft er eine sehr erweiterte und energische Anwendung und opponiert aufs heftigste gegen die starke „Einpackung", die sich aus der hippokratischen Krisenlehre entwickelt hatte. Mit seiner feurigen Rhetorik sagt er gleich im Anfang des Abschnittes „*de aëre, decubitu, sessione aliisque circa aegros moderandis*":

Aëre aut debito frigidiore, aut calidiore, nil aegris perniciosius. Rarius cum aegro, ejusve custodibus, propter frigidiorem belligeramus, sed ut plurimum propter calidiorem. Multis in regionibus universalis mos est, ut Acutis in morbis Puerperioque, homines primo inter Lectorum includantur cortinas; deinde sub Lecti stragulis sepeliantur: ac tandem calore tum cubiculi, tum propriae suae Atmosphaerae, circiter suffocentur. Damnantur ad has miserias, donec aut convalescant, aut moriantur."

Das ist kein altmodischer Hippokratiker, der so spricht, das ist ein moderner, selbständig reformierender Geist. Diesen wichtigen Punkt: frische, kühle Luft, wird er nicht müde hervorzuheben. Aus demselben Grunde führt er ein gründliches Auslüften der Betten ein, indem er die Fieberkranken eine oder mehrere Stunden in einem bequemen Stuhl sitzen lässt, wobei er übrigens zugleich eine zweckmässige Anwendung der hippokratischen Fussbäder vor Augen hat.

Auch auf dem Gebiete der Arzeneilehre selbst ist sein Hippokratismus reformatorischer Natur. Seine Hauptmittel sind ganz gewiss correct hippokratisch. Ausser dem diätetischen *Decoctum avenae c. melle* (oder *nitro*) wendet er nur „*medicamenta admodum simplicia*" an: Diluentia, Mollientia (Decocte und Infuse verschiedener

Radices, Folia und Flores), Refrigerantia (Nitrum, Oxymel), Attenuantia (Stibium), ferner die souveränen Derivantia: Vesicatoria, Enemata quotidiana („*suapte sponte si non fluat alvus*"), Cataplasmata, Fomenta, Epispastica ad pedum plantas („*continuantur donec reconvaluerint*"). Sein Hauptmittel ist jedoch die Venaesectio, die stets „*plurimum juvat*" und die er ausserordentlich energisch anwendet. Den hippokratischen Emetica gegenüber aber stellt er sich kritisch abweisend, und in seiner kategorischen Forderung einfacher Formeln und der Abschaffung jeglicher Polypharmacie desavouiert er vollständig wenn auch nicht gerade den antiken, so doch sowohl den englischen als den holländischen Hippokrates. Mit gewohnter kräftiger Rhetorik spricht er sich im Abschnitt *de medicamentis in morbis acutis* folgendermassen aus:

Didicere Apollineae artis alumni hac via se longe tutius progredi, quam si magniloquas, ac vaniloquas. Dispensatorii Viennensis formulas, et promissa, imitarentur. Cujus Dispensatorii vanitates, si ingenue fari detur, ostendere omnes qui vellet, nae totum fere illud exscribere ipsum opporteret. Quid ad Pleuritidem pulvere pleuritico inanius? Quid ad Malignitates in morbis aut praecavendas, aut emendandas, Pulvis deguteta Riverii? Pulvis Marchionis? Bezoardicus? Pulvis Panonicus ruber? Pulvis pretiosus albus? et id genus alia? Illuminatius vivimus aevum, quam ut his nugis fidem adhibeamus. Sed, iniquiunt, horum usum nostra nobis experientia probavit. Et nos experienta didicimus haec crepundia vituperare. Inspicite Rerum in Nosocomio successum! Ne unquam tamen talia nostras aedes ingressa funt."

Und dieser sein Standpunkt ist nicht nur theoretisch, er führt ihn praktisch durch in seiner Klinik und emancipiert sich vollständig von der Polypharmacie, die bisher sogar die grössten Hippokratiker beherrscht hatte, und von der wir in der holländischen Klinik hinreichend prägnante Beispiele gesehen haben — ich will nur an van Heurnes Clystierformeln erinnern. De Haen arbeitet mit Receptformeln, die an Einfachheit nicht zurückstehn vor den heutigen. Aber dieselbe scharfe Kritik und Skepsis, welche in seinen hier citierten Aussprüchen über alte Medicamenttherapie zu Tage tritt, macht sich auch den vielen neuen Mitteln gegenüber geltend, die gerade in seiner klinischen Periode von Anton Störck aufgebracht und gelobt wurden. Dieser Mann, der einer der ersten Assistenten de Haens in der Klinik war und später zu nichts geringerem als zum Nachfolger van Swietens als Praeses der Facultät und Director des Medicinalwesens avancierte, wie er denn auch später in den Freiherrenstand erhoben wurde, hat das bedeutende wissenschaftliche Verdienst, der erste zu sein, der die Pharmacologie experimentell betrieb. In Bezug auf die Resultate seiner Versuche war er indess allzu leichtgläubig und sanguinisch, und schrieb seinen pflanzlichen Droguen die unglaublichsten Heilwirkungen zu. De Haen liess ihn denn auch nicht lange ungeschoren. In verschiedenen Schriften (*Epistola de cicuta* u. a.) stellte er schonungslos die Schwäche der Schlussfolgerungen Störcks bloss. Hier tritt die reactionäre Richtung de Haens zu Tage, und er polemisiert heftig gegen die bösen „*Neoterici*" — er allein darf Reformator sein.

Ist aber de Haen also schon auf seinem allgemeinen therapeutischen Standpunkt nach verschiedenen Richtungen hin kritisch reformatorisch, so tritt diese seine klinische Eigentümlichkeit noch stärker in allen Punkten der speciellen Pathologie und Therapie hervor. Sein Standpunkt ist theoretisch und principiell stets der, dass er den Hippokratismus nur von den Hinzufügungen späterer Zeiten reinigen will, praktisch aber kommt er in seinem unaufhörlichem Kampfe und in der Beweisführung für die Berechtigung seiner Auffassung durch seine klinischen Erfahrungen und Beobachtungen sehr viel weiter und eröffnet ganz neue wichtige Gesichtspunkte. Nirgends tritt dies so deutlich zu Tage, wie in seinen viele Jahre hindurch unermüdlich fortgesetzten Beobachtungen über die acuten Fieberkrankheiten — ein pathologisches Gebiet, das einen medicinischen Kliniker stets anziehen muss, und das zu jener Zeit das Interesse vorzugsweise in Anspruch nahm wegen der grösseren Häufigkeit der heftigen und malignen Fieberkrankheiten.

Kritisch veranlagt, wie er überhaupt ist, sind es in erster Linie die Probleme über das ganze Wesen und die Genese des Fiebers, die stets seine Gedanken besonders beschäftigen und ihm keine Ruhe lassen. Er erkennt deutlich die schwachen Punkte in der mechanischen Doctrin seines Lehrers und in dessen konservativer Auffassung der Pulsbeschleunigung als des entscheidenden Fieberphänomens. In seiner *Ratio medendi* finden wir einen klinischen Vortrag nach dem anderen, der diese difficile Frage erörtert und namentlich bei der Fieberhitze verweilt, teils in mehr systematischer Weise (*„de supputando colore corporis humani"* im 2ten Band, *„de sanguine et calore humano* „im 4ten Band), teils mit anderen Beobachtungen über die damals so häufigen Intermittensfälle oder andere Fieberkrankheiten verflochten. Den ersten Anstoss zur besseren Würdigung der Fiebertemperatur hat er wohl von seinem Lehrer, der in seinem berühmten schon oben erwähnten Aphorisma 673 dieses Moment besonders betont und dasselbe auch praktisch beachtet hat, was aus van Swietens ebenfalls schon erwähntem Commentar zum Aphorisma wie aus seinen Bermerkungen über Körpertemperatur im gesunden und im kranken Zustand im Commentar zum Aphorisma 476 hervorgeht. Indess lag es nicht in der Art des olympischen, in seinen Doctrinen ruhenden Akademikers und also auch nicht in der seines fast sklavischen Schülers diese Aufgaben weiter in exacter Richtung zu verfolgen; dazu war eine ganz verschiedene Disposition des Geistes erforderlich, ein brennender unstillbarer Forschungstrieb wie der, durch den sich gerade Boerhaaves Schüler de Haen auszeichnete.

Seine Technik der Temperaturmessung muss selbstverständlich, vom heutigen Standpunkt aus betrachtet, in einzelnen Punkten als wenig vollkommen bezeichnet werden; so beachtet er zum Beispiel nicht hinreichend die Wichtigkeit der Messung in einer geschlossenen Höhle, und er schärft in dieser Beziehung nur ein, dass die Messungsstelle — bei ihm wahrscheinlich stets die Achselhöhle — *„bene tectum"* sein soll. Er ist aber zugleich ein allzu sorgfältiger Forscher um nicht die hieraus resultierenden Ungenauigkeiten der Resultate zu bemerken, und er hat bei seinen zahlreichen Experimenten beobachtet, dass es nicht angeht schnell zu messen; um den wirklichen Temperaturgrad zu ermitteln, muss man das Thermometer etwa eine Stunde liegen lassen. Da dies in der Praxis oft seine Schwierigkeiten hat, glaubt er den Rat geben zu können, bei Fieberkranken das Instrument nur $1/4$ Stunde liegen zu lassen und 1 Grad zu addieren, oder im Nothfall nur $1/8$ Stunde und dann 2 Grad Fahrenheit zu addieren. Er benutzt dessen Scala und teilt mit, dass er kleine, leicht transportable Thermometer gehabt hat, die doch sehr genau gewesen sind, wovon er sich auch exact überzeugt hat, indem er häufig Controlproben mit einem grossen, vom dem berühmten Instrumentenmacher Prins hergestellten Normalthermometer vorgenommen hat; und es muss denn auch zu de Haens Ehre gesagt werden, das die meisten seiner Temperaturangaben, im Gegensatz zu den wenigen, die van Swieten mitgeteilt hat, plausibel sind und eine im ganzen correcte Messung andeuten, z. B. seine Angabe von 108 (42,5 Cels.) als Maximaltemperatur bei Intermittens und Pneumonie. Seine Angabe der Normaltemperatur ist zu niedrig (c. 96°) und stimmt überein mit der van Swietens.

Als ganz neue und wichtige Bereicherungen der Fieberlehre, die aus seinen unermüdlichen Temperaturbeobachtungen resultierten, müssen hervorgehoben werden: dass im Froststadium des Fiebers eine sogar bedeutende Temperaturerhöhung bestehen kann (wodurch er in bestimmten Widerspruch auch mit der Lehre seines verehrten Lehrers kommt), dass die Temperatur bei Intermittens höher steigt als bei den meisten anderen acuten Fieberkrankheiten, dass nach scheinbarer Heilung regelmässig Abend-Exacerbationen und Morgen-Remissionen auftreten können, dass das subjective Wärmegefühl oft täuscht, dass sich eine grosse Incongruenz zeigen kann zwischen Temperatur und Puls — den er ebenfalls stets exact feststellte mit der neuen Secundenuhr oder „Pulsuhr", die kurz vorher von John Floyer [46]) bekannt gemacht worden war — und schliesslich, dass eine sogar bedeutende *postmortale* Temperatursteigerung eintreten kann. Ueber diesen interessanten Punkt, der im höchsten Grade de Haen überraschen und ihn in bestimmte Opposition zur mechanischen Theorie seines Lehrers über die Entstehung der Wärme bringen musste, hat er besonders sorgfältige Beobachtungen angestellt, indem er im Laufe einiger Stunden in Zwischenräumen von wenigen Minuten die Höhe der Quecksilbersäule abgelesen hat [47]). Auch bei Gesunden hat er viele systematische Temperaturuntersuchungen vorgenommen, so namentlich zur Bestimmung der Blutwärme in den verschiedenen Altern, und er con-

statierte hierbei unter anderm eine höhere Temperatur bei
Greisen als bei Kindern.

Wie aus der an verschiedenen Stellen seiner *Ratio
medendi* mitgeteilten Casuistik hervorgeht, fuhr de Haen
bis in sein hohes Alter fort, diese combinierten Temperatur- und Puls-Untersuchungen anzustellen. Im 18 Band,
der erst nach seinem Tode von Stoll herausgegeben
wurde, wird in „*Casuum variorum Decas*" ein ausführliches Journal über einen Fall von Typhus aus seiner
Klinik vom Jahre 1774 wiedergegeben, bei welchem er
auf der Höhe der Krankheit 5—6 Mal täglich solche
combinierte Untersuchungen vorgenommen hat.

In mehreren Vorlesungen, in denen solche Beobachtungen mitgeteilt werden (und namentlich in „*de febribus
intermittentibus*„ sowie auch in „*de morbis acutis*"),
beschäftigt er sich zugleich mit anderen Fieberproblemen
und legt dadurch immer aufs neue Zeugniss ab von seinem selbständigen, kritischen Forscherstandpunkt. So
opponiert er kühn gegen das allgemeingültige Axiom
von der grossen Bedeutung der „*Febris verminosa*",
namentlich für Kinder, und beweist aus seinem grossen
klinischen Material, dass zwischen vorhandenen Würmern im Darm und Fieberanfällen die behauptete genaue Verbindung durchaus nicht bestehe (T. XIV). So
tritt er auch nur mit bedeutendem Vorbehalt der schon
von den antiken Hippokratikern und später namentlich
von Sydenham stark betonten Lehre über die günstige
und kritische Bedeutung der Milzschwellung bei Fieberanfällen bei („*Crisis indurationis in hypochondriaca
sinistra*"), eine Lehre, die übrigens durch die neue Bacteriologie (Mettschnikoff) aufs neue zu Ehren zu kommen
scheint. Noch mehr warnt er davor, alle Exantheme als
unbedingt kritisch aufzufassen; verschiedene derselben sind
nach seinen Beobachtungen und nach seiner Auffassung nur

symptomatisch oder gar artificiel, hervorgerufen durch das traditionelle *regimen calidum*, mit all seinen „*calida Bezoardica*", all den erhitzenden schweisstreibenden Mitteln, die er in seiner glänzenden kleinen Philippica „*de miliaribus*" (T. IX) durchhechelt. Er betont, dass die sonst so gewöhnlichen Miliaria bei Fieber gar nicht in seinem Hospital vorkommen „*quod eadem non fabricemus*" weil er — hierin mit Sydenham übereinstimmend — seinen Kranken milde, kühlende Getränke giebt und sie warmes Zudecken und heisse verdorbene Luft meiden lässt. Dasselbe macht er in Betreff der Sudamina geltend (*de morbis acutis*, T. IX), deren Entstehen „*potius lectorum tegumentis quam naturae adscribenda.*"

Auch verschiedene andere Punkte der klinischen Fieber- und Entzündungslehre waren Gegenstand seiner rastlosen Forschung, z. B. das Verhalten der für die Aderlasstherapie besonders wichtigen und in der Semiotik so ehrwürdigen *crusta phlogistica*. Er constatiert hier namentlich bei Pneumonie die auffallende und damals noch nicht beachtete Erscheinung, dass „*sanguis quo crebrius missus, eo magis phlogisticus*" (T. IX) — sodass man bei der Indication des Aderlasses nicht ohne weiteres die alte Lehre gelten lassen kann.

Die ganze Pulslehre, besonders in ihrer damals stark betonten Bedeutung für die Diagnose, Prognose und die Semiologie der Krisen, unterwirft er ebenfalls einer genauen Untersuchung und entwickelt seine Auffassung in einer sehr ausführlichen Darstellung (T. XII), in welcher er zugleich seine ungeheure Belesenheit und Gelehrsamkeit zeigt. Ausser der weitläufigen Geschichte der Pulslehre teilt er verschiedene eigene Beobachtungen mit, die namentlich das wechselnde Verhalten des Pulses zur Temperatur hübsch beleuchten. Schliesslich greift er mit gewohnter polemischer Schärfe „*Recentiorum scrip-*

torum circa pulsum observationes" an, und zeigt die lockere Construction in der von dem Spanier Solano de Lucque und von Bordeu (dem so berühmten Vitalisten in Montpellier) formulierten, weitläufigen „organischen" Pulslehre. Der Letztere stellte z. B. einen *Pulsus nasalis, pectoralis, gutturalis, renalis, intestinalis* und *sudatorius* auf, und die Pulseinteilung des Solano war noch weit künstlicher. De Haen widerlegt diese Lehren nicht nur durch grosse Gelehrsamkeit und scharfe Dialektik, sondern vornehmlich durch Mitteilung sorgfältiger Beobachtungen aus seiner Klinik. In einem Schlusskapitel „*de damno quod a neotericorum de pulsu placitis medicina patitur*" bewegt er sich recht in seinem Lieblingsthema, dem Kampf gegen diejenigen, die auf Kosten des Hippokratismus neue Lehren einführen wollen. Wenn nun auch diese ununterbrochene Polemik zum Teil einen sehr ehrenhaften Ursprung in einem tiefen Gerechtichkeitsgefühl hat, das ihn veranlasst das Alte zu verteidigen gegen das Neue, das sich gar zu arrogant breit macht, so wirkt doch offenbar auch eine weniger edle Triebfeder mit: eine unbändige, mit den Jahren beständig zunehmende Oppositionslust, welche die ursprüngliche Ueberlegenheit seines Geistes hemmt. Auch ein anderer Abschnitt seiner weitläufigen Abhandlung über den Puls, in welchem er anderen Schriftstellern gegenüber beweisen will, dass der antike Hippokrates grosses Gewicht auf den Puls legte, zeugt in hohem Grade hiervon, und hier hat de Haen in der That vollständig Unrecht.

An vielen verschiedenen Stellen begegnen wir dieser leidenschaftlichen Opposition, aber doch in der Regel so, dass man ihm nicht alles Recht absprechen kann. So z. B. in Betreff der im 18ten Jahrhundert auftauchenden Pockeninoculation, die allmählich den Beifall vieler hervorragenden Aerzte fand. Von den Zeitgenossen de Haens können als warme einflussreiche Anhänger derselben genannt werden: Mead und Sutton in England, Tronchin (ein Schüler Boerhaaves) in Frankreich, Tissot in der Schweiz, Haller, Lentin und Hensler in Deutschland, Peter Camper in Holland. Am Hofe zu Wien nahm der Belgier Ingenhouss gerade in der klinischen Periode de Haens mit grossem Erfolg Inoculationen vor. Dies kann de Haen nicht ruhig mit ansehen; mit seiner ganzen gewaltigen Leidenschaftlichkeit fällt er über die „*Neoterici*" der Inoculation her, wendet sich aber hauptsächlich gegen einige Aussprüche für die Inoculation, die von einem hervorragenden Arzte in Breslau, Balthasar Ludwig Tralles, einem Schüler Fr. Hoffmanns herrührten, und verurteilt die neue Methode in den heftigsten Ausdrücken. Aber vollständig Unrecht hat er nicht, da die Inoculation sich wie bekannt keineswegs als gefahrlos erwies. Von viel zweifelhafterem Werthe ist jedoch die curative Behandlung, die er selbst sehr empfahl und in seiner Klinik anwandte, und die so unfehlbar glückbringend sein sollte, dass jeglicher Grund zum präventiven Einschreiten dabei fortfalle, nämlich profuser Aderlass und grosse Dosen Opium — eine Curmethode, die er übrigens von Sydenham, welcher den phlogistischen Charakter der Pocken stark betonte, angenommen hatte. Es ist gewiss mehr als zweifelhaft, ob diese heroische Therapie wirklich, wie A. F. Hecker[48]) sagt, „zum grossen Vorteil der Menschheit" war.

Der Aderlass ist überhaupt, wie schon früher erwähnt, das Hauptmittel de Haens, und eine so energische Natur konnte sich auch schwerlich mit einer weniger heroischen und kräftigen Therapie begnügen. Er wendet denselben in einer Ausdehnung an, die derjenigen bei den späteren Vampyrn wenig nachgiebt, und zwar nicht nur bei den inflammatorischen Fieberkrankheiten mit *spissitudo sanguinis*

— wo seine erwähnte Entdeckung des eigentümlichen Verhaltens der *Crusta phlogistica* nach dem Aderlass keine praktische Wirkung auf ihn ausgeübt zu haben scheint — sondern auch in den mit *dissolutio sanguinis* verbundenen typhösen und putriden Fieberkrankheiten; ja sogar bei der Pest, einer Krankheit, die er aus eigenen Erfahrungen nicht kannte, empfahl er reichliche wiederholte Aderlässe. Hier konnte er sich indess auf sein grosses Vorbild, den antiken Hippokrates, wie auch auf Sydenham berufen, dessen generalisierte therapeutische Fieberlehre nur schematisch und im allgemeinen darauf ausging, so kräftig wie möglich die allzu heftige, inflammatorische Gewalt der teleologischen Naturbestrebung durch diese herabstimmende Therapie zu bekämpfen. Was aber die Pest betrifft, so konnte sich auch Sydenham nicht auf eigene Erfahrungen berufen, da er vor der gewaltigen Epidemie in London 1666 entfloh. Uebrigens ist es wahrscheinlich auch hier zunächst die Leidenschaft für Opposition gegen die „*Neoterici*", die ihn dazu veranlasst für Aderlass bei Pest in die Schranken zu treten; sein etwas älterer kundiger Landsmann Diemerbroeck hatte gerade sehr ernstlich davor gewarnt, dieser hippokratischen Methode zu folgen.

Wie erwähnt, folgt de Haen in manchen Punkten Sydenham, und dies ist besonders ausgedehnt der Fall in der Fiebertherapie. Um bei putridem Fieber die Constitution zu roborieren — und die durch Aderlässe hervorgerufene Schwäche zu bekämpfen! — benutzte Sydenham reichliche Mengen Cortex Peruvianus, und dies wird in vollem Umfang von de Haen adoptiert. Durch sein beliebtes *decoctum corticis* glaubte er nicht nur zu roborieren, sondern zugleich kritische Entleerungen *per anum* hervorzurufen. Das ist gerade eins seiner unfehlbaren Axiome, die er stets docierte, dass Chinarinde „*promovet excretiones criticas*" (T. III und IV) — was er deutlich an den Stuhlentleerungen beobachtet, denen er als guter Hippokratiker und Schüler Boerhaaves eine sehr wesentliche diagnostische und prognostische Bedeutung zuschreibt, obgleich er auch hier seinen bestimmten kritischen Vorbehalt aufstellt und nicht ohne weiteres in gleiche Linie gestellt werden will mit den Aerzten, die von dem englischen Satiriker Gideon Harvey[49]) als „*medici stercorarii, qui morbos per anum expellunt*" bezeichnet werden.

Dass er jedenfalls energischen und reichlichen Gebrauch machte von Laxantien in derivatorischer Beziehung, das geht hinreichend aus seiner Casuistik hervor, z. B. aus *Casuum variorum decas* Nr. IV, einem interessanten und besonders gut referierten Fall einer Leberkrankheit, die zunächst als eine sehr schnell verlaufende Cirrhose der Leber aufzutreten scheint, und wo dies Organ schliesslich bei der Section — deren Resultate hier wie überall von ihm sehr beachtet und mit epikritischen Bemerkungen versehen werden — stark verkleinert gefunden wird, mit einem Gewicht von nur circa 1 Pfund und einer Farbe „*fusco-flavum*". Während der ganzen Zeit, die dieser Kranke unter Icterus, starken Fieberanfällen und Schmerzen sowie zunehmenden Blutungen der verschiedenen Schleimhäute auf seiner Klinik zubringt, sucht er mit ausserordentlicher Energie den schnell wachsenden und zuletzt enormen Ascites (den er durch die Fluctuation diagnosticiert) zu bekämpfen teils mit den gewöhnlichen vegetabilischen Diuretica wie Aqua Petroselini und Asparagi, Oxymel scillae und Juniperus, teils durch verschiedene kräftige Laxantien und Enemata in unaufhörlicher Anwendung. Dagegen denkt er durchaus nicht daran, den bedauernswerten Kranken durch die Punction zu erleichtern, wodurch er sich von dem antiken Hippokrates entfernt, der gerade sehr häufig diese Operation anwandte, während er auch hier in voller Uebereinstimmung ist mit dem englischen Hippokrates, der die Paracentese nicht liebte.

Der genaue Anschluss an die Auffassung Sydenhams, der in so mancher Beziehung bei de Haen zu Tage tritt, zeigt sich auch und zwar ganz besonders in seinem klinischen Grundstandpunkt, in seiner energischen und echt hippokratischen Betonung der selbständigen, von rationeller Deduction aus den Hülfswissenschaften unabhängigen Stellung der Klinik. Stets und mit gewohnter Leidenschaft polemisiert er gegen die theoretischen *„Systematici"*, die die Anwendung ihrer Doctrinen der Klinik aufzwingen wollen, und es ist ebenfalls ein Ausdruck dieses seines Standpunkts, der in seiner in der Geschichte bekannten Polemik mit seinem berühmten Mitschüler Haller hervortritt: seine Zurückweisung der Irritabilitätslehre desselben in Bezug auf die Klinik[50]). Sein Oppositionstrieb und seine Verbitterung gegen die *„Neoterici"* ist natürlich ein naheliegendes Motiv für sein Auftreten, aber etwas Recht hat er auch hier, wenn er dagegen protestiert, dass eine einseitig anatomische Physiologie die Grundlage der klinischen Pathologie bilden soll, und überhaupt dagegen, dass die Resultate der Versuche an Tieren ohne weiteres als gültig für die Klinik betrachtet werden. Er sieht ganz richtig voraus, dass die Irritabilitätslehre zu ausschweifenden praktischen Consequenzen führen und in einen einseitigen Dynamismus verlaufen werde, der jede wirkliche, empirisch-klinische Forschung ignorieren würde so wie es kurz darauf in Browns Doctrin der Fall war. Er will die Klinik in ihrer ganz selbständigen Forschungsmethode und mit ihrem selbständig erworbenen Inhalt gepflegt wissen, ohne irgend welche Abhängigkeit von theoretischen Systemen, was der hippokratische Vollblutskliniker in folgendem Passus praecisiert und unterstreicht, den ich in der Originalsprache mitteilen muss, um dadurch noch besser als durch die schon angeführten Citate seine ganze pathetische Rhetorik zu illustrieren:

„*Utinam demum foecunda fingendi ingenia Systematum suorum inanitate defatigati, deque eorundem nocumento convicti, eo demum usque saperent, ut caducae inventi systematis gloriolae abnegantes, ad salutare Naturae studium, quo unico Hippocrates, quo solo, quoquot magni viri Hippocratem secuti sint, claruerunt, aeternumque clarebunt, animas nobiscum intenderent. Artisque pomaeria more Hippocratico extendere satagerent! Interea dum id ab illorum ingenuitate exspectamus, in id ego sedulus annitar, ut ad lectos aegrorum, una cum circumstantium Discipulorum Corona, simplicem Naturam contemplando magis intelligam magisque, in omnibus plane Asystematicus.*"

Diese in fulminanten Wendungen so zugespitzte Auffassung macht eigentlich die Quintessenz des ganzen Standpunktes de Haens als Kliniker aus, enthält den roten Faden, der sich durch sein ganzes autokratisches Wirken und Streben hindurchzieht. Die Klinik soll Herr sein in ihrem eigenen Haus, ihre Urteile und Axiome sind gültig und inappellabel in allen Fragen, die das Krankenbett berühren. Eine Lehre kann noch so sehr von Grund aus naturwissenschaftlich begründet und bewiesen sein, stimmt sie nicht überein mit den rein klinischen Erfahrungen, so kann der Kliniker sie nicht anerkennen, und es hilft nicht im mindesten, dass es ein noch so exacter physio-pathologischer Forscher ist, der sie vorbringt, und dass die Erfahrungen der Klinik weit weniger exact sind, wie zugestanden werden muss. Der Kliniker hat seine Ueberzeugung, die unfehlbar ist. Wenn es auch eine physiologische Autorität ersten Ranges ist, wie Albrecht von Haller, de Haen weist ihn gleichwohl kategorisch aus dem Gebiet der Klinik. Und wenn nun auch nur wenige Kliniker so autokratisch sind wie de Haen, so werden doch alle Vollblutskliniker, wie sie der Hippokratismus hervorbringt, im Grossen und Ganzen derselben Meinung sein, und diese Anschauung wird beständig fester werden, je mehr und exclusiver sie sich in ihr verantwortungsvolles Werk vertiefen. Sie suchen und finden darin ihre Position, ihre feste Burg bei allen Schwierigkeiten und aller Unsicherheit. Ich hoffe später zu zeigen, dass sogar bei den Klinikern der neuen pathologisch-anatomischen und physiologischen Schule trotz dieses Standpunktes dieselbe Tendenz zum Durchbruch kommt; und an anderer Stelle habe ich schon erwähnt, dass diese Betonung der unbedingten Hegemonie der Klinik in den Vordergrund getreten ist in der neuen Berliner Schule durch die Professoren Frerichs und Leyden, von denen der letztere fast einen geradezu hippokratischen Standpunkt einnimmt. Und auf dem Gebiete der Chirurgie bietet sich gerade in letzter Zeit ein besonders prägnantes Bild dieses Principienstreites zwischen den Axiomen der Klinik und den Resultaten des Laboratoriums in dem Jodoformproblem dar, welches zwei talentvolle dänische Forscher zur Debatte gebracht haben, und an dessen Lösung jetzt zahlreiche bedeutende Kräfte arbeiten [51]).

In seinem Protest hat de Haen vielleicht von seinem „asystematischen" und exclusiv klinischen Standpunkt aus zum Teil Recht, im Uebrigen aber ist dieser fulminante Angriff auf die epochemachenden physiologischen Entdeckungen seines früheren Freundes und Studiengenossen zum Teil wohl nur der Ausdruck seiner mit den Jahren stetig wachsenden polemischen Neigung, die ihn allmählich in heftigen Streit mit den meisten gleichzeitigen wissenschaftlichen Aerzten bringt, ja sogar mit seinem treuen Freund, Beschützer und Vorgesetzten van Swieten. In keinem Punkt jedoch nimmt diese Oppositionslust so krasse Formen an, wie in der Lehre von den daemonischen Krankheiten.

De Haen lebte und wirkte ja gerade in der grossen Durchbruchsperiode, als die „Aufklärung" allen Ernstes sich geltend machte gegen den alten und zum Teil mit der Kirchenlehre verbundenen Obscurantismus. In der österreichischen Hauptstadt hatte die neue Aera der Aufklärung gerade eine solide Basis erhalten in den von van Swieten mit Hülfe der Kaiserin durchgeführten eingreifenden Reformen der Universität und des Unterrichts. Die in „*Constitutio criminalis Carolina*" enthaltenen mittelalterlichen Strafbestimmungen wegen Hexerei hatte Maria Theresia wohl nicht formell aufgehoben, aber seit der Mitte des Jahrhunderts ungefähr war doch keine Hexe mehr in österreichischen Landen verbrannt worden, und selbst den vom Teufel besessenen Irren begann man eine weniger unmenschliche Behandlung zu Teil werden zu lassen. Die wissenschaftlichen Aerzte unterstützten selbstverständlich diese Aufklärungs- und Humanitätsbestrebungen, und besonders in Betreff der dogmatischen Lehre der Geistlichkeit von Besessenen und dämonischen Krankheiten hat sich de Haen mit gewohnter Unverdrossenheit unter die Vorkämpfer der Aufklärung gestellt. Er analysierte im Geiste der Wissenschaft Epileptische und andere Nervenleidende, die als besessen betrachtet wurden, und stellte mit unbarmherziger Schärfe die Betrügereien bloss, die so oft unter dem eifrigen Schutz der Kirche die beschränkte Leichtgläubigkeit ausgebeutet hatten (T. V.). Noch im 15ten Band seiner *Ratio medendi* wird ein solcher Fall ausführlich berichtet. Es handelt sich um eine 41jährige Frau aus der Gegend von Linz, die 18 Jahre lang besessen gewesen war und aus diesem Grunde stets das Mitleid und den Geldbeutel der Leute stark in

Anspruch genommen hatte. Da nun ihr Mann sich auch an die Kaiserin selbst um Hülfe wandte, wurde sie zur Beobachtung in de Haens Klinik gebracht (T. XV). Der damals schon hochbetagte Kliniker untersucht den Fall mit ungeschwächter Energie, verwendet täglich 3—4 Stunden auf die Beobachtung der Besessenen und kommt bald zu der klaren und unwiderleglichen Anschauung, dass das Ganze nur eine durchgeführte *„impostura"* ist; als Mann der Aufklärung spricht er höhnisch von *„Daemoniaci, quos credula gens multos existere senset."*

Kurze Zeit darauf scheint de Haen seinen Standpunkt gewechselt zu haben, denn in verschiedenen Schriften *de magia liber* (1775) und *de miraculis* (1776), von denen namentlich das letztere in dem ihm charakteristischen leidenschaftlichen Tone gehalten ist, verteidigt er die kirchliche Lehre von Hexerei und Zauberei und nennt die neuen Philosophen der Aufklärung eine von niederer Eigenliebe eingenommene, verdammte Rotte, die in wahnwitzigem Hochmut gegen Gott, Religion und die menschliche Gesellschaft rast (*audax hominum genus, pervicax, hosticum Deo, Religioni infensum, societati inimicum, unice proprii amoris commodique studiosum." „Hae philosophica pestis!"*). Wie ist diese psychologische Merkwürdigkeit zu erklären? War de Haen plötzlich altersschwach geworden? Durchaus nicht, seine obenerwähnte letzte Schrift von den Mirakeln zeigt vollständig dieselbe geistige Spannkraft und dialektische Schärfe, die seine sämmtlichen Arbeiten auszeichnet. Die Sache findet ungezwungen ihre Erklärung in dem eigentümlichen, mehrseitigen Naturel, welches wir schon an ihm bemerkt haben, und das sich auch in seinem Schwanengesang von den Mirakeln offenbart, der näher besehen uns den alten, unveränderten de Haen vorführt. Diese Schrift ist nämlich durchaus nicht nur eine polemische Abhandlung gegen die neue Lebensanschauung, sondern gleicht ganz seinen frühreren Arbeiten darin, dass sie mit scharfer Kritik die Probleme nach allen Seiten hin klar zu legen sucht. Hier sucht er denn namentlich herauszubringen, welche Lebenserscheinungen bei dem gesunden und kranken Menschen zurückzuführen sind auf Mirakel, die er als frommer, kirchlicher Mann anerkennt und an die er glaubt, und was sich durch die Naturgesetze erklären lässt. Und sein lebhaftes Streben nach Wahrheit und sein Gerechtichkeitsgefühl kommt auch hier zur Geltung, insofern er auch fernerhin manche Fälle von angenommener Teufelbesessenheit für Betrügerei oder Illusion erklärt. Er berichtet mehrere solche zweifelhafte Specialfälle, wo er als Mitglied der Facultät von der Kirche zu Rate gezogen wurde (was die katholische Kirche noch heute zu thun pflegt, namentlich wo sie ihre Zuflucht zu einer zuverlässigen orthodoxen Facultät nehmen kann, wie z. B. in Loewen), und wo er, ebenso wie in dem schon oben mitgeteilten Fall von Linz, sich bestimmt gegen den Daemonismus ausgesprochen hat. Er will in der Schrift nur bestimmt hervorheben, dass die Annahme von Zauberei in einigen Fällen aufrecht erhalten werden muss. Wenn er diesen Verteidigungskrieg mit so heftigen Ausfällen gegen die neue Philosophie der Encyclopaedisten führt, so ist das nur ein Ausdruck seines polemischen Naturels und derselben Eigentümlichkeit, die ihn stets auszeichnete. Je mehr eine neue Lehre sich ausbreitet und Eingang findet, desto heftiger regt sich seine leidenschaftliche Oppositionslust. Und die philosophischen *„Neoterici"* begannen damals sehr in Wien die Oberhand zu gewinnen, beschützt nicht nur von van Swieten und der Kaiserin, sondern noch in weit höherem Grade von deren Sohn und Mitregenten Joseph, dem ebenso edlen wie weitgehenden Aufklärungsschwärmer. *„Sive atheorum, sive qui in via ad* *atheismum repunt, Deistorum omnia plena sunt, regna, provinciae, urbes, templa, domus"* — dieser Ausspruch de Haens in der genannten Schrift erklärt seine Polemik. Die neue Zeit breitet sich aus und macht starke Uebergriffe, tritt mit hochmütiger Anmassung auf gegen das Alte — und die „freisinnige" Aufklärung ist in dieser Beziehung unleugbar kein Haar besser gewesen als der Obscurantismus — da muss der alte Streiter sich auf die Seite des alten stellen und das Recht desselben verteidigen, und in seiner unzähmbaren Leidenschaft schiesst er über das Ziel hinaus. *Hinc illae Lacrymae!*

Aber diese heftige Schlusshandlung, durch welche er sich in scharfen Gegensatz zum herrschenden Zeitgeist und besonders zur ganzen wissenschaftlichen Medicin der damaligen Zeit setzte, hat in nicht geringem Grade seiner Autorität, seiner ganzen historischen Stellung und seinem Andenken geschadet. Zu seinen Lebzeiten bemerkte er vielleicht keinen Abbruch. Die wirklich freisinnige und überlegene Kaiserinn machte ihn zu ihrem Leibarzt nach van Swietens Tod und fuhr fort ihn auszuzeichnen trotz seiner Unbändigkeit, seines unverbesserlich formlosen und überhaupt sehr wenig hoffähigen Auftretens. Aber von Seiten der Collegen und späteren Historiker hat seine Verteidigung der Mirakel eine scharfe Beurteilung hervorgerufen, die ungerechter Weise auch auf sein ganzes übriges Wirken ausgedehnt worden ist. Selbst ein so begeisterter Schilderer der älteren Wiener Schule und ihrer Koryphaeen, wie J. F. C. Hecker, kann einige stark herabsetzende Worte über diesen polemischen Kliniker nicht unterdrücken, der auch nicht in so hohem Grade, wie dieser für die historische Pathologie schwärmende Schriftsteller es fordert, seine Aufmerksamkeit auf den *genius epidemicus* der Zeit gerichtet habe. Auch der sonst so allseitig kundige und unparteiische Haeser verhält sich wesentlich aus denselben Gründen abweisend gegen de Haen. In seinem umfassenden Lehrbuch, wo allen Grössen der Medicin sonst eine sehr ausführliche Besprechung zu Teil wird, fertigt er die umfassende Thätigkeit de Haens auf weniger als einer halben Seite ab, und in dem grossen „biographischen Lexicon der hervorragenden Aerzte" widmet er ihm nur 13 Zeilen, von denen noch die Hälfte seine ganz gewiss in die Augen fallenden Fehler behandelt, und besonders seine Geringschätzung der gleichzeitigen Erfindung der Percussion hervorhebt.

Weder Hecker noch Haeser haben hinreichend beachtet, was de Haens unvergängliche Grösse ausmacht, was ihn in mehrfacher Beziehung hoch über seine Zeit stellt und ihn zu einem hervorragenden Pionier der Heilkunde und besonders der wissenschaftlichen Klinik macht: sein nie ruhendes kritisch-exactes Streben, sein unermüdlicher Forschungstrieb und sein Streben nach Wahrheit, das die vielen Lehren und Probleme unserer Wissenschaft auf Erfahrung und Beobachtung gestützt fruchtbringend zur Debatte gebracht und viele Gesichtspunkte aufgestellt hat, deren Bedeutung erst eine spätere Weiterentwickelung zeigen konnte. Seine wissenschaftliche Thätigkeit erreichte in keinem Punkt einen eigentlichen Abschluss; es ist gerade ihre Eigentümlichkeit, nur Anfänge herzustellen, aber gewiss in mancher Beziehung reiche Anfänge! Auch scheinen seine Geschichtsschreiber nicht mit der schuldigen Verehrung dass Grosse in seiner Persönlichkeit selbst zu beachten, die nie versagende, pflichttreue Energie und Liebe, mit der er sich bis zur letzten Stunde seiner Lehrthätigkeit widmete und ausschliesslich in praktischer und wissenschaftlicher Beziehung für dieselbe lebte. Es ist sicherlich nicht sehr übertrieben, was in den früher erwähnten „freimütigen Briefen" steht: „Seine Rechtschaffenheit, sein unbeschreiblicher Enthusiasmus für das Wahre, sein freundliches Wohlwollen gegen seine Schüler, seine grosse von jedem pedantischen Stolz und von Charlatanerie freie Gelehrsamkeit, seine Menschenliebe, die aus einem reinem Herzen strömt und durchaus nicht den Stempel prahlender Heuchelei trägt, sein unermüdlicher Eifer, Arbeitsamkeit und Treue in seinem Amt, alles dieses sind Eigenschaften, durch welche er sich vor vielen anderen auszeichnet." Als erste klinische Capacität Wiens musste er oft privaten Consultationen Gehör geben, *„ad consultationes in urbe suburbiisque advocor crebro"* sagt er selbst (T. IX), aber er ging niemals ganz auf in Privat-Praxis. Eine in jeder Beziehung vollständige und uneingeschränkte Erfüllung seines umfangreichen und bedeutungsvollen Amtes war und blieb bis zu seinem Tode im September 1776 sein Alpha und Omega. Er lebte und starb als ein unermüdlicher, stets gleich unverdrossener und rücksichtsloser Kämpfer für seine Wissenschaft und für sein Lebenswerk, für alles, wofür er nach seiner Ueberzeugung kämpfen musste, für alles, was ihm als Wahrheit und Recht galt.

II. Auenbrugger.

Ungefähr zur selben Zeit, als de Haen in der kaiserlichen Universitätsklinik seine pompöse Antrittsrede hielt und in seiner hervorragenden Stellung als *„consiliarius aulicus ac medicinae practicae in alma universitate Vindobonensi professor primarius"* die Augen ganz Europas auf sich lenkte, trat ein junger, unbekannter Wiener Arzt eine bescheidene Stellung an dem sogenannten spanischen Hospital an. Wie seine Anstellung unbemerkt von statten ging, so führte er auch still und anspruchslos seine Arbeit im Hospital aus. Aber aus dieser anspruchslosen Thätigkeit ging eine Entdeckung und

Erfindung hervor, die eine grössere Tragweite gehabt hat als irgend eine Leistung der Wiener Universitätsklinik, die die Basis und den Ausgangspunkt einer entscheidenden Umwälzung in der ganzen praktischen Medicin und der medicinischen Klinik bilden sollte.

Leopold Auenbrugger war Oberarzt des Krankenhauses, aber nicht Kliniker in dem Sinne, in dem ich diese Bezeichnung in dieser Schilderung anwende, nämlich Leiter einer klinischen Unterrichtsanstalt. Seine Erfindung der Percussion hat indess eine so eminente Bedeutung für die Klinik, dass er ohne Zweifel hierher gehört, wie denn übrigens meine Begrenzung des Themas auf die klinischen Lehrer ja nur darin begründet ist, dass das Wirken derselben die grösste effective Bedeutung für die ganze Entwicklung der Klinik gehabt hat. Mit mehr Recht könnte man vielleicht gegen die Aufnahme Auenbruggers in diese Schrift deshalb protestieren, weil er nicht zu den hippokratischen Klinikern gezählt werden kann, indem seine Entdeckung gerade die nächste klinische Grundlage der neuen pathologisch-anatomischen Localpathologie bildet, die sich in scharfen Gegensatz zum Hippokratismus stellt. Aber das gilt nicht von Auenbrugger selbst, der stets bescheiden durchaus keine revolutionären Consequenzen aus seiner Entdeckung zog, sondern als treuer Schüler van Swietens in seinen Anschauungen sich in dem vom Lehrer angewiesenen hippokratischen und Boerhaaveschen Rahmen hielt. Und an und für sich steht die physikalische Brustuntersuchung durchaus nicht in Widerspruch mit Hippokrates, der ja schon in derselben Richtung Versuche anstellte und mit Eifer die Thoracocentese pflegte — in deren sicherer Ausführung gerade Auenbrugger von seinem praktischen hippokratischen Fundamentalstandpunkt aus einen Haupterfolg seiner Entdeckung sehen musste.

Der Anlauf der antiken Hippokratiker zu einer physikalischen Brustuntersuchung scheint indess trotz der häufigen und kühnen Thoracocentesen bei Empyem und „Hydrothorax" (wozu die serösen Pleuritiden wenigstens zum Teil gehörten) nicht die Perkussion umfasst zu haben, sondern nur Succussion und Auscultation, wie schon früher etwähnt. Nur bei Krankheiten des Unterleibes zur Differential-Diagnose zwischen Tympanitis und Ascites haben sie Schläge mit der Hand oder den Fingern angewandt. Die einzigen Andeutungen einer Brustpercussion in einer früheren Periode liegen von Seiten einzelner Tierärzte[52]) vor, und auch das sind nur ganz schwache Andeutungen. Die Schrift, in welcher Auenbrugger seine Entdeckung und Erfindung bekanntmacht, kann daher mit vollem Recht den Titel tragen: *„Inventum novum ex percussione thoracis humani ut signo abstrusos interni pectoris morbos detegendi."*

Diese Schrift veröffentlichte Auenbrugger nach *„septennis observatio"* im Jahre 1761 [53]). Dem Äussern nach ist es eine unscheinbare kleine Arbeit in gewöhnlichem Octavformat mit nur 95 Seiten. Die ganze Schreibweise hat etwas eigentümliches durch einen einfachen, praecisen Lapidarstil. Die ganze Abhandlung zerfällt in 24 kleine Abschnitte, die wiederum in 48 fortlaufende Paragraphen mit beigefügten erklärenden *Scholia* zerfallen. An der Spize der Schrift findet sich eine charakteristische, vom Sylvesterabend 1760 datierte Vorrede, in der er ruhig versichert, dass diese Schrift kein Ausdruck eines *„pruritus scribendi"* sei, und dass er sich sehr wohl bewusst sei, dass er als Erfinder einen Dornenweg voll Hass, Neid und Verläumdung betrete. Er habe indess nur niedergeschrieben, *„quae sensuum testimonio inter labores et taedia iterum iterumque expertus sum"*; er sehe sehr vohl, dass seine Beobachtungen mit Mängeln behaftet seien, hoffe aber dieselben zu verbessern zu fernerem Nutzen der Heilkunde: *„omisi multa dubia, minus digesta, his tamen elaborandis non cessabo deinceps insudare."* Um kurz zu sein, hat er sich in der Krankheitslehre oft damit begnügt auf van Swietens Commentare hinzuweisen. Seine Einleitung schliesst er mit folgendem *„Monitorium ad omnes medicos"*: *„Expertus affirmo, quod signum, de quo hic agitur, gravissimo momento sit non tantum in cognoscendis, sed etiam in curandis morbis, atque ideo primum locum mereatur post explorationem pulsus et respirationis."* Also höher geht sein Streben doch nicht, als die Percussion nach der Untersuchung des Pulses und der Respiration zu stellen!

Die drei ersten Paragraphen geben eine Darstellung des *„sonus humani thoracis naturalis"*, wobei der gedämpfte Ton über dem Herzen besonders hervorgehoben wird (§ 3). Die Grenzen des hellen Percussionsschalles werden im Ganzen correct bestimmt. § 4 behandelt die Percussionsmethoden: *„Percuti, verius pulsari thorax debet adductis ad se mutuo et in rectum protensis digitorum apicibus lente atque leniter."* Nur diese Art der Handführung erwähnt er in seiner Schrift, später aber muss er die Methode etwas modificiert haben, denn Stoll sagt von Auenbruggers Percussion: *„pulsat digitis exporrectis manuque tota partes thoracis varias."* Man darf nicht mit den blossen Fingern auf die nackte Brust klopfen, denn dadurch wird ein störender *„strepitus"* hervorgerufen, sondern man muss entweder die Brust mit einem Stück Zeug bedecken oder Handschuhe anziehen, die nicht *„ex pollito chorio"* sein dürfen. Man soll sowohl während tiefer Inspiration als in der Exspirationsstellung percutieren, und er giebt Regeln an für die verschiedene Haltung, welche der Körper am besten während der Percussion einnimmt, beziehungsweise vorne, hinten und an den Seiten.

Indem er dem Untersucher sehr empfiehlt, sich mit dem normalen Ton vertraut zu machen, geht er in den folgenden Paragraphen (10—17) über zur Besprechung der **abnormen** Schallphänomene und stellt neben dem sonoren Schall drei abnorme Kategorien auf, von denen die erste als *„sonus altior"* bezeichnet wird (in einem gewissen Gegensatz zu einem *„sonus profundior"*). Bei diesem Ausdruck, der später von Corvisart missverstanden wurde, hat er offenbar an den tympanitischen Ton gedacht, welcher erst in einer neueren Periode eine sorgfältige Würdigung gefunden hat. Danach kommen zwei Dämpfungsgrade: *„sonus obscurior"* und *„sonus prope suffocatus"* oder *„carnis percussae sonus"* (wobei er auf den Schenkelton hinweist). Wenn dieser matte Ton sich bei tiefer Inspiration hält, so ist das ein Zeichen, dass *„morbosum profunde penetrare thoracis cavum"*, und ist die Dämpfung gleich deutlich auf der Vorderfläche und der an der entsprechende Stelle der Hinterfläche, *„tum morbosum penetrat totum thoracis cavum."* Worin nun dieses *„morbosum"* besteht, dass vermag die Percussion nicht zu entscheiden, und er bespricht dieses vollkommen klar und haltbar. Der matte Ton zeigt nur an, dass die Lungenbläschen nicht in normaler Weise Luft aufnehmen können, die Ursache kann dann bestehen *„sive in solida sive in liquida massa."*

Hierauf bespricht er die Krankheiten, bei denen die Dämpfung vorkommt, und hebt im Allgemeinen (§ 18) eine *„magna extravasatio liquidorum"* als häufige Ursachen derselben hervor, was er durch Injection einer Flüssigkeit in das *cavum thoracis* bei Leichen beweist — er nimmt also schon das Experiment zur Hülfe und zeigt sich als ein wirklich exacter Forscher. Die Paragraphen 19—25 behandeln den abnormen Percussionsschall bei acuten Krankheiten. Hier betont er in einem Scholium, wie wichtig es ist bei solchen Kranken die Brust zu untersuchen „*accidit mihi familiariter vidisse aegros, qui a morbis acutis apparenter restituti sub larva inter- vel remittentium febrium medicis suis imposuerunt: ubi interea morbosa materies non penitus subacta, postea uni lobo pulmonis impacta, lethali scirrho vel vomicae fundamentum jecit.*" Er betont übrigens hier im Anschluss an seinen hippokratischen Lehrer van Swieten, dass viele acute epidemische Krankheiten, also auch viele Fiebererkrankungen, „*sub decursu*" *materia peccans* auf metastatischem oder kritischem Wege im Cavum thoracis ablagern — nach der hippokratischen Lehre sind die localen Abnormitäten in der Regel nur Ablagerungen, Producte der eigentlichen primitiven und universellen Krankheit im Blut; bei der eigentlichen Lungenentzündung tritt der matte Schall meistens ungefähr am 4ten Tage der Krankheit hervor, was er in Uebereinstimmung mit der Krisenlehre zu erklären sucht. Nur bei Entzündungen ohne Auswurf fehlt die Dämpfung, z. B. bei Pleuritis sicca. Im Uebrigen war die Unterscheidung zwischen Pleuritis und Pneumonie namentlich mit Rücksicht auf die Symptomatologie noch sehr mangelhaft in van Swietens Schule, obwohl der Unterschied von derselben principiell festgehalten wird (Commentar zu Aphorisma § 877).

Auch prognostisch würdigt er die Resultate der Percussion bei den acuten Krankheiten (§ 25). Je matter der Schall ist und je grösseren Umfang die Dämpfung einnimmt, desto grösser ist die Gefahr. Die Dämpfung in der linken Brustseite ist besonders gefährlich. Die Affection der unteren und hinteren Partie ist gefährlicher als die der oberen und vorderen. Ist eine ganze Brustseite ihres Lungentones beraubt, so ist das häufig tötlich, und dasselbe gilt von der Dämpfung über dem Brustbein oder über der Herzregion „*in magna circumferentia.*"

Die Paragraphen 26—29 behandeln die chronischen Krankheiten mit abnormem Percussionsschall, und diese zerfallen in zwei Classen, die erste durch eine „*occulta vis*" verursacht, die andere durch „*sensibiles effectus.*" Beide können zur Phthise führen, von welcher er indess bei seinen Sectionen in der Regel nur die eine Lunge ergriffen fand, was er nicht erklären kann „*plura in morbis fiunt quae observare tantum licet minime vero intelligi.*" Die Krankheiten, deren *sensibiles effectus* Abnormitäten im Thorax hervorrufen, bestehen entweder in „*vitia liquidorum*" oder es sind „*morbi acuti non bene sanati*"; die letzte Kategorie ist die wichtigste. Wenn die Entzündung in der Brust zur Suppuration führt, so ist das leicht nachzuweisen, wenn es dagegen kommt zum „*scirrhus pulmonis, quantum decipiuntur Medici*"! Und er fügt hier ferner hinzu, dass er oft bei Abwesenheit aller traditionellen Brustsymptome einen matten Ton über einer ganzen Brustseite gefunden hat, wenn der Arzt den Kranken als Reconvalescenten ansah oder „*sub febri erratica vix aegrotare, donec morbo sensim crescente (forte etiam tunc nondum cognita mali sede) vel hydropico tumore semi sepultus vel ad pellem et ossa usque consumtus periisset*" (§ 28 Scholium).

In den Paragraphen 30—32 erörtert er besonders das Verhalten bei grossen Flüssigkeitsextravasaten, welche aus Chylus, Blut, Serum und Lymphe bestehen können, und er führt in Uebereinstimmung mit den Commentaren van Swietens aus, wie diese Ausschwitzungen wahrscheinlich zustande kommen. Die Ausdehnung der Dämpfung ist ein Mass für die Menge der ausgeschwitzten Flüssigkeit.

Die Paragraphen 33—36 behandeln die Fälle von Brustkrankheiten, wo die Percussion nichts Abnormes ergiebt, so bei „*Tusses stomachicae et convulsivae*", wo die Krankheit ihren eigentlichen Sitz ausserhalb der Brustorgane hat, ebenso bei „*callosus parum pulmo, parvus scirrhus, vomica exigua et levis extravasatio: percussione haud detegitur, nisi quandoque altiori resonantia affectae thoracis plagae.*" Durch diesen Hinweis auf einen tympanitischen Ton zeigt er sich hinreichend als ein feiner stethoskopischer Beobachter. In den folgenden Paragraphen behandelt er die verschiedenen mit gedämpftem Percussionsschall auftretenden Lungenkrankheiten im Zusammenhang mit den dabei gemachten Sectionsbefunden, indem er in der allgemeinen pathologischen Lehre sich auch ferner zu van Swieten hält. Ebensowenig wie Boerhaave und sein Commentator ist Auenbrugger besonders aufmerksam auf Tuberculose der Lungen, sondern erwähnt nur „*Scirrhus*" und „*Vomica*". In der Symptomatologie des Scirrhus zeigt er sich als ein aufmerksamer Beobachter, indem er hervorhebt „*morbosum pectoris latus sub respiratione minus mobile apparet*", wie er auch unter den Symptomen der „*Vomicae purulentae in Traheam apertae*" (*Vomicae* können nämlich sowohl geschlossen als offen sein) anführt, dass die aufgelegte Hand kann „*strepitum puris manifeste distinguere in pectore interno*". Er pflegt also durchaus nicht einseitig die Percussion, sondern legt zugleich viel Gewicht darauf, andere physikalische Zeichen durch Benutzung der Inspection und Palpation zu constatieren.

Darauf bespricht er, aber verhältnissmässig nur kurz, das Empyem, durch dessen operative Behandlung er später nach Stoll sich besonders berühmt machte, und das „*ex rupta vomica*" entsteht (§ 43), sowie den Hydrops pectoris, wobei er besonders die vollständig fehlende Resonanz hervorhebt, während er übrigens auch hier sehr wohl eine „*Resonantia major*" über den nicht comprimierten Partieen der Lunge beachtet (§ 45). Die letzten Paragraphen behandeln unter anderem den Hydrops Pericardii und „*aneurisma Cordis*", wozu er auch die Dilatation zählt, deren schlechte prognostische Bedeutung bei der acuten Pneumonie er besonders betont.

Jeder vorurteilsfreie Leser musste aus dieser Schrift den bestimmten Eindruck erhalten, dass es sich um etwas handele, das der Aufmerksamkeit wert sei und dass „*veris medicinae cultoribus in incrementum artis*" werden könne, wie er am Schluss sagt. Namentlich ist es unbegreiflich, dass der rote Faden, der sich durch die ganze Schrift hindurchzieht, und der besonders in seinen Aussprüchen in dem Scholium zu § 11 praecisiert wird: „*multa observatione convictus didici, latere posse morbos pessimos in thoracis cavo, qui nullum existentiae suae signum edunt, atque nulla ratione deteguntur, quam sola hac percussionis methodo* — nicht zu ernstlichem Nachdenken Anlass geben musste. Und dennoch geschah es, wie er ja selbst vorausgesehen hatte, dass diese neue Entdeckung fast ein ganzes Menschenalter hindurch verhöhnt oder vollständig ignoriert wurde, und zwar in erster Linie von den ärztlichen Autoritäten, unter deren Augen sie entstanden war. Sie wurde nicht nur von dem einseitigen und gegen alle „*Neoterici*" feindlich gesinnten de Haen ignoriert, von dem man nichts anderes erwarten konnte, sondern auch von Auenbruggers sonst so kundigem Lehrer van Swieten. Im 4ten Band der Commentare desselben, der erst 1765 herauskam, also 4 Jahre nach Auenbruggers Schrift, wird in einer sehr ausführlichen Darstellung der Phtise, wobei er auch aufs Neue das Empyem herbeizieht (Aphorisma

1204), die Percussion nicht mit einem einzigen Wort erwähnt.

Und dasselbe war ausserhalb Wiens der Fall. Die gleichzeitigen deutschen Kliniker R. A. Vogel in Göttingen und Baldinger in Jena, beide für ihre Zeit sehr hervorragende Männer und bekannt durch ihr tüchtiges Wirken zur Förderung der Klinik, hatten nur einige herabsetzende Bemerkungen für die Erfindung Auenbruggers, und die meisten Praktiker schlossen sich ihnen an. Wohl waren einzelne Ausnahmen da, und zu diesen gehörte der Universitätskliniker, der de Haen ablöste, der liebenswürdige Stoll, der, rücksichtsvoll gegen alle, auch kleine Versuche mit der Persussionsmethode seines Wiener Collegen anstellte, wie denn auch verschiedene andere der eigentlich praktischen Medicin fernstehende Professoren in Deutschland, z. B. die berühmten Physiologen Haller und C. G. Ludwig, sich in hohem Grade anerkennend darüber aussprachen und zu fortgesetzter Untersuchung in dieser Richtung aufforderten. Aber Stoll starb früh, und kein anderer österreichischer oder deutscher Kliniker war geneigt solche Versuche fortzusetzen. Allerdings wurde der Schrift Auenbruggers schnell die Ehre zu teil ins Französische übersetzt zu werden (1770) von einem Arzt in Montpellier, Rogières de la Chassagne, der sie als Appendix einem „*Manuel des pulmoniques*" beifügte. Aber das Inventum novum wird von dem französischen Uebersetzer doch nur als eine nichtssagende Curiosität betrachtet, für deren reellen Wert er so wenig Sinn hat, dass er in einer beigefügten Bemerkung ausdrücklich erklärt, dass es ihm nie einfallen könne, irgend einen Versuch mit einer so schnurrigen Methode anzustellen.

Der stolze Baum, den Auenbrugger gepflanzt hatte, zeigte kein Wachstum und trug seine reiche Frucht erst im Anfang des folgenden Jahrhunderts, als der grosse französische Kliniker Corvisart mit kundiger Hand sich seiner annahm (1808). Gepflegt und gehegt auf französischem Boden kam er gegen Mitte des Jahrhunderts zurück in die österreichische Kaiserstadt und erreicht hier in der Muttererde, durch Joseph Skoda, seine reichste Blüte.

Durch sein Inventum novum feierte Auenbrugger also keine Triumphe, und er teilte in dieser Beziehung nur das Loos der meisten grossen Erfinder. Aber er imponierte doch seinen Collegen in Wien durch seine zahlreichen glücklichen Thorakocentesen und namentlich durch Empyemoperationen, gerade auf Grund der Percussion vorgenommen, und konnte sich im Uebrigen der Ehre freuen, einer der geschätztesten und geehrtesten Aerzte der Kaiserstadt zu seien, was hinreichend aus Stolls Aussprüchen über ihn hervorgeht, und wovon auch der Umstand Zeugniss ablegt, dass er von Kaiser Joseph unter dem Namen „Edler von Auenbrugg" in den Adelsstand erhoben wurde. Er starb erst 1809, kurz nachdem Corvisarts Uebersetzung seiner Schrift herausgekommen war, im Alter von 87 Jahren. Andere litterarische Arbeiten von grösserer Bedeutung hat er nicht hinterlassen.

Hundert Jahre nach der Entstehung des Inventum novum war man jedenfalls im Stande dessen Wert zu schätzen. Merbach hielt zum Gedächtnis Auenbruggers einen sehr eingehenden Vortrag über dessen Erfindung in der medicinischen Gesellschaft zu Dresden, und in seiner Vaterstadt Graz schritt man unter Leitung des dortigen Professor Clar zur Errichtung einer „Auenbrugger-Stiftung" zur Unterstützung mittelloser Mediciner und Aerzte, und ferner gab Clar eine Gedächtnis-Schrift heraus, versehen mit einem Porträt Auenbruggers.

Stoll.

Wenn mann sich von dem Studium des litterarischen Nachlasses de Haens zu den klinischen Schriften seines Nachfolgers Maximilian Stoll wendet, so hat man das Gefühl, als gelange man nach beschwerlicher Wanderung durch wirres Dornengestrüpp in einen lieblichen, wohlgepflegten Park. Dem stets unruhigen Forschen, der stets leidenschaftlichen Polemik und Kritik de Haens entspricht eine höchst verwickelte, schwer leserliche Sprache mit oft auffallendem, bisweilen geradezu incorrectem Satzbau — eine *„grata styli negligentia"*, wie Stoll mit liebenswürdigem Euphemismus sagt. In Stolls Schriften dagegen finden wir überall eine leichte, klare, klassische Sprache, eine ruhige, harmonische Ausdrucksweise, welche ausserordentlich wohlthuend und einnehmend wirkt. Diese vollendete Form der Sprache ist zunächst wohl nur eine Folge davon, dass er, bevor er zur Heilkunde übertrat und Assistent bei de Haen wurde, dem Jesuitenorden angehört hatte und nach Abschluss seiner geistlichen und humanistischen Ausbildung eine Zeit lang als Gymnasiallehrer gerade der klassischen Sprache thätig gewesen war. Aber der harmonischen, klassischen Form entspricht auch vollkommen der Inhalt seiner klinischen Schriften; überall dieselbe Klarheit und Ruhe in der Auffassung, keine Spur des unruhigen Suchens, wie wir es so oft bei de Haen finden. Wenn dieser in gewisser Beziehung an Sylvius erinnern kann, so nähert sich Stoll der sublim-akademischen Persönlichkeit Boerhaaves, nur ist er weniger opportunistisch und mehr geradezu dogmatisch als Boerhaave.

Stoll repräsentiert zunächst die dogmatische Seite des Hippokratismus, und gerade dadurch hat er seinen ausserordentlich grossen Einfluss auf die praktische Medicin seiner Zeit, sowie der nächsten Zeit nach ihm ausgeübt. Ein Bedürfniss nach Dogmen ist stets und überall vorhanden, nichts anderes giebt der grossen Mehrzahl einen sicheren Trost, und Stolls zahlreiche Schüler, die wie zu de Haens Zeiten von nah und fern zu den klinischen Sälen strömten, schwuren alle ohne Bedenken auf seine Dogmen und handelten danach in ihrem späteren, selbständigen Wirken. Zum „Stollianismus" bekannte sich am Schluss des vorigen und noch ein gut Stück in unser Jahrhundert hinein ein grosser Teil gerade der Elite derjenigen praktischen Aerzte, welche mit Stolz sich Hippokratiker nannten und mit Geringschätzung herabblickten auf die verschiedenen Modificationen. Ja, bis in unsere Zeit hinein kann man den Einfluss von Stolls gastrisch-biliöser Doctrin spüren.

Das klinische Haupt-Dogma Stolls ist hinreichend bekannt und ich selbst habe in meinen früheren Vorlesungen über die therapeutischen Doctrinen ein kurzes Resumé desselben gegeben. Was dieses betrifft, so muss ich übrigens gestehen, dass die Stellung, welche ich darin Stoll anweise, kaum correct genannt werden kann, namentlich insofern nicht, als ich ihn zum Teil ausserhalb des Hippokratismus anbringen will. Sicher geht er für einen Hippokratiker ziemlich weit in ausgeprägtem therapeutischem Doctrinarismus, aber dieser hält sich doch ausschliesslich auf hippokratischer Basis, und man muss zugeben, dass er Recht hat, Hippokrates Bild als Symbol und Devise auf dem Titelblatt des ersten Bandes seiner *ratio medendi* anzubringen. Und mit Rücksicht darauf, dass er Humoralpathologe ist, muss man zugeben, dass er der hippokratischen Schule näher steht als Boerhaave, welcher als Jatromechaniker sich ja wesentlich auf die Solidar-Pathologie stützt und in seinem „*Strictum*" und „*Laxum*" nahe Berührungspunkte grade mit der Gegenlehre des Hippokratismus, dem Methodismus hat, welcher noch dazu besonders Gewicht legte auf die Wirkung hygieinischer Mittel.

Der Satz von dem biliösen Charakter fast aller fieberhaften Krankheiten, welcher Jahre lang sein klinisches Handeln beherrschte, hat seinen directen Ursprung in hippokratischen Schriften, welche er auch citiert, und besonders im „*liber de natura hominis*" (περὶ φύσιος ἀνθρώπου) in welchem der antike Verfasser die Lehre vom Aufbau des Körpers aus den 4 Cardinal-Flüssigkeiten entwickelt, und zeigt, dass jede von diesen je nach der Jahreszeit eine vorherrschende Rolle bei den Krankheiten spielen kann, dass aber doch die Galle besonders wichtig ist, zumal im Sommer und im Herbst. Dieser Lehrsatz, der später von verschiedenen Schriftstellern weiter entwickelt und variirt, und gerade zu Stolls Zeit von dem berühmten Tissot bearbeitet wurde, welcher ob dieser Veranlassung mit de Haen in Streit geriet, ist offenbar für den klinischen Standpunkt Stolls bestimmend gewesen; aber als ernster Hippokratiker folgt er niemals blind einer vorliegenden Lehre, er fordert klinische Autopsie, und diese erlangte er schon früh als Physicus in Ungarn (1772—74) während der malignen Fieberepidemieen, welche dieses Land so traurig berühmt gemacht haben (Febris hungarica, offenbar Typhus exanthematicus), wie er denn auch später nach seiner Rückkehr nach Wien 1774 seine Auffassung stets bestätigt gefunden hat.

Der 1ste Band seiner „*Ratio medendi in nosocomio practico Vindobonensi*" beschäftigt sich noch nicht mit Beobachtungen von der klinischen Abteilung, sondern mit solchen aus seiner bedeutenden Privat-Praxis in Wien im Jahre 1774—75, und in diesem Bande baut er die biliöse Lehre aus, welche darnach mit grosser Begierde von den Praktikern ergriffen wurde. Es sind nicht nur die essentiellen Fieber-Krankheiten, welche constant einen biliösen

Charakter zeigen, sondern er constatierte dasselbe bei Pneumonien, Pleuritiden, Katarrhen und Rheumatismus; bei allen diesen Krankheiten besteht der „*ructus amari*" „*sapor oris amarus, in aliquibus nauseose dulcis, vel austerus*", „*lingua flave virescente humore obducta*", „*vomitus biliosi*", „*urinae croceae*". Er meint jedoch keineswegs, dass die materia peccans gerade „*vera bilis*" sein müsse; das kann er nach seinen Beobachtungen nicht behaupten, und er macht in dieser Hinsicht denselben Vorbehalt, welchen Boerhaave in seiner „*temperies biliosa*" machte. Besonders bezeichnend für Stolls Auffassung dieses Hauptpunktes sind folgende Aussprüche in seiner „*ratio medendi*" I, pag. 30: „*Nos crudum, plerumque amarescentem apparatum in ventriculo, et ejus vicinia collectum bilem vocamus, cujus sapor plerumque amarus est, subinde acidus et austeroacidus, quin et dulcis, sed dulcedine perquam nauseosa. Rarius fors a vera sic dicta bile copiosius collecta originem trahit et potius cruda undecunque nata colluvies est, quae in convenientem sibi corruptionem ob languentem ventriculi facultatem, vel nimia ipsius humoris in corruptionem proclivitate transmigrat, ut hinc modo acida, modo austera appareat, prout eadem materies sibi relicta modo hanc, modo illam mutationem etiam extra ventriculum subiisset. Colorem et saporem amarum persaepe a bile mutuat.*"

Es ist also im Allgemeinen ein „*crudus ventriculi apparatus*", eine gastrisch-biliöse Unreinheit, die als *causa proxima* irritierend und Fieber erzeugend wirkt, und die entfernt werden muss durch die einfache und selbstverständlich gegen die „*causa*" gerichtete Therapie, die noch heute bei einzelnen älteren Praktikern in Gunst steht — stets ein Brechmittel, eine *potio emetica*, „*quae ferme semper sufficit*", wenn sie nur ein oder zwei Mal angewandt wird. Nur in hartnäckigen Fällen muss man nach Verlauf einiger Tage zu einem dritten Vomitorium schreiten. Für einen echten Hippokratiker wie Stoll ist diese dem „Wege der Natur" folgende Methode unfehlbar, aber als ehrlicher Kliniker räumt er doch ein, dass sicher einzelne Fälle vorkämen, wo diese ausgezeichnete Therapie scheinbar wirkungslos bleibe. Dies ist inzwischen nur ein Zeichen, dass auf ersterem Wege „*materia cruda necdum sat mobilis reddita*". Hier muss man fortfahren „*ventriculi sordes abluenda*" mit Hülfe von *Decoctum avenae vel hordei* und leichteren Salina, und erst danach kann man mit dem gewöhnlichen glänzenden Erfolg zur Anwendung seines Tartarus stibiatus schreiten. Nur das Brechmittel hilft, die Abführmittel schaden in der Regel oder entleeren doch in keinem Falle die biliösen Unreinheiten, wobei er an die Autorität des antiken Hippokrates in dessen Schrift „*de morbis*" appelliert. Auch der Aderlass hat für Stoll keine irgendwie günstige Einwirkung auf Fieberkrankheiten, und dieses hippokratische Lieblingsmittel seines Lehrers wird so an der Wiener Klinik ausser Kurs gesetzt, wenigstens in den Jahren, wo nach Stolls Annahme die gastrisch-biliöse Constitution herrschte. Von den revulsiven Hauptmitteln der hippokratischen Schule sind es also die Emetica, welche unbedingt die erste Stelle in Stolls Klinik einnehmen.

Wenn ich Boerhaave einen weitblickenden Hippokratiker genannt habe, so gilt eine solche Bezeichnung in noch höherem Maasse von Stoll, und der diametrale Gegensatz zwischen ihm und seinem Lehrer und klinischen Vorgänger tritt hier im schärfsten Lichte hervor. De Haen vertieft sich stets und ausschliesslich in die einzelnen Krankheitsfälle, forscht und untersucht so exact wie möglich und steht in dieser Hinsicht der modernen Medicin verhältnissmässig nahe. Stoll lässt vom hohen, olympischen Sitz herab alles Revue passieren und kümmert sich im Wesentlichen nur um die Totalität, um die gewöhnlichen gemeinsamen Phänomene, welche den Fieberepidemien ihren allgemeinen Charakter verleihen und ihre gemeinsame Therapie begründen. Die Beobachtung und Bestimmung der epidemischen Krankheitskonstitution und die gewöhnlichen Bedingungen und Ursachen derselben ist sein Erstes und Letztes. Es gilt von Stoll, was Billroth von Schönlein sagt, dass „die Aetiologie, die grossartigen Erscheinungen bei den Epidemieen und socialen Krankheiten ihn ganz besonders beschäftigten; das waren für ihn grossartige Naturerscheinungen, so ausserordentlich interessante Processe, dass es wohl der Mühe wert war dieselben alleine zu studieren." Derselbe geniale Zug zum „Grossartigen der Naturerscheinungen" ist der Mittelpunkt von Stolls Wirken. Er, dem das Exacte sonst so fern liegt, bietet alles auf, um durch exacte Beobachtungen der meteorologischen Kräfte das Verhältnis derselben zu den Epidemien und deren dunkeln Verlauf zu bestimmen. Dadurch wird seine Klinik das, was man wohl eine hygieinische Klinik nennen könnte; seine klinische Specialität wird die aetiologisch-hygieinische, die „epidemiologische" Seite des Hippokratismus, und er folgt in dieser Beziehung nicht nur dem antiken, sondern in noch höherem Grade dem englischen Hippokrates, Sydenham, wie er dadurch auch — ebenfalls im Gegensatz zu de Haen — ein treuer Arbeiter wird im Dienste der geschichtlichen Pathologie und dafür auf das höchste von Historikern gelobt wird, die dieser Richtung angehören, wie z. B. J. F. C. Hecker und Haeser, welche nicht zu beachten scheinen, dass sein ausgesprochener Hang Dogmen aufzustellen kaum die beste Basis einer solchen historischen Forschung war.

Es würde jedoch im höchsten Grade unbillig sein Stoll ausschliesslich als Dogmatiker charakterisieren zu wollen. Seine ganze geistige Persönlichkeit würde sehr wenig einem solchen exclusivem und rigoristischem Standpunkt entsprechen. Merkwürdigerweise macht sich der Dogmatiker in therapeutischer und pathologischer Richtung nur geltend in dem obenerwähnten Hauptpunkt, in der epidemiologischen Klinik. Auf allen übrigen Gebieten der Krankheitslehre, mit denen er in seiner Klinik in Berührung kommt, zeigt er sich von einer wesentlich andern Seite — überall eine kundige, unbefangene Beobachtung, eine gründliche Beurteilung, stets verbunden mit einer ausserordentlich klaren Darstellung, einem Zeichen seiner grossen didaktischen Fähigkeit. Unsere Bewunderung für ihn wird wahrscheinlich erst dann erweckt werden, wenn wir seine einst so berühmte Lehre von dem gastrisch-biliösen Charakter der fieberhaften Krankheiten verlassen und zu seinen übrigen, klinischen Errungenschaften kommen.

Die Hauptmenge der in seiner *Ratio medendi* mitgeteilten zahlreichen Beobachtungen mit Epikrisen betrifft allerdings acute Fieber-Erkrankungen und Entzündungen, bei welchen der Einfluss der Galle selbstverständlich für unsere Anschauung allzu sehr vorherrscht, daneben aber finden sich doch in nicht geringer Anzahl Beobachtungen anderer Art, welche man mit ungemischtem Vergnügen studieren kann, z. B. im 6ten Band seine ausführlichen Beobachtungen über Bleikolik, welche mit Recht in der berühmten Monographie von Tanquerel de Planches[58]) sehr gelobt werden. Er ist nicht nur einer der ersten, der durch die Benennung *Colica saturnina* die Aetiologie dieser Krankheit genau bezeichnet, während frühere Schriftsteller — darunter de Haen, der sich übrigens um die Symptomatologie dieser Krankheit Verdienste erworben hat — ihr den unbestimmten Namen *Colica pictonum (Colique de Poitou)* geben, nach der Gegend Frankreichs, wo sie einst besonders stark wütete. Aber auch um die Therapie der Krankheit hat Stoll sehr wesentliche Verdienste und namentlich ist es sein Verdienst das Opium als Hauptmittel empfohlen zu haben. Wohl bemerkt man auch hier eine gewisse Neigung zum Dogmatisieren, so mit Rücksicht auf die Anwendung seiner auch hier sehr beliebten Brechmittel und weiter in der Behauptung, welche er am Schluss seiner Beobachtungen über die Opiumbehandlung aufstellt, dass man niemals Paralysen beobachten wird, wenn man nur das Mittel rechtzeitig anwendet. Aber im übrigen ist er nicht einseitig dogmatisch in der Auffassung der Wirkungen dieses heroischen Mittels, seiner Indicationen und Contraindicationen, was genugsam hervorgeht aus den fragmentarischen, klinischen Vorträgen (*sparsa quaedam ad aegrorum lectos exposita*), welche in demselben Bande der *Ratio medendi* enthalten sind. Im Gegenteil zeigt er sich hier im Gegensatz zu seinem grossen hippokratischen Vorgänger Sydenham sehr kritisch und vorurteilsfrei.

Auch in seinen übrigen hinterlassenen klinisch-didaktischen Schriften, darunter auch in den erst nach seinem Tode veröffentlichten „*Praelectiones in diversos morbos chronicos*", begegnen wir nicht nur der ihm eigenen klaren und klassischen Form der Darstellung, sondern zugleich auch einer im Ganzen vorurteilsfreien Auffassung und sehr oft einer scharfen, gesunden Beobachtungsgabe. Z. B. seine kurze Entwicklung der Wirkung der Paracentese auf Ascites, ihre Indicationen und Contraindicationen, ihren zur Heilung führenden oder nur palliativen Nutzen. Und ebenso bei seiner recht eingehenden Besprechung der Bedeutung der Percussion im Abschnitt „Hydrothorax"; wir stossen hier auf Aussprüche, welche mit Recht Aufmerksamkeit verdienen und zeigen, dass er im Gegensatz zu seinen meisten Zeitgenossen eine correcte Auffassung

Auenbruggers hat. Aber wenn man (Haeser, P. Niemeyer [59]) u. a.) daraus hat schliessen wollen, dass Stoll ein eifriger Stethoskopiker war, so hiesse das doch wohl der Sache eine zu grosse Bedeutung beimessen. In diesen oft citierten Bemerkungen stellt er, nachdem er die schon von Hippokrates in solchen Krankheiten angewandte *„Succussio"* als in einigen Fällen brauchbar erwähnt hat, die Entdeckung Auenbruggers dar, schildert zunächst dessen Methode, von der er übrigens nur die Modification *„digitis exporrectis"* nennt, und behauptet, dass es sicher sei, dass normale Lungen, namentlich *„aere inspirato et retento"* eine ähnliche Resonanz geben, wie wenn man gegen eine leere Tonne schlägt, dass man dagegen, wenn das *Cavum thoracis* mit Flüssigkeit gefüllt ist, einen Ton erhält, wie ihn *„corpora solida"* geben. Er fügt hinzu, er werde es noch seinen Zuhörern an Kranken demonstrieren — eine Äusserung, die hinreichend zeigt, dass er sich in seiner Praxis nicht viel damit befasste. Er erörtert hierauf die Frage, was ein solch matter Percussionsschall eigentlich bedeutet, und kommt zu dem im wesentlichen correcten Schluss, welchen übrigens schon Auenbrugger hervorhob, dass er einen Mangel an Luftgehalt der Lungen bedeutet, dagegen nicht zeigen kann, wie dieser zustande gekommen ist, und das Zeichen hat daher nur Gewicht in Verbindung mit andern Symptomen. Als Krankheiten, bei denen die Percussion von Bedeutung ist, nennt er 1) bedeutende Peripneumonicen, wobei die Lungen *„durus, carnosus, instar corporis solidi"*, 2) eine bedeutende Ausbreitung von *„Scirrhus"* mit Tuberkeln und endlich 3) eine Compression der Lungen durch Flüssigkeit, sei es Wasser oder Eiter. Besonders hebt er die Bedeutung hervor für die Diagnose des Empyem — und hier hat er jedenfalls selbst die Methode praktisch angewendet.

Dieses sieht man namentlich an einem viel besprochenen und dadurch berühmt gewordenen Fall, über welchen er ausführlich und schön in seinen Ephemeriden des Jahres 1779 (*Ratio medendi* T. III) berichtet. Derselbe betrifft ein Mädchen, welches den 21. October d. J. mit Fieber und ausgesprochenem „*Dolor pleuriticus*" auf die Klinik gebracht wurde, wo Stoll gleich (ohne Percussion) „*Pleuritis rheumatico-inflammatoria*" diagnosticierte. Der Schmerz nahm am folgenden Tage ab, und scheinbar erholte sich die Patientin nach Aushusten von „*Sputa cocta*". In den ersten Tagen des November jedoch wurde die Atmung wiederum erschwert, und sie klagte über ein Gefühl der Schwere in der Seite. Der Puls wurde fieberhaft, es traten profuse Nachtschweisse ein. Der Husten war erschwert und trocken, die Atmung war etwas erleichtert in sitzender Stellung, aber stark erschwert in der Rückenlage und in der linken Seitenlage unmöglich durch heftige Erstickungsanfälle. In sitzender Stellung schien die rechte Schulter höher, was nach Stolls Vermutung dadurch bedingt war, dass eine schwere Flüssigkeit in der rechten Brusthöhle sie zwang den Schwerpunkt des Körpers nach links zu verlegen. Die ganze rechte Brustseite war mehr hervorgewölbt und wurde bei der Inspiration fast gar nicht bewegt, was deutlich fühl- und sichtbar war. Am 12ten November trat plötzlich eine gerötete und schmerzhafte Schwellung der rechten mamma ein und zugleich zeigte sich eine wechselnde Röte der Wangen und livide Verfärbung der Lippen und der Nägel. Jetzt percutiert Stoll endlich nach der Methode von Auenbrugger und findet matten Schall über dem rechten Thorax, erklärt dagegen, er habe nicht untersucht, ob die Temperatur hier erhöht war, oder ob eine Flüssigkeit schneller auf der kranken als auf der gesunden Seite verdampfte. Am 15ten November lässt er dann, wahrscheinlich durch den Chirurgen der Klinik, die Brusthöhle öffnen („*perforari curavi*"), durch Einstich zwischen der 4ten und 5ten Rippe etwas nach vorn — wo früher die Schmerzen ihren Hauptsitz hatten. Mit grosser Gewalt stürzte dünner, blutiger, übel riechender Eiter heraus. Ein Verband wurde angelegt, da der Eiter fortfuhr in grossen Mengen auszuströmen, sich Weg bahnend durch die Charpie. Scheinbar fühlte die Patientin sich erleichtert, aber gegen Abend trat der Tod ein. Der Sectionsbefund wird sehr kurz und cursorisch mitgeteilt. Dagegen knüpft er an die Krankengeschichte einige epikritische Bemerkungen von gewissem Interesse, namentlich in Beziehung auf Auenbrugger, welchen er mit liebenswürdiger Anerkennung als den bezeichnet, „*qui solus omnium plurimos emisso e thorace pure sanavit.*" Dieser hat, fährt Stoll fort, mitgeteilt, dass die rheumatisch-entzündlichen Pleuritiden leicht in Empyem übergehen und dann mit Punctur behandelt werden müssen. Die meisten dieser Fälle Auenbruggers sind in 6—7 Wochen geheilt worden, aber einige wenige sind kurz nach der Operation gestorben, und das ist nach seiner Meinung dadurch verursacht, dass das Blut nach der schnellen Entleerung des Eiters zu stark zu den Lungen geströmt ist und hier einen pneumonischen Zustand hervorgerufen hat. Daher empfiehlt Auenbrugger, langsam, vorsichtig, wenig auf ein Mal zu entleeren. Stoll dagegen neigt sich der Annahme zu, dass der Tod in solchen Fällen eintritt durch eine Störung in der Function des Herzens, welches allzu plötzlich aus seiner dislocierten Lage gebracht und von dem Druck des Abscesses befreit wird, und er beruft sich hier wie stets auf Hippokrates und besonders auf dessen Ausspruch über Punctur bei Hydrothorax im Lib. de morbis II. Der traurige Ausgang der Operation konnte nun Stoll eben nicht zu fernerer rascher Vornahme der Thorakocentese ermuntern, und in der folgenden Zeit kam dieselbe, die so häufig und mit so grossem Erfolg von den alten Griechen ausgeführt war, mehr und mehr in Misscredit, wenigstens in den Krankenhäusern, weil die Erfolge ausserordentlich schlecht waren. Man muss jedoch zugeben, dass diese klinischen Mitteilungen Stoll zur Ehre gereichen und zeigen, dass er ein tüchtiger und umsichtiger klinischer Untersucher ist, und auf der Höhe seiner Wissenschaft steht. Zum ersten Mal in der Geschichte der Klinik begegnen wir einer so kundigen und genauen Localuntersuchung. Wenn indess seine Lobredner hieraus haben schliessen wollen, dass er in seiner Klinik Auenbruggers Entdeckung vollständig schätzte, so scheint mir das kaum haltbar. Ausser an den citierten Stellen erwähnt er noch die Percussion unter „Pleuritis" in der nach seinem Tode erschienenen berühmten Schrift „*Aphorismi de cognoscendis et curandis febribus*", aber doch nur in folgendem Passus: „*sonus percussi thoracis aut dorsi infra scapulam, inspiratione magna antea facta, in latere affecto nullus aut qualis percussi femoris esse solet*", ein Ausspruch, der freilich später eine ausserordentlich grosse Bedeutung erhielt durch den Umstand, dass er den Ausgangspunkt abgab für die bahnbrechenden Forschungen Corvisarts auf diesem Gebiet. Und freilich sagt sein Schüler Eyerel in seinem Commentar zu den Aphorismen: „*multum nos saepe juvabat in schola clinica thoracis percussio.*"

Aber es ist zweifelhaft ob er hier etwas anderes als kleine Versuche von Seiten der Schüler im Auge hat; jedenfalls hat Stoll selbst nur in sehr geringem Grade die Methode angewandt, welche in allen übrigen Ephemeriden durchaus nicht genannt wird, ebenso wenig wie in seinen Vorlesungen „*de methodo examinandi aegros*", wo er, wie wir gleich sehen werden, auf dem alten hippokratischen Standpunkt steht. In dieser Hinsicht ist für ihn eine Krankengeschichte in *„historiae morborum in nosoc. S. S. trinitatis conscriptae"* bezeichnend, welche sich gedruckt findet in Rat. med. Pars V (Hist. morbi XXXVII). Im Journal über diesen Fall, welcher freilich vom Jahre 1776 datiert, also vom Anfang seiner klinischen Laufbahn, und bei welchem er ohne weiteres seine gewöhnliche Diagnose *„Pleuritis biliosa"* stellt, notiert er am 6ten Tage nach Aufnahme des Kranken: *„credo adesse Empyema"*; es ist dies aber nur eine hippokratische Inspirationsdiagnose, ohne Andeutung einer näheren Untersuchung. Am folgenden Tage nun motiviert er seine Ansicht im Journal dadurch, dass der Urin *„viridi colore"* erscheint — und diese Farbe hat er bei einem andern Patienten gesehen, der am Empyem verstorben war. Das ist nach dem Muster der guten alten hippokratischen Schule!

Der Grundzug in Stolls Hippokratismus ist wenigstens zum Teil eine gewisse Anhänglichkeit an das Alte, und hiermit übereinstimmend ermahnt er häufig seine Schüler in erster Linie sich in das Studium der Antike und des Griechentums zu vertiefen. Der angefangenen Entwicklung der Klinik in exacter Richtung, wie sie unter Boerhaave und zumal unter de Haen begonnen hatte, bleibt er fortgesetzt verhältnismässig fern.

Bezeichnend in dieser Hinsicht ist der Umstand, dass er, obwohl Schüler de Haens, niemals eine exacte Temperatur- oder Pulsmessung anwendet, sondern in seinen Krankengeschichten stets nur in unbestimmten Ausdrücken von *„Calor naturalis"*, *„Calor vix major"*, *„Calores magni carnium"*, *„Pulsus celer"*, *„Pulsus minus celer"* etc. spricht. Nur in einer Richtung zeigte er rühmenswerte, exacte Tendenzen, nämlich in der Anwendung meteorologischer Barometer- und Thermometerbeobachtungen, wodurch er wie schon oben gesagt die wichtigen ätiologischen Verhältnisse der epidemischen Krankheiten aufzuklären hoffte. Sein altmodischer Hippokratismus, sowie auch seine ausgesprochene Neigung feste Lehrsätze zu formulieren, tritt ebenfalls zu Tage in der Anweisung zur methodischen Krankenuntersuchung, die er nach Boerhaaves Beispiel herausgegeben hat: *"De methodo examinandi aegros"* (Ratio med. T. VI). Er lehnt sich hierin vornehmlich an das Antike und an die alten Hippokratiker Duretus und Ballonius an, übrigens auch an den genialen Baglivi, Italiens Hippokrates. Zunächst unterscheidet er zwischen 1) *modus instituendi anamnesin* und 2) *modus praesentem statum aegri examinandi*. Das Erstere ist besonders wichtig, und dazu gehört unter anderem genaues Fragen, welche Krankheiten früher durchgemacht und wie dieselben verlaufen sind (*"sanati vel a medico vel ab alio artis non perito"*). Darauf folgt die Frage, wie die jetzige Krankheit begann, und hier hebt er wie Hippokrates und Boerhaave hervor, dass man nicht unnötigerweise den Kranken in seinem Berichte stören darf. Darnach soll die Untersuchung der *actiones vitales, animales et naturales* folgen, und hier kommen mehrere wichtige Momente in Betracht, die nicht *"ex vana speculatione desumpta, sed experimento quotidiano confirmata"* sind. Zunächst muss mit Rücksicht auf die wichtige Bewegung des Herzens und der Arterien bemerkt werden: 1) der Puls kann sehr täuschend sein je nach Alter, Geschlecht, Temperament, Gemütszustand, und hieraus resultiert folgender Satz (*"Canon practicus"*): *"numquam indicatio formanda est ex solo pulsu."* 2) der Puls darf nicht gleich nach der Ankunft des Arztes untersucht werden, da der Kranke dann aufgeregt ist. 3) Bei Kindern täuscht der

Puls am leichtesten, daher folgender *canon practicus:* „*Pulsum puerorum prorsus nihil conferre ad morbi cognitionem.*" 4) Bei Greisen gilt etwas ähnliches, daher *alius canon:* „*quod pulsum senum utut inordinatus is fuerit, terrere medicum non debeat, si caetera bona sunt.*" 5) Bei Lungenkrankheiten kann der Puls ebenfalls leicht irreleiten, während die Respiration weit sichrere diagnostische und prognostische Zeichen giebt. 6) Nicht jeder beschleunigte Puls zeigt Fieber an, es muss auch zugleich *calor praeternaturalis*, „*quem aeger ipsemet sentit*" vorhanden sein. 7) Aber auch die Hitze ist kein sicheres Symptom, sie ist, wie Celsus sagt, eine „*res fallax*", indem Hitze aus verschiedenen anderen Ursachen als Fieber entstehen kann. 8) Bei Magenschmerzen und Krankheiten des Magens ist der Puls stets klein und schlecht.

Die Respiration ist „*magnum in dijudicando et praejudicando momentum*"; Hippokrates legte viel mehr Gewicht auf diese als auf den Puls. Freie Respiration ist ein günstiges Zeichen bei acuten Krankheiten. Häufige und oberflächliche Respiration ist ein Symptom von Entzündung über dem *septum transversum*, eine tiefe und verlangsamte Respiration deutet auf Delirien.

Darnach fragt man, ob Schmerzen vorhanden sind und untersucht dieselben näher, ob sie brennend, stechend, drückend, kontinuirlich, periodisch etc. sind. Hier wird bemerkt: nicht jeder Schmerz unterhalb des septum transversum, der durch Berührung vermehrt wird, ist entzündlicher Natur, und daher keine hinreichende Indication zur Venaesection. Darnach geht man über zur Beobachtung der *sensus externi et interni, corporis habitus, actiones naturales*. Hier muss man besonders Rücksicht nehmen auf die Augen, Gesichtsfarbe, die Zunge, den Mund, den Appetit, die Hypochondrien, Cardia, Unterleib,

Stuhlgang, Urin und andere Excrete. Bei acuten Krankheiten bieten die Augen besonders wichtige Symptome dar, was Hippokrates sehr hervorgehoben hat. Auch Baglivi, „dieser grosser Forscher, den die Vorliebe für Hypothesen niemals auf Abwege führte, welcher seine ganze Kraft der Beobachtung widmete, den aber leider ein zu früher Tod der Wissenschaft entriss", sagt: „Gehe niemals fort von einem Kranken, der an einer acuten oder entzündlichen Krankheit leidet, ohne die Augen untersucht zu haben!" Der Arzt soll auch seine Aufmerksamkeit auf das Gesicht und die Farbe desselben richten, was mit dem übereinstimmt, was in verschiedenen hippokratischen Aphorismen ausgedrückt wird. Eine floride Gesichtsfarbe deutet auf Suppuration der Lungen. Die Untersuchung der Zunge ist sehr wichtig, so wichtig, dass der Arzt viel eher alle anderen diagnostischen Merkzeichen entbehren kann als dieses. „*Ob nexum et partium continuitatem*" giebt sie sicher den Zustand der Verdauungswege wie auch der Luftröhre an. Hippokrates war in keinem Punkt so genau wie bei der Beschreibung der Zunge mit ihren Abnormitäten. Auch den Zustand der Zähne muss man beachten, darauf den Intestinal-tractus, besonders das Verhalten des Appetits. Endlich müssen die Hypochondrien untersucht werden, welche uns Aufschluss geben über den Zustand des Verdauungscanals wie auch über den Zustand der beiden daselbst liegenden Organe, der Leber und der Milz. Die Alten waren sehr genau in dieser Untersuchung. Beide Hypochondrien sollen im gesunden Zustande weich und schmerzlos sein, beide bei der Betastung dasselbe Gefühl darbieten. Der Urin und der Stuhlgang können bisweilen von grosser Wichtigkeit für die Erkennung einer Krankheit sein. Aber hier trennt er sich scharf von den „*Pseudomedici*", welche alle Zeichen aus dem Urin entnehmen wollen; es kommt besonders an auf seine Farbe, Menge und Bodensatz. Ein roter und concentrirter Harn ist jedoch nicht immer ein Zeichen einer Entzündung, derselbe kann auch nur eine „*Cachochylia et crudus Apparatus*" in den Verdauungswegen andeuten. Man darf daher auch nicht zur Venaesection allein auf Grund dieses Zeichens schreiten. Denn der Aderlass ist ein eingreifendes Mittel, welches man durchaus nicht „*animi levitate*" anwenden darf, wie es so oft geschieht. Hier muss im Gegenteil „*crudus apparatus*" durch salinische Mittel zur Lösung gebracht werden, um dann durch Emetica oder Purgantia aus dem Körper entfernt zu werden. Aber in allen Fällen, wo zugleich ein beschleunigter Puls, trockne Zunge, Durst und „*cutis aestuans*" vorhanden ist, muss man „*phlogosis humorum*" diagnosticieren und dann ohne Zögern einen Aderlass vornehmen. Auch hierin geht er auf Hippokrates zurück.

Endlich betont er die Wichtigkeit der Führung eines kurzen aber genauen und praecisen Journals, indem man durch Vergleichung mehrerer Krankengeschichten daraus verschiedene nützliche „*canones practici*" wird entnehmen können.

Dieser Leitfaden ist nach seinem Tode herausgegeben und wahrscheinlich erst in seinen spätern Jahren verfasst, wodurch es sich erklärt, dass er dem Aderlass verhältnissmässig viel Platz einräumt. Denn es scheint doch, dass er allmählich erkannt hat, dass seine Lehre von dem Einfluss der Galle in zu hohem Grade generalisiert war, und schon in der Vorrede zum 2ten Band der *Ratio medendi* macht er einen wesentlichen Vorbehalt und protestiert dagegen, für einen weitgehenden Dogmatiker zu gelten. „*Id assero*", sagt er, „*me nulli methodo prae alia quaqunque addictum esse, sed eligere illam, quam anni constitutio eique respondens aegritudo poposcerit; esse idcirco subinde soli sanguinis missioni et antiphlogistico apparatui locum, esse et soli ferme persaepe emetico, esse etiam locum utrique auxiliorum horumce generi non raro."* Es ist also stets die objective Bestimmung der *constitutio epidemica*, die er als Richtschnur seines Handelns betrachtet, und er glaubte nun durch seine fortgesetzten Beobachtungen hierüber zu dem Resultat gekommen zu sein, dass der gastrisch-biliöse Genius nach und nach begonnen habe einem mehr entzündlichen zu weichen. Diesen Schluss zog er zunächst wohl nur *ex juvantibus et nocentibus*. Das unfehlbare tartarus stibiatus fing an zu versagen — eine Erfahrung, die sich übrigens bei allen unfehlbaren Mitteln wiederholt, dass sie nämlich diese Eigenschaft nur wenige Jahre beibehalten — und zu gleicher Zeit begann der verschmähte Aderlass wiederum günstige Wirkung zu zeigen. In seinen späteren Jahren koncentriert er im Ganzen einen nicht geringen Teil seiner klinischen Studien auf entzündliche Krankheiten oder doch auf solche, die er nach seinen Untersuchungen zu den entzündlichen zählt, und die daher Blutentleerung erfordern. Namentlich beschäftigt er sich mit den chronischen Lungenkrankheiten und ganz besonders mit den zur Phtisis führenden Processen, und zwar zu derselben Zeit, wo er selbst anfängt an den Zeichen beginnender Phtisis zu leiden; — wir begegnen hier wiederum dem in unserer Wissenschaft häufigen Phänomen, dass das Specialstudium der Phtise von einem phtisischen Kliniker betrieben wird.

Ein Hauptresultat dieser combinierten klinischen und pathologisch-anatomischen Untersuchungen ist, dass eine *Peripneumonia chronica* die anatomische Grundlage einer Phtisis abgibt, dass dieses Leiden also einen entzündlichen Ursprung hat und folglich Aderlass erfordert. Zeigt sich zugleich Disposition zu Hämoptoë, so ist der

Entzündungszustand besonders in den Vordergrund tretend und wiederholte Aderlässe sind erforderlich. Durch diese Therapie, die er auch an sich selbst ausübte, hat er wahrscheinlich in wesentlichem Grade seine eigene Gesundheit zerrüttet.

Auch den Tuberkeln wendet er mehr Aufmerksamkeit zu als seine hippokratischen Vorgänger und weist ebenfalls durch Sectionen „*Granula alba innumera*" in den Lungen nach. Aber als echter Hippokratiker ist es nicht sowohl die anatomische als die klinische Seite der Tuberculose, die seine Aufmerksamkeit in Anspruch nimmt In seinen „*Aphorismi sive praecepta medendi generalia*", die im Gegensatz zu den Aphorismen Boerhaaves nicht systematisch geordnet, sondern gemischten Inhalts sind und übrigens zum teil nur die Anschauungen älterer Hippokratiker, namentlich Baillous und Baglivis wiedergeben, hebt er die dunkle Pathologie der Lungenkrankheiten und besonders der Tuberculose hervor, indem er auf Aussprüche Willis, eines Schülers von Sylvius sowohl in der Lehre von den Tuberkeln als in der Neurologie, und besonders auf sein hippokratisches Vorbild Baglivi hinweist, der in seiner klassischen Schrift, „*de praxi medica* ausruft: „*O quantum difficile est curare morbos pulmonum! o quanto difficilius eos cognoscere!*" Stoll meint nun in Betreff der Symptomatologie der Tuberculose in den Anfangs-Stadien folgende „*constantiora signa*" aufstellen zu können: „Solche Kranke haben anfangs, während sie im Uebrigen sich wohlbefinden, Beschwerden beim Atmen. Diese Beschwerden nehmen allmählich zu, sie werfen nichts aus, aber fühlen einen fortwährenden Schmerz in der Brust und können nicht auf der schmerzenden Seite liegen. Es besteht fortwährend trockner Husten. Endlich zeigt sich eine begrenzte Rötung der Wangen und Fieberbewegungen stellen sich ein, und indem der Process zur Suppuration übergeht, treten hektische Symptome auf. Es giebt indess zwei pathognomische Zeichen für den cruden und beginnenden Tuberkel, nämlich der trockene Husten und ein leichter Schmerz in dem einen oder anderen Teil der Brust." Berücksichtigt man die frühe Zeit, der dieser kleine Passus seine Entstehung verdankt, so zeugt er hinreichend von einem mit scharfen Blick begabten Kliniker.

Eine reiche Begabung hat Stoll ohne Zweifel besessen, und zwar gerade besonders in der Richtung, in der man traditionell geneigt ist die Kennzeichen eines echten alten Hippokratikers zu suchen: in dem genialen Blick, der glücklichen Inspiration, die aus den Erscheinungen des Krankenbettes ohne besonders eingehende Untersuchung schnell Lehrsätze und heilbringende Kurmethoden zu erfinden vermag. Noch eine andre Eigenschaft, die an den Hippokratiker par exellence geknüpft ist, besass Stoll in hervorragendem Masse, nämlich die ideale Anschauung von dem Berufe des Arztes als eines geweihten und erwählten Dieners der Natur, der sein Amt nur in vollem Umfang ausüben kann, wenn er ausgerüstet ist mit hohen Gaben des Geistes und des Charakters, und für den das „noblesse oblige" ganz besonders gilt. So spricht er sich aus sowohl in den schönen „*Prooemia*" [60]), mit denen er regelmässig seine klinischen Collegien einleitete, als besonders auch in einer abschliessenden Vorlesung, welche den Titel „*de officio medici*" trägt, und die in seinen obenerwähnten „*Praelectiones*" abgedruckt ist. Die Pflichten des Arztes ordnet er hier in folgende vier Kategorieen: *Officium medici 1) erga se ipsum, et artem, quam profitetur; 2) erga aegrotum, et aegroti propinquos; 3) erga reliquos non aegros, praecipue erga collegas;* und schliesslich *4) officium medici se ipsum et suos curantis.*

Einige charakteristische Passus dieser Grundzüge zu einem „Code of Ethics" erlaube ich mir an dieser Stelle in der concisen Originalsprache wiederzugeben:

„*Fungitur medicus gravissimo officio, quia id circa vitam humanam versatur; hinc et nobilissimo et in quo non licet esse mediocrem. Praestat nullam esse artem, quam perversam. Millenis salutem offert.*"

„*Sit etiam bene paratus a natura; hinc non sit velox, audax, leviculus, mutabilis, phantasta, hypotheticus; sed gravis, cogitabundus, cunctabundus, non sit irreligiosus, nemo plus religionis habere tam facile potest, quam medicus.*"

„*Plus prudentiae judiciique requiritur in exercenda medicina, quam doctrinae; sunt, qui non magno judicio pollent, utut caetera perquam docti. Noveris, qui omnes autores a patre Hippocrate ad nos usque numerant, quin bene mederi sciant, si careant judicio practico.*"

„*Medicus in curando nullam faciat distinctionem, quod sedulitatem et attentionem concernit, seu pauperrimum quemdam, seu principem sanet: illi aeque diligenter prospiciat, ac huic; non faciat experimentum in anima vili.*"

„*Numquam derelinquat aegrum, utut deploratum; saltem leniat, saltem conetur lenire dolores, saltem videatur aliquid facere, ubi nihil amplius fieri potest.*"

„*Nullam habeat religionis, quam aeger profitetur, distinctionem: judaeo aegro aeque ac christiano succurrat.*"

„*Nemini det remedia, quem alius tractat. Non facile suscipiat aegrum sanandum, qui sub cura alterius est, nisi dimissus alter sit, et datum sostrum.*

Clam nil faciat. Non damnet aliorum methodum coram aegro, seu bona, seu mala ipsi videatur."

In einem Anhang fügt er noch unter Anderem Folgendes hinzu:

„Medicus cautus sit in morbis virginum, ne gravidam pronuntiet non gravidam: ne gravidae menses moveat, aut graviditatem habeat pro ascite, aut vice versa. Gravidam palliantibus solabitur usque ad tempora partus, aut clam pariendi suggerat consilium, et simul ab abortivis omni modo dehortabitur. Multae sunt et quotidianae deceptiones."

„Cordatus medicus, ubicumque poterit, amice et tamen efficaciter dehortabitur a vita licentiosa, et ejus pravos fructus demonstrabit."

Schliesslich nimmt er mit folgenden Worten Abschied von seinen Schülern:

„Haec habui de officio medico memoranda, strictim solum, et summa solum rerum capita attingendo. Cursui scholastico hic finem imponimus, ut resumptis et animi et corporis viribus aut nostra studia denuo sequenti anno persequamini, aut vero, postquam tot annorum labores tanta patientia et contentione exantlastis, eorum promeritos nunc fructus capiatis. Id oro, atque enixe flagito, ut quem hucusque vestrorum commodorum studiosissimum habuistis, eundem porro favore vestro non destituatis."

Wir haben uns nun soviel mit Stoll beschäftigt, dass der Leser hoffentlich einen Eindruck von seiner Persönlichkeit sowohl als Mensch wie als Kliniker gewonnen hat, und zwar den Eindruck des Liebenswürdigen, des Sympathischen. Auch sein äusseres Leben zeugt davon, dass diese Eigenschaften in hervorragendem Grade vorhanden gewesen sind und dazu beigetragen haben ihm die glänzende Laufbahn zu ebnen. Nachdem er mit einiger Schwierigkeit und Mühe aus dem Jesuiten-Orden ausgetreten (1767) und im Alter von ungefähr 26 Jahren in de Haens Klinik gelandet war, bietet er das Bild eines Aladdin dar, über den das Glück in reichster Fülle seine Gaben ausschüttet. Die ersten Sporen verdiente er sich als Physicus in Ungarn, von wo er 1774 nach Wien zurückkehrte, nachdem er am malignen Fieber dem Tode nahe gewesen war. Schnell erwirbt der junge Mann eine grosse Praxis in der Kaiserstadt, kommt in grosse Gunst bei den Autoritäten und verlobt sich mit der Tochter eines der vornehmsten und einflussreichsten Aerzte Wiens, Molitor Edler von Mühlfeld, durch dessen Hülfe er schon 1775 zum Arzt am Dreifaltigkeits-Hospital und kurz darauf zum Vicar des kranken de Haen ernannt wird. Nach dessen bald darauf erfolgtem Tode erhält Stoll im Alter von 34 Jahren ohne sich irgend welchen wissenschaftlichen Namen erworben zu haben die hervorragende Stellung als klinischer Professor an der Wiener Universität. Zugleich übernimmt er die Stellung unter den nach allen Seiten hin günstigsten Verhältnissen.

Der Mann, welcher ihm zu seiner Anstellung verholfen hatte und sein nächster Vorgesetzter war, war jener wegen seiner experimental-pharmakologischen Untersuchungen schon im Capitel über de Haen besprochene Anton von Störck (1731—1803), der arm und aus niederem Stande hervorgegangen schnell eine glänzende Carrière gemacht hatte und in seinen bedrängten Verhältnissen grade von Stolls Schwiegervater gestützt worden war, sowie auch von van Swieten, der ihm zu der Anstellung als Hofmedicus verhalf und kurz darauf ihn zu seinem Gehülfen in der Leitung des Medicinalwesens ernannte. Bei van Swietens Tode 1774 ging die ganze Leitung der Angelegenheiten der medicinischen Facultät in die Hände Störcks über, und dieser setzte die Reformbestrebungen seines Vorgängers mit grossem Eifer und mit Einsicht fort. Ein verbesserter Studienplan wurde herausgegeben, der auch dem klinischen Unterricht zu Gute kam und namentlich veranlasste, dass die Klinik in bessere und zweckentsprechendere Räumlichkeiten verlegt wurde; alle diese Verbesserungen wurden ins Werk gesetzt unter Mitwirkung des jungen neuernannten klinischen Professors, zu dem Störck im freundschaftlichsten Verhältnis stand. So erhielt Stoll nicht nur die Professur, sondern zugleich wurde auch der ganze äussere Apparat der Klinik in der befriedigendsten Weise verbessert und in dem besten Krankenhause Wiens untergebracht, welches den Namen „*Unirtes Spital*" führte, indem es hervorgegangen war aus der Vereinigung des spanischen Krankenhauses mit dem „Dreifaltigkeits-Hospital". Jenes, welches in der Waisenhausgasse gelegen war, hatte seinen Namen daher, dass es ursprünglich für die verschiedenen fremden Nationen eingerichtet war, die zahlreich vertreten waren in der Hauptstadt des grossen Kaiserreiches und unter welchen wiederum die Spanier am zahlreichsten waren. Dieses Krankenhaus verfügte über ausgezeichnete und zahlreiche Räume, und daher wurden die Patienten vom Dreifaltigkeits-Hospital hierher verlegt; dieses hatte sich aus einer poliklinischen Anstalt entwickelt, die von einem gewissen Billioth, dem Leibarzt des Kaiser Leopold I, durch Testament gegründet war. Das ganze „Unirte Spital" wird übrigens im Lateinischen wenigstens von Stoll auch fernerhin stets „*Nosocomium S. S. Trinitatis*" genannt, vermuthlich des Wohlklangs wegen. Hier richtete Stoll also seine Klinik ein, und er hatte dadurch den grossen Vorteil, dass er nicht wie de Haen gezwungen war dieselbe mit Material aus der Stadt oder aus der auch ferner mit dem Krankenhaus verbundenen Poliklinik zu versehen, sondern dass er frei über alle zur klinischen Demonstration geeigneten Kranken des grossen Spitals disponieren konnte, das mehr als 200 Krankenbetten hatte, wie er denn auch fernerhin mit der Leitung der Klinik die Stellung eines leitenden Arztes einer der Abteilungen des Hospitals verband.

Während einer Reihe von Jahren bekleidete Stoll eine Stellung in Wien, die in vollstem Maasse beneidenswert genannt werden muss, wenn man überhaupt jemals die Stellung eines Mannes so nennen kann. In ungewöhnlich jungen Jahren auf einen besonders bedeutenden Lehrstuhl berufen, in jeder Hinsicht begünstigt von seinen Vorgesetzten, in steigendem Maasse bewundert von allen seinen Schülern, die bald von Nah und Fern herbeiströmten und den Ruhm seines Namens in alle europäischen Länder trugen, geliebt, ja vergöttert von seinen Patienten, und zwar nicht weniger von den Armen seines Hospitals, denen er ausserordentliche Sorgfalt widmete, als von den Patienten seiner grossen vornehmen Praxis — so stand Maximilian Stoll da. Schon das auffallend pompöse Titelbild des ersten Bandes seines Hauptwerkes, der *Ratio medendi*, veröffentlicht 1777, legt Zeugnis ab von seiner frühen Popularität, indem ein dankbarer Künstler, namens March, dazu eine Büste von ihm geschnitzt hat, auf deren Sockel man die stolze Inschrift lesen kann, dass es ein Erinnerungszeichen ewiger Dankbarkeit sei von einem Manne, der Stoll Alles verdanke, also nicht nur die Wiedergewinnung seiner Gesundheit. Für unsere Anschauung hat es unleugbar etwas Auffallendes, dass der junge Kliniker sein erstes geistiges Produkt mit einer eigenen Apotheose einleitet. Wahrhaft bescheiden ist es jedenfalls nicht, und es ist wohl möglich, dass er durch sein grosses Glück etwas schwindlig geworden ist.

Aber auch Stoll sollte in vollem Maasse die Unbeständigkeit des Glücks erfahren. Kaiser Joseph II, der nach dem Tode seiner Mutter 1780 Alleinherrscher wurde, scheint bald, es ist ungewiss aus welchem Grunde, dahingekommen zu sein, Stoll mit weniger sympathischen Augen zu betrachten. Doch dürfte es wahrscheinlich sein, dass der Kaiser in dieser Hinsicht unter dem Einfluss seines Leibarztes Joseph Quarin (1734—1814) stand, eines energischen und ehrgeizigen Mannes, der nicht ruhig den gewaltigen Triumphen des jungen Stoll zusehen konnte, und der wahrscheinlich selbst wünschte dessen Platz einzunehmen. Jedenfalls hatte Quarin, selbst der Sohn eines Professors der Medicin, sich beständig bestrebt, sich als Docent geltend zu machen, hatte früh Vorlesungen über theoretische Medicin gehalten und später als Arzt am Hospital der barmherzigen Brüder privatim einen klinischen Unterricht eingerichtet, der in eine gewisse Konkurrenz mit dem de Haens trat. Wir werden auch sehen, dass er bald seine Stellung als Leibarzt benutzte, um sich Geltung bei der Ordnung der medicinischen Verhältnisse zu verschaffen und dass er hierbei feindlich gegen Stoll auftrat. Aber auch eine andere Erklärung der Misstimmung des Kaisers dürfte nicht allzufern liegen. Der so liebenswürdige und einnehmende Professor scheint sehr schnell in hohem Grade von seiner Privatpraxis absorbiert worden zu sein, und es ist kaum anders möglich, als dass diese Thätigkeit nach und nach mit der Ausübung seines Amtes, das für ihn wie für de Haen Hauptsache sein sollte, collidieren musste. Jedenfalls ersieht man, dass er nicht wie de Haen fortfuhr seiner Verpflichtung, jährlich seine klinischen Mittheilungen und Vorlesungen herauszugeben, nachkam. Nur die drei ersten Bände erschienen recht pünktlich, der dritte, seinem Vorgesetzten und Protector von Störck in überströmenden Ausdrücken der Dankbarkeit und Verehrung gewidmete, erschien 1780. Darnach veröffentlicht er gar keine Jahresberichte mehr, und erst zwei Jahre nach seinem frühen Tode (1787) wird der 4te und 5te Band derselben von seinem Schüler Eyerel herausgegeben, der sich seines litterarischen Nachlasses annahm. Für Kaiser Joseph, der nur der äussersten und selbstaufopferndsten Erfüllung aller Pflichten lebte, musste diese Nachlässigkeit ein Stein des Anstosses werden, und bald darauf gerieth er geradezu in Collision mit einem der vielen grossen und eiligen Reformpläne des Kaisers — in einem Punkte, in dem der leicht erregte und eigenmächtige Herrscher keinen Widerspruch duldete.

Dieser Plan ging darauf aus all die zahlreichen kleineren Krankenhäuser Wiens zu einem grossen Central-Hospital zu verschmelzen — was wiederum nur ein Glied in der durchgreifenden Reform des gesammten Armenwesens in Wien sein sollte [61]. Als Platz für ein solch riesiges Central-Hospital hatte der Kaiser selbst das damalige „Gross-Armenhaus" in der Alsergasse ausersehen, eine weitläufige Anstalt, welche mit ihren zerstreuten Gebäuden als Aufenthaltsort für eine grosse Menge Armer verschiedener Kategorie, für unbemittelte Studenten und Invaliden diente. Schon van Swieten hatte daran gedacht die Universitätsklinik in eins dieser Locale zu verlegen. Mit seinem rücksichtslosen Eifer betrieb der Kaiser die Ausführung dieses Planes, tadelte die ernannte Commission in einem Handschreiben in den schärfsten Ausdrücken, weil die Sache nicht schnell genug gefördert wurde, und arbeitete schliesslich selbst die allgemeinen Pläne aus, wie er denn auch im Jahre 1782 die Aufforderung an hervorragende Aerzte Wiens richtete, Vorschläge zu der Umänderung des Armenhauses in ein Krankenhaus einzusenden — der Verfasser des besten Vorschlags erhielt die Aussicht auf die Stellung als Generaldirector des Krankenhauses.

Stoll reichte einen Vorschlag ein, der nach seinem Tode veröffentlicht wurde [62]), und dessen Auffassung die Centralisationspläne des Kaisers direct kreuzte. In dieser übrigens recht bedeutenden Arbeit hebt Stoll nämlich sehr die Gefahren, besonders mit Rücksicht auf den Hospitalsbrand, hervor, die mit den grossen Krankenhäusern verknüpft sind, und weist besonders hin auf die entsetzlichen Verhältnisse in den grossen Pariser Krankenhäusern, namentlich im Hôtel Dieu, und er zieht daher unbedingt die kleineren Krankenhäuser vor. Indem er im übrigen aufs wärmste die Sache der Klinik vertritt, billigt er insofern den Plan des Kaisers, als er den Vorschlag macht, auf dem Grund und Boden des Armenhauses eine Anzahl selbständiger Krankenhaus-Abteilungen nahe bei einander zu errichten. Aber dies befriedigte nicht den Herrscher, der einen von seinem Leibarzt Quarin vorgelegten Plan sanktionierte und diesen zum Director des Hospitals ernannte, welches 1784 mit Platz für 2000 Kranke eröffnet wurde; es wurden also alle Kranken von den übrigen Krankenhäusern, also auch vom „Unirten Spital", wo die Klinik installiert war, gemäss dem Willen des Kaisers dorthin verlegt — nach demselben Ort, wo wir noch heutigen Tags das enorme „Allgemeine Krankenhaus" vorfinden, das folglich 1884 sein 100jähriges Stiftungsfest feiern konnte [61]).

Nun folgten bittre Tage für Stoll, und der sonst so verwöhnte Kliniker hatte nicht die nötige Widerstandskraft. Es blieb nicht bei der ersten grossen Kränkung, bei der Wahl eines Krankenhausdirectors übergangen zu sein. Sein neuer Vorgesetzter scheint es darauf angelegt zu haben auf jede Weise unangenehm gegen ihn zu sein und ihn fühlen zu lassen, dass er der Untergebene sei. Nicht einmal auf die ganze Einrichtung der neuen medicinischen Klinik im „Allgemeinen Krankenhaus" konnte Stoll seinen Einfluss geltend machen. Man wies ihm links im vordersten Hof des Krankenhauses (vom Eingang von der Alsergasse) im ersten Stock eines kleinen vereinzelt liegenden zweistöckigen Gebäudes Platz an, während die untere Etage von der Wohnung und Menage des 1sten „*Traineurs*" ausgefüllt wurde.

Es wurden zwei Krankensäle eingerichtet, getrennt durch einen dunkeln Gang, der eine für Männer, der andere für Frauen, ganz nach dem traditionellen Leydener Schema, mit 6 Betten in jedem Saal, und getrennt davon durch den Treppengang befand sich das Auditorium, wo grössere klinische Vorträge gehalten werden sollten. Anschliessend an seine Krankensäle wurden am Ende des Gebäudes zwei kleinere Säle mit dazwischenliegendem Operationszimmer für die chirurgische Klinik eingerichtet. Peter Frank[63]), der kurz darauf die Klinik besuchte, bezeugt, dass diese Räume äusserst schlecht und unzweckmässig waren. Man wollte Stoll nicht einmal ein passendes Sectionszimmer einräumen, und was das Material für seine Klinik betraf, so hatte er allerdings formell das Recht dieses aus den verschiedenen Abteilungen des Krankenhauses zu requirieren, aber dieser Berechtigung wurden soviele Einschränkungen und hemmende Bedingungen angehängt, und er wurde überhaupt so untergeordnet gestellt, dass seine Klinik danach allmählich gleich wie er selbst, bei dem ein phtisisches Leiden sich zu zeigen begann, dahinsiechte. Rheumatische Fieberanfälle traten hinzu und schwächten in steigendem Masse seinen Gesundheitszustand, der nie stark gewesen und durch seine äusserst anstrengende Praxis angegriffen war. Er starb plötzlich im Mai 1787, kaum 45 Jahre alt an einer acuten Gehirnaffection.

Sämtliche Einwohner Wiens und, wie es scheint, der Kaiser selbst, trauerten tief über seinen frühen Tod. Man sah jetzt ein, was man an ihm verloren hatte: einen

Mann, der der Stolz und die Ehre der Universität gewesen war, einen Mann, dessen Name überall im hellen Ruhmesglanze strahlte, soweit medicinische Wissenschaft getrieben wurde, einen Mann, der mit seiner ganzen Persönlichkeit das Bild hoher, edler Menschlichkeit darbot. Seine zahlreichen klinischen Aufzeichnungen und Jahresberichte wurden von seinem Schüler Eyerel gesammelt und herausgegeben; auf diese Weise kamen noch mehrere neue Bände seiner *Ratio medendi*, seiner *Praelectiones* und der berühmten „*Aphorismi de cognoscendis et curandis febribus*" heraus, wozu Eyerel noch einige ausführliche Commentare hinzufügte.

IV. Peter Frank.

In de Haen und Stoll haben wir die Bekanntschaft zweier Kliniker gemacht, die beide Vollblut-Hippokratiker sind, im Uebrigen aber von so verschiedenem Typus, dass sie in ihrer ganzen klinischen Persönlichkeit und Wirkungsweise, in gewissen Beziehungen wenigstens, fast diametral entgegengesetzte Standpunkte repräsentieren. Und zeigt es sich also schon bei der Betrachtung dieser beiden Kliniker, dass der hippokratische Gesichtspunkt so individuell dehnbar und liberal ist, dass er einen sehr grossen Spielraum innerhalb seines Rahmens frei lässt, so werden wir noch deutlicher bei näherer Bekanntschaft mit einem dritten hervorragenden Hippokratiker der Wiener Schule, Johann Peter Frank, erkennen, dass die Schattierungen noch andere von den vorigen wesentlich verschiedene Formen annehmen können. Frank repräsentiert einen von diesen sehr verschiedenen Typus, und zwar einen Typus, der sich stark geltend macht und machen muss gerade zu der Zeit, wo er Leiter der Klinik ist, in der letzten Periode des alten Hippokratismus, wo die neuen, von anderer Stelle herkommenden Bewegungen so mächtig werden, dass sie allmählich mehr und mehr die ehrwürdigen Axiome des traditionellen Hippokratismus unterminieren, und ein Compromiss zwischen den verschiedenen Standpunkten daher immer dringender erforderlich war.

Schon der ganze Ausbildungsgang Franks muss ihn zu einem von der Tradition abweichenden, selbständigen Standpunkt führen. Er ist auf ganz andere Weise Kliniker geworden wie alle früheren, mit denen wir uns beschäftigt haben. Diese repräsentieren nicht nur eine continuirliche Entwicklung, sondern haben alle ihren Hippokratismus direkt von einem Vorgänger als Erbe übernommen; sie bilden alle eine fortlaufende, über anderthalb Jahrhunderte umfassende Reihe von Lehrern und Schülern, die dann wieder ihrerseits Lehrer werden. Von van Heurne an bis Stoll besteht, wie wir gesehen haben, ein solcher Zusammenhang. Frank dagegen wird Kliniker durchaus unabhängig von diesem klinisch-dynastischem Hause, das nach Stolls Tode zum ersten Mal in diesem ganzen langen Zeitraum keinen legitimen Thronfolger hat. Er ist seinen eigenen Weg gegangen und steht da als ein „selfmade man", als er auf den ledigen Thron in der österreichischen Weltstadt berufen wird, nachdem er erst mit Glanz an kleineren Universitäten residiert hat.

Frank wurde geboren im Jahre 1745 zu Rotalben in Baden nahe der französische Grenze und es wurde schon durch seinen halb deutschen halb französischen Geburtsort ein Grund gelegt zu seiner kosmopolitischen Vielseitigkeit und Vorurteilslosigkeit, die später stets ihn und seinen Lebenslauf charakterisierte. Obgleich geborener Deutscher besuchte er auch als junger Student eine französische Universität in dem naheliegenden Pont-à-Mousson. Wie der holländische Hippokratiker Boerhaave studierte er zuerst Theologie, und er glich diesem ebenfalls in einer eifrigen und anhaltenden Neigung zur Musik. Als endlich die Medicin sein Ziel geworden war, ging er nach Heidelberg, wo die medicinische Facultät angesehene und tüchtige Lehrer besass, namentlich Gattenhof und Overkamp. Beide waren jedoch nur Theoretiker, ohne Sinn für die Bedeutung des klinischen Unterrichts. Um einen solchen zu erhalten, zog er wiederum auf eine französische Universität, nach Strassburg, wo ausser dem berühmten zum klinischen Unterricht der Aerzte benutzten Gebärhause zwei grössere Hospitäler vorhanden waren; dagegen versprach er sich und gewann auch keinen Nutzen von den Vorlesungen über Pathologie und Therapie bei dem damaligen ersten medicinischen Professor Spielmann, der, wie Frank[64] sagt, „nie einen Kranken gesehen hatte" — wohl aber ein tüchtiger Chemiker war, der als solcher auch lobend von Goethe[65] hervorgehoben wird, der ungefähr zur selben Zeit in Strassburg studierte. Aber auch in den Krankenhäusern fand er nicht, was er suchte, und ich habe schon früher erwähnt, wie fransösische Militärärzte am Krankenbette auftraten. Er ging daher bald nach Heidelberg zurück, wo er mit Glanz promovierte und zugleich die erste Idee zu seinem umfassenden, weltberühmten Litteraturwerk, „System einer medicinischen Polizey" empfing.

Er begann nun sofort mit Eifer in der Nähe seines Heimatsortes in Bitsch zu prakticieren, da er früh verlobt worden war und danach strebte sich zu verheiraten. Da seine schnell wachsende Praxis indess über die Grenze ging, musste er sich einem neuen Examen in Pont-à-Mousson unterwerfen. Kurz darauf wurde er Hofmedicus in Rastatt und hatte stets viel Glück mit seinen Kuren. Inzwischen verlor er nach 11monatlicher Ehe seine junge Frau am Wochenbettfieber und bald darauf sein zartes

Kind an den Pocken. Er schildert in seiner Selbstbiographie seinen Kummer als durchaus überwältigend, heiratete aber kurze Zeit darauf aufs Neue. Ein so elastischer und energischer Geist liess sich vom Kummer nicht niederdrücken. Bald darauf wurde er vom Fürstbischof von Speyer als Physicus in Bruchsal angestellt und avancierte schnell zum Leibarzt des Bischofs. In dieser Stellung gab er den ersten hervorragenden Beweis seiner ausserordentlichen Schaffenskraft und des Organisationstalentes, das ihn später stets besonders auszeichnete. Er veranlasste, dass nach dem Muster Strassburgs, wohl auch nach der alten Unterrichtsinstitution im Hôtel-Dieu (Frankreich war in dieser Beziehung voraus) eine Hebammenschule errichtet wurde, wo er selbst Vorsteher und Lehrer war; er setzte ebenfalls die Gründung eines Hospitals durch, in welchem er in Verbindung mit einem Chirurgen Vorlesungskurse organisierte zur Ausbildung chirurgischer Aerzte, und womit er ferner die Anlage eines pathologischen Museums verband, in welches er auch Präparate von Thieren, sowie eine medicinische Bibliothek aufnahm.

Während seiner Thätigkeit in Bruchsal publicierte er auch den ersten Band seiner „medicinischen Polizey", dieses gigantischen Werkes, in welchem er ausführlich alle hygieinischen Fragen behandelt, namentlich solche von socialem Interesse. Ohne Scheu sagt er seine Meinung, ob sie auch noch so sehr mit den herrschenden Anschauungen der Gesellschaft collidiert. Dies war gerade im ersten Bande der Fall mit einem kräftigen Ausspruch gegen das Coelibat, wodurch er als Leibarzt eines katholischen Praelaten in ernstliche Verlegenheiten kam. Aber obgleich sogar der Pabst selbst durch einen Nuntius forderte, dass man ernstlich gegen den dreisten Leibarzt vorgehen solle, liess dieser, obwohl selbst Katholik, sich doch nicht beugen, und der Fürstbischof musste die Sache fallen lassen. In den folgenden Jahren folgten Schlag auf Schlag neue umfassende Bände des Werkes.

Inzwischen begannen auch die Universitäten auf diese bemerkenswerte und originelle Kraft aufmerksam zu werden, und gleichzeitig (1784) erhielt Frank einen Ruf als klinischer Professor nach Pavia, wo Tissot abgehen wollte, und nach Göttingen, wo Baldinger Leibarzt bei dem Landgrafen von Hessen geworden war. Obwohl Pavia die besten Bedingungen bot — es war Stoll, der die Berufung veranlasste — wählte Frank doch Göttingen, weil er es für eine besondere Ehre ansah, als Katholik an eine protestantische Universität berufen zu werden, und weil hier eine ausgezeichnete Bibliothek war. Mit seinem reformatorischen Eifer ging er auch hier zu Werke, aber seine Gesundheit begann unter dem ungewohnten Klima zu leiden, und die Verhältnisse sagten ihm nicht zu. Er hatte gehofft, man würde ihm eine stationäre Klinik einrichten, musste sich aber mit einer Poliklinik begnügen, indem er zwei mal täglich mit seinen Schülern herumwanderte „in den zerstreuten Hütten der Armen". Dies wurde ihm zu beschwerlich, und schon 1785 gab er wiederum seine Stellung auf und nahm die andere noch immer vacante Professur in Pavia an. Den Weg hierher nahm er über Wien, wo er damals die persönliche Bekanntschaft Stolls sowie auch Kaiser Josephs machte und Gelegenheit hatte das neue „Allgemeine Krankenhaus" zu besehen, dessen Director er einige Jahre später werden sollte.

In Pavia kommt erst Franks grosse reformatorische und organisatorische Kraft zur vollen Entfaltung. Die dortige Klinik var 14 Jahre vorher von Borsieri de Kanifeld (1725—1785), einem Schüler Morgagnis, gegründet worden, scheint aber weder unter ihm noch seinem Nachfolger Tissot (1728—1797), der wohl hauptsächlich seiner umfassenden schriftstellerischen Thätigkeit und besonders seinen popularisierenden Bestrebungen lebte, zu einer vollen Entwicklung gekommen zu sein. Das dortige Hospital, in welchem die Klinik untergebracht war, hatte äusserst schlechte und überfüllte Räumlichkeiten, und bösartige Fieberkrankheiten rissen eine grosse Anzahl Patienten dahin. Diese Beschwerden beseitigte Frank schnell mit der freigebigen Unterstützung Kaiser Josephs, und als er kurz darauf zugleich zum Director des Hospitals ernannt wurde, erhielt er Gelegenheit beständig gründlichere Verbesserungen durchzuführen. Im Anschluss an den schon von Tissot erbauten klinischen Frauensaal liess er einen ähnlichen Männersaal mit Platz für 10 Patienten bauen. Von besonderer Bedeutung war ein neuer, erweiterter Studienplan, den er auf Befehl des Kaisers ausarbeitete, und der schnell in Kraft trat. Die bisher unverhältnismässig langen Universitätsferien wurden eingeschränkt, mehrere neue Lehrstühle — für allgemeine und vergleichende Anatomie, für Physiologie, für chirurgische Klinik — wurden errichtet. Eine Normalapotheke wurde eingerichtet, um praktische Ausbildung in der Pharmacie zu schaffen, und an der Klinik wurde ein Chemiker angestellt, der alle vorfallenden Untersuchungen der kranken Säfte und dergleichen vornehmen sollte. Auch eine neue Hospitalspharmacopoe wurde von Frank ausgearbeitet, zunächst, um zu sparen und auf vernünftigere Weise etwas von der ungeheuren Summe anzuwenden, welche bei all den polypharmaceutischen Recepten daraufging. Die chirurgischen Kranken, die bisher vermischt mit den medicinischen auf den Krankenstuben lagen (was damals noch an den meisten Orten der Fall war, indem der medicinische Arzt als vorgesetzter Arzt auch für die chirurgischen Kranken betrachtet wurde) schied Frank aus zu einem eigenen in neuen Räumen installierten Service, das dem neuernannten chirurgischen Kliniker, dem berühmten Scarpa, unterstellt wurde.

Durch den grossen Einfluss, den Frank schnell bei dem Kaiser und den Autoritäten der Regierung sich erwarb, glückte es ihm ferner allmählich das ganze Hospital in nahe Verbindung mit der Universität zu bringen und es in Wirklichkeit unmerklich in ein akademisches Hospital umzuwandeln, indem er bei Vakanzen unter den Hospitalsärzten dafür sorgte, dass ein Mitglied der Facultät angestellt wurde, und umgekehrt setzte er es durch, dass einige tüchtige Hospitalsärzte zugleich zu Universitätsprofessoren ernannt wurden. Hierdurch erreichte er, dass nicht nur die klinischen Säle, sondern auch nach und nach die meisten anderen Krankensäle im Hospital von den Studierenden besucht und zum Besten ihrer Ausbildung verwendet werden konnten. Die pathologische Anatomie, die stets Gegenstand seines Interesses war, förderte er durch Errichtung eines pathologischen Museums, für welches Präparate nicht nur von der Klinik und dem Hospital, sondern von allen lombardischen Aerzten gesammelt wurden. Er setzte es ferner durch, dass ein ganz neues, grosses und gut eingerichtetes Hospital auf gewisse Weise mit der Klinik verbunden wurde, indem er veranlasste, dass in dem benachbarten Mailand ein *Clinicum* unter Leitung seines tüchtigen Schülers Locatelly errichtet wurde. Hierdurch wurde der grosse Vorteil für die Schüler gewonnen, dass dieselben, soweit sie in den Universitätsferien nicht nach Hause reisen wollten, auf fruchtbare Weise diese Zeit zu einem Aufenthalt in Mailand benutzen konnten. Alles dieses erreichte Frank in wenig Jahren.

Aber seine Thätigkeit nahm einen weit umfassenderen Charakter an, als er schon 1786 zum Protophysicus und Generaldirector des gesammten Medicinalwesens der Lombardei und Mantuas ernannt wurde. Er unternahm nun grosse Amtsreisen und machte sich verdient durch verschiedene Reformen, namentlich der Krankenhäuser, des Apotheker- und Hebammenwesens. Sein Plan zur Errichtung einer Gebäranstalt mit Hebammenschule in Mailand stiess auf bedeutende Schwierigkeiten, die er indess durch resolute Benutzung eines gerade vorfallenden Geburtsfalles beseitigte, worüber er in seiner Selbstbiographie berichtet. Eine unkundige Hebamme hatte den Tod von Mutter und Kind durch Extractionsversuche mit einem Holzhaken veranlasst, der sich bei näherer Besichtigung als der Stiel eines grossen Kochlöffels darstellte. Diesen schickte er noch voller Blutflecke an die Regierung in Mailand begleitet von einem energischen Schreiben, und das half, wenn auch sein Plan nicht zur vollen Ausführung kam.

Im Jahre 1788 beschloss die Republik Genua in dem prächtigen Hospital der Hauptstadt eine Klinik einzurichten und erbat sich hierzu den Beistand Franks. Er arbeitete nun auf Grund der neueingeführten Ordnung in Pavia einen Plan aus, der einige Jahre später in Druck erschien, und dessen Studium sehr viel interessantes bietet, da derselbe nicht nur zeigt, wie Frank seine Klinik in Pavia eingerichtet hatte - die er trotz seiner vielen anderweitigen Amtsgeschäfte und Bestrebungen mit unverminderter Energie und Unermüdlichkeit zu leiten fortfuhr — sondern auch, wie die meisten Kliniken in den ersten Decennien unseres Jahrhunderts organisiert waren. Denn an vielen Orten in Europa wurde die von ihm in Pavia und später in Wien eingeführte Ordnung das Vorbild, dem man sowohl bei der Errichtung neuer Kliniken als bei der Reformation der schon bestehenden folgte.

In dieser kleinen bedeutungsvollen Schrift, deren voller

Titel folgender ist: „*Plan d'école clinique ou méthode d'enseigner la pratique de la médecine dans un hôpital académique. Vienne. 1790* [66])*,* macht er zuerst einige einleitende Bemerkungen. Es müssen eine medicinische und eine chirurgische Klinik vorhanden sein, die vollständig getrennt sind, und beide müssen als gleich wichtig betrachtet werden. Die Klinik muss beide Geschlechter und verschiedene Altersstufen umfassen, sowohl acute wie chronische Kranke, die letzteren wenigstens soweit sie heilbar sind. (Da die Aufgabe der Klinik nach der Auffassung des Hippokratikers Frank wesentlich nur die ist, Heilkunst zu docieren, so sind die unheilbaren Kranken nicht von Bedeutung.) Eine grosse Anzahl von Kranken aber ist nicht nötig; es ist hinreichend, wenn die Klinik wie in Pavia 20 Patienten aufnehmen kann, man muss dann nur häufig das Material wechseln und die Krankheitsfälle mit Einsicht auswählen. Zu viele Patienten auf einmal verwirren leicht den Anfänger.

Darauf behandelt er das Thema in folgenden 5 Paragraphen: 1) Der Platz für eine solche Schule. 2) Die Kranken, die aufgenommen werden sollen. 3) Die Pflichten des Professors. 4) Die Pflichten der Schüler. 5) Die Art und Weise, wie man möglichst grossen Vorteil aus einer solchen Anstalt zieht.

§ 1. Die Klinik muss in oder doch bei einem Hospital sein, aus welchem man hinreichendes Material erhalten kann; sie muss frei von ungehörigem Lärm sein; die Säle sollen sehr gross und luftig sein, nicht nur aus Rücksicht auf die Kranken, sondern auch auf die Studierenden, indem diese einerseits dazu beitragen die Luft zu verderben, andererseits aber auch Schaden erleiden können durch angehäuften Ansteckungsstoff, was öfter auf Franks Klinik vorgekommen ist. Die Betten müssen weit von einander stehen, mit Rollen versehen sein, um die

Untersuchung zu erleichtern und ohne grosse Vorhänge, damit die Luftcirculation frei vor sich gehen kann. Jeder Patient muss sein besonderes Bett haben (es war damals noch allgemein gebräuchlich, dass mehrere Patienten in einem grossen Bett lagen). In den Sälen muss die grösste Reinlichkeit herrschen und hier dürfen keine Closette sein. Ausser den beiden Hauptsälen, beziehungsweise einem für Männer und einem für Frauen, müssen einige separate Zimmer vorhanden sein, 1) für Venerische, 2) für Wöchnerinnen, 3) für ansteckende Krankheiten, 4) für Maniakalische, 5) für schreiende Kinder, die andere Patienten zu sehr stören. Es ist sehr wichtig Kinderkrankheiten mitzunehmen: „Die Sterblichkeit der Kinder würde nicht so gross sein, wenn die unwissenden Aerzte nicht die Meinung hätten, man könne bei so zarten Geschöpfen Krankheiten nicht mit Erfolg behandeln." Sehr gut ist es, wenn noch ein Zimmer vorhanden ist, in welches der Professor sich nur mit seinen Schülern zurückziehen kann, und wo die pathologischen Präparate aufbewahrt werden. Und wenn die Klinik nicht in der Nähe eines anatomischen Theaters ist, so muss man einen besonderen Raum haben, um Sectionen der Gestorbenen vorzunehmen; dieser Raum muss übersichtlich und gut ventiliert sein. Ein Reconvalescentenzimmer ist nicht nötig, wenn man ab und zu Kranke in das Hospital zurückschickt, dagegen muss ein Leichenzimmer vorhanden sein zur vorläufigen Untersuchung der Toten, „wo man sich von der Wirklichkeit des Todes überzeugen kann, ehe man zur Section schreitet." Man muss erfahrene und zuverlässige Krankenwärter haben: in Pavia sind im Ganzen zum Tag- und Nachtdienst zwei für jedes Geschlecht, also ein Krankenwärter für 10 Patienten. Ausserdem ist ein Chirurg erforderlich zur Ausführung der externen Ordinationen; derselbe führt ein besonderes Journal und muss tüchtig sein, um alles, was zur „*Chirurgia medica*" gehört, ausführen zu können. Zugleich muss er mit Instrumenten gut versehen sein. Ein gutes Thermometer ist notwendig nicht nur, um die Lufttemperatur im Zimmer, sondern auch um die **Temperatur der Kranken** selbst zu messen (Temperaturmessungen werden jedoch niemals an Franks Klinik vorgenommen). Auch ein gutes Barometer muss man haben und überhaupt die Schüler daran gewöhnen genau achtzugeben auf den Einfluss der meteorologischen Verhältnisse auf die Kranken. Ein oder zwei Lehnstühle, um darin die Kranken anzubringen, sind auch wünschenswert. Ein **Badeapparat** ist auch notwendig. Die Klinik muss für Unbefugte geschlossen sein und es muss aufgepasst werden, dass keine verbotenen Sachen eingeführt werden.

§ 2. Der Professor **muss frei wählen können** unter allen Kranken des Hospitals, um passende Fälle zu erhalten, und so weit wie möglich mit den minder verwickelten Fällen beginnen. Frank beginnt gewöhnlich mit Febris intermittens, weil diese Krankheit eine acute Krankheit mit Stadium invasionis, cruditatis, coctionis und Krisis darstellt, was hier alles besonders gut demonstriert werden kann. Auf einem Schema, das über dem Bett hängt, wird täglich notiert: 1) Dies morbi; 2) Status morbi; 3) Methodus medendi, interna und externa und 4) Diaeta. Auf diesem Schema wird auch der Name des Praktikanten notiert, der das Journal geschrieben hat und besondere Aufsicht über den Kranken und den Verlauf der Krankheit führt.

Ferner teilt er ein bestimmtes Reglement für die Beköstigung der verschiedenen Art, den Anforderungen der Krankheiten entsprechend, von seiner Klinik mit. Es werden 4 Diätclassen angeführt, und ausserdem ist noch eine Rubrik für Extraverpflegung mit einzelnen feineren Gerichten, wovon er den klinischen Patienten reichlich giebt, um sie zu ermuntern und sie für die Untersuchungen durch die Studenten zu entschädigen. „Panatella" (eine Brodsuppe, der jedoch zugleich Fleisch zugesetzt werden kann) braucht er viel, namentlich zur Coena. Selbst die strengste Diät enthält doch entweder Decoctum hordei (bihorio diu noctuque) oder Panatella tenuis „quaternis vicibus intra 24 horas". Uebrigens befinden die Patienten sich wohl dabei, in der Klinik benutzt zu werden. Ein Priester ist angestellt, zu dessen Amt es gehört, die Patienten anzuhalten, streng den Vorschriften des Arztes nachzukommen.

§ 3. Frank will hier nicht auf die Untersuchung und Behandlung der Kranken eingehen, indem dieses als den betreffenden Professoren bekannt vorausgesetzt wird. Hier giebt er nun gewisse praktische Regeln für den Unterricht der Jugend an. Der Professor darf nur diejenigen als Praktikanten annehmen, die vollkommen vertraut sind mit der Theorie der Medicin. Die jüngeren Studierenden dürfen nur zugegen sein, um zuzusehen und zuzuhören, wodurch sie sich früh daran gewöhnen in der richtigen tactvollen und discreten Weise dem Kranken gegenüber aufzutreten — wofür der Professor zu sorgen hat. In den ersten Wochen soll er sie in der Art und Weise des Untersuchens unterrichten, sie daran gewöhnen ihre Sinne zu gebrauchen und auf alle Symptome zu achten. Er soll ihnen zeigen, wie man am besten den Kranken für die Untersuchung stellt, die Ordnung, in welcher derselbe ausgefragt werden soll, um Confusion zu vermeiden. Anfangs examiniert der Professor allein, später lässt er die Schüler teilnehmen, indem er sie bei ihren Fragen an den Kranken leitet. Besonderes Gewicht wird auf die Krankheitsursachen gelegt. Nachdem er den ganzen Bericht des Kranken in Empfang genommen hat, giebt der Professor ein Résumé d von und vergleicht dasselbe mit analogen Fällen aus seiner Praxis oder aus den Autoren — alles in lateinischer Sprache, sowohl aus Rücksicht auf die fremden Aerzte als auf die Patienten, die es nicht verstehen dürfen. Nach diesem Einblick in die Krankheit stellt er die Diagnose durch Betrachtung der essentiellen Symptome und unter Hinführung derselben in die rechte Classis und Genus nach dem nosologischem System, dem er huldigt. Wenn die Krankheit nicht in das System passt, wenn sie einen ungewöhnlichen Charakter zeigt, muss der Professor seinen Eifer verdoppeln, um alles auszuforschen und dadurch die pathologische Wissenschaft zu erweitern. Darnach kommt er zur Prognose und muss hier auf die grossen Schwierigkeiten aufmerksam machen, die in der Praxis auftreten. Er soll die Aufmerksamkeit der Schüler auf den Weg lenken, den die Natur einschlägt um den Feind zu überwinden, auf die Symptome, welche die kritischen Entleerungen einleiten oder begleiten, und endlich die Krankheit im Verhältnis zur herrschenden epidemischen Constitution, zu ihrem Sitz und ihrer Natur, zum Alter, Geschlecht und Temperament betrachten. Er warnt vor den orakelähnlichen Prophezeiungen, mit denen sich Charlatane abgeben. Hiernach stellt der Phrofessor die curativen Indicationen auf, und kommt dann zu den Medicamenten. Er benutzt die Gelegenheit, um zu repetieren, was sie in der materia medica gelernt haben von den Eigenschaften der Mittel, von den Vorsichtsmassregeln, die erforderlich sind, und der besten Art sie zu verschreiben. Die Receptierkunst, „in welcher wenig Aerzte recht zuhause sind", wird hier am besten und sorgfältigsten gelehrt, und ist sehr wichtig. Nachdem dieses gelehrt ist, erlaubt er den mehr vorgeschrittenen Schüler sich im Untersuchen zu üben, Diagnosen und daraus die Indicationen zu stellen.

Er erörtert alles mit ihnen und erhebt Einwände, um sie sicherer zu machen, indem er sie ihre eigene Meinung verteidigen lässt. In schwierigeren Fällen lässt er mehrere Schüler die Kranken untersuchen und gewöhnt sie daran zu conferiren, an Consultationen, eine Uebung, die ihre praktischen Talente zeigt. Die Schüler schlagen darauf Medicamente vor, und der Professor lässt sie anfangen Recepte zu schreiben, die er corrigiert „*avec douceur*". Ab und zu lässt er sie Erklärungen abgeben über den Zustand der Kranken, um sie in der Abfassung officieller Rapporte zu üben. Ebenso lässt er sie „*mémoires à consulter*" aufsetzen und lässt diese von Anderen beantworten, um sie daran zu gewöhnen in schwierigen Fällen schriftlich um Rat zu fragen und solchen zu erteilen.

Frank bespricht darauf die Verhälltnisse in Edinburgh, wo der Professor der Klinik wöchentlich eine Vorlesung im Auditorium hält über die wichtigsten Krankheiten, die im Hospital beobachtet werden. Dadurch wird **mehr Gelehrsamkeit** entwickelt als am Krankenbett, wo er sich nicht auf einen „*discours*" vorbereitet hat. Jedoch macht dies, wie Frank meint, nicht den Eindruck auf die Schüler, als wenn sie die Kranken vor sich sehen. Besonders soll der Professor sie lehren **zu zweifeln**, „diese grosse Kunst", und **abzuwarten** (*Exspectation*), bis die Sache klar genug für die Indicationen ist. Zugleich aber müssen die Schüler abgehalten werden von der gefährlichen **Inactivität**, die „unter der Fahne eines philosophischen Pyrrhonismus segelt" und in dem eitlen Streben nach mathematisch sicheren Verhältnissen, die in der Medicin nicht existieren, den Kranken der Hülflosigkeit überlässt. Es handelt sich hier um den goldenen Mittelweg, der schwer innezuhalten ist: auf der einen Seite die Tollkühnheit zu vermeiden, auf der andern einen

„*état léthargique*" bei dem Arzte, dem Zutrauen entweder zur Natur oder zu seinen eigenen Kenntnissen mangelt. Schliesslich verteilt er die Betten und die erforderliche Arbeit unter allen Praktikanten, damit sie sich im Jahres-Cursus Uebung in der Behandlung verschaffen. „*Spectateurs Pathologistes*" werden dann allmählich zu „*Médecins assistans*".

§ 4. Die Schüler sollen beim Beginn der klinischen Uebungen einen Attest darüber beibringen, dass sie hinreichend Theorie gehört haben (wenn sie Inländer sind); sie erhalten dann eine Zutrittskarte für die Klinik, ohne welche sie nicht eingelassen werden. Die „*Spectateurs*" werden für sich eingeschrieben. Man muss streng über ihr Betragen wachen und diejenigen ausschliessen, die sich ernstlich vergehen oder sich unpassend benehmen. Besonders sollen sie Sorgfalt anwenden, wenn sie dahin kommen ein Journal (*Diarium*) zu führen. Die Krankengeschichte soll der Schüler an demselben Tage schreiben, an dem er den Patienten übernimmt, er soll sich Zeit dabei lassen, auch nach der klinischen Stunde, wenn es nötig ist, um alle Aufklärungen von dem Kranken zu erhalten. Er soll auch alles mit hinein nehmen, was der Professor ihm auseinandergesetzt hat über Diagnose, Prognose und Therapie. Am folgenden Tage soll er im Beisein des Professors und der Studierenden die Krankengeschichte vorlesen; darauf fügt er hinzu, was ferner bemerkt ist nebst den Beobachtungen des Professors, und so von Tag zu Tag. Auf dem Zettel am Kopfende des Bettes soll er täglich kurz die Hauptsymptome zugleich mit den inneren und äusseren Mitteln und mit der Diät notieren. Nach Erledigung des Krankheitsfalles wird diese Liste in einem Schrank bis zum Ende des Jahres aufbewahrt. Die geschriebene Krankengeschichte mit allen Details soll er auf Quartblätter copieren und dem Professor übergeben; er hat 8 Tage Zeit zur sorgfältigen Ausarbeitung. Stirbt der Kranke, so soll der Schüler die Geschichte bei der Section vorlesen. Die Schüler, die morgens assistieren, sollen abends zu einer bestimmten Zeit zu ihren Kranken zurückkommen. Liegt etwas ernstliches vor, so kommt der Professor auch, sonst können sie allein untersuchen und ihm sofort Rapport abstatten, ob etwas besonderes eingetreten zu sein scheint, damit derselbe seinen Rat erteilen oder sich selbst nach der Klinik begeben kann.

§ 5. Die Klinik soll auch die Wissenschaft bereichern. Der Professor soll daher neue Mittel p r ü f e n, aber stets mit Vorsicht. Der Nachdruck soll darauf gelegt werden, das Bekannte zu lehren, sonst werden die jungen Aerzte gar zu geneigt zu viel mit den Kranken zu experimentieren. Besonders wichtig ist es dem Sitz und den Ursachen der Krankheiten in den Leichen nachzuforschen. Bei der Section soll der Praktikant das Journal in Gegenwart des Professors und der eingeladenen Aerzte vorlesen. Hier ergiebt sich eine Schwierigkeit; denn der Professor, der die Diagnose oft in einem frühen Stadium der Krankheit gestellt hat, wird gelegentlich den Collegen gegenüber zugestehen müssen, dass er sich geirrt habe. Dieser Unannehmlichkeit muss er sich aber unterwerfen, und sie wird ihm und anderen eine Ermahnung sein besonders sorgfältig zu verfahren. Und gerade Fälle mit Irrtümern sind häufig die instructivsten und können zu bedeutenden Entdeckungen für die Heilkunde führen. Unter Assistenz seines Chirurgen nimmt der Professor die Section vor, indem der betreffende Praktikant ihm am nächsten steht und das Resultat der Section notiert. Dann giebt der Professor eine Darstellung des ganzen Falles. Jede Leiche muss seciert werden, es sei denn, dass die Krankheit der Art ist, dass man keiner weiteren Aufklärung bedarf, oder dass es gefährlich ist wegen putrider Corruption oder aus anderen Gründen. Der Professor bewahrt alle Krankengeschichten (und event. die Sectionsberichte) bis zum Schluss des Jahres auf, dann werden sie eingebunden. Die pathologisch-anatomischen Befunde von besonderem Interesse werden aufbewahrt, und für die Lombardei traf Frank das Uebereinkommen, dass Präparate von allen dortigen Hospitälern an das Museum in Pavia gesandt wurden.

Dieser ausführliche Plan zeigt hinreichend die Sorgfalt und den praktischen Sinn, der die Reformbestrebungen Peter Franks charakterisierte, und der in erster Linie der Klinik zu Gute kam. Von besonderem Interesse ist das ausserordentliche Gewicht, welches er auf die anatomischen Befunde legt, wodurch er sich allerdings von dem traditionellen Hippokratismus entfernt; aber trotzdem ist und bleibt sein Verständnis für die Bedeutung der pathologischen Anatomie noch mangelhaft, in erster Linie selbstverständlich in rein wissenschaftlicher Beziehung. Aber dass er auch nicht vom praktischen Standpunkte aus die Localpathologie recht zu schätzen wusste, das wird aus der klinischen Casuistik hervorgehen, die wir bald kennen lernen werden.

Die Verhältnisse in Pavia mussten für die Dauer doch ziemlich kleinlich und begrenzt werden für die eminente Schaffenskraft Franks, zumal da ein gewisses unruhiges Trachten nach neuen Wirkungsgebieten offenbar eng mit seinem Thatendrang verknüpft war. Es kann kaum zweifelhaft sein, dass schon früh der Wunsch in ihm sich regte, seinen Wirkungskreis nach der grossen Kaiserstadt mit ihrem gigantischen Hospital zu verlegen. Hätte Stoll einige Jahre länger gelebt, so wäre Frank vielleicht sein directer Nachfolger geworden, da er offenbar sehr gut angeschrieben war. Aber 1787 stand Frank noch mitten in seiner grossen Reform- und Organisationsarbeit an der Universität Pavia und dem lombardischen Medicinalwesen und er konnte diese nur schwer unterbrechen. Und in Wien hatte unterdess ein unbedeutender Arzt Namens Reinlein es verstanden sich in Gunst zu setzen, sodass er die klinische Professur erhielt, die er eine Reihe von Jahren unter zunehmendem Verfall der Klinik bekleidete. Zugleich scheint indess Quarin auch nicht seiner verantwortlichen Aufgabe gewachsen gewesen zu sein, der er sich als Director des „Allgemeinen Krankenhauses" unterzogen hatte, und er legte 1791 kurz nach dem frühen Tode Kaiser Josephs II sein Amt nieder. Jetzt wurde Frank von dem neuen Kaiser Leopold II nach Wien gerufen, vorläufig nur, um die Verhältnisse in dem grossen Hospital zu untersuchen und seinen kundigen Rat zu geben, aber auch da kam es merkwürdigerweise nicht zu seiner Anstellung in der Hauptstadt: er kehrte nach Pavia zurück, und ein Arzt Melly übernahm das Directorat des Hospitals in Wien. Erst als dieser 1795 gestorben war, wurde mit der Anstellung Franks Ernst gemacht; seine Stellung in Pavia war inzwischen stets peinlicher geworden durch die Collisionen, die seine eifrigen Reformbestrebungen in verschiedenen Richtungen mit sich führten. Er wurde nun zugleich zum Professor der praktischen Medicin und Director des Allgemeinen Krankenhauses ernannt mit einem Gehalt von 5000 Gulden und Amtswohnung, während gleichzeitig sein ältester Sohn Oberarzt am Hospital wurde, jedoch mit dem Auftrag vorläufig in Pavia zu bleiben, um die Klinik dort nach der Abreise seines Vaters nach Wien zu beaufsichtigen. Es war ein gewaltiges Amt, zu welchem dieser in die Kaiserstadt berufen wurde, und es war eine seltene Wirkungskraft und Tüchtigkeit erforderlich, um demselben in den beiden verschiedenen Richtungen gerecht zu werden: die Klinik aus ihrem Verfall zu ihrer früheren glänzenden

Stellung zu erheben und zugleich alle verwirrten Verhältnisse des Riesen-Hospitals in sicheren, befriedigenden Gang zu bringen. Nur von Frank konnte man die Erreichung dieser Resultate erwarten, und er täuschte nicht die grossen Erwartungen.

Er eröffnete die Klinik im December 1795, und es dauerte nicht lange, bis sein berühmter Name und sein stets gleich gründlicher Praktikantenunterricht aufs neue grosse Scharen fremder Mediciner nach Wien führte; aber die klinischen Räumlichkeiten, mit denen Stoll schon sehr unzufrieden gewesen war, fand Frank mit seinen grösseren Ansprüchen in dieser Beziehung ganz unleidlich. In dem früher besprochenen kleinen klinischen Gebäude waren nur zwei kleine, niedrige, schlecht ventilierte Krankensäle mit kaum Platz für 6 Patienten in jedem, getrennt durch einen unheimlich dunkeln Gang, der den ganzen Winter hindurch mit Rauch gefüllt war. In demselben Stockwerk am Ende des Ganges waren die entsprechenden Zimmer für die chirurgische Klinik. Und in den schlecht ventilierten Krankensälen Franks hauste das bösartige Petechialfieber, das seine Ansteckung auch auf das Aerztepersonal und die Praktikanten ausdehnte; Franks zweiter Sohn Franz, der sein Assistent an der Klinik geworden war, fiel als eins der ersten Opfer.

Hier lag also gleich ein unabweisbares Bedürfnis nach Verbesserungen vor, die Frank mit gewohnter Energie durchführte. Um besser Platz für die medicinische Klinik zu schaffen, wurde die chirurgische verlegt und in zwei der grossen Krankensäle des Hospitals angebracht, jeder mit 20 Kranken und mit einem dazwischenliegenden Saal, der als Amphitheater eingerichtet wurde zur Vornahme der chirurgischen Operationen. Hierdurch vermied man gleichzeitig die Operationen auf den Krankenstuben selbst vorzunehmen, was bis dahin zum Entsetzen der Kranken allgemein der Fall gewesen var. Die zwei verlassenen chirurgischen Zimmer in dem klinischen Gebäude wurden dann zur medicinischen Klinik gelegt, die auf diese Weise 4 Krankenzimmer, jedes mit 5 Patienten erhielt. Die bösartigen Fieberkrankheiten fuhren aber fort in der Klinik und unter den Praktikanten zu wüten, und Frank nahm daher einen radicalen Umbau vor, indem er durch Niederreissung der Scheidewände und Hinzuziehung des dunkeln Ganges die Räumlichkeiten in zwei sehr grosse und schöne Säle, mit Fenstern von drei Seiten und mit guten Ventilationsvorrichtungen versehen umwandelte. Der dänische Arzt Otto, der zwanzig Jahre später die Klinik besuchten, lobt sehr ihre Räumlichkeiten[67], die auch in einer langen Reihe von Jahren in unverändertem Zustand ihre Dienste thaten. Eine Handbibliothek zum Gebrauch für Aerzte und Studierende wurde mit der Klinik verbunden.

Das grosse pathologisch-anatomische Material, das sich in einem Hospital mit gegen 2000 Kranken darbot, suchte Frank in jeder Weise fruchtbringend zu machen, und seine eifrigen Bestrebungen für die pathologische Anatomie können überhaupt nicht genug hervorgehoben werden. Eine von Stolls wohlbegründeten Beschwerden hatte ja gerade den Mangel eines passenden Sectionsraumes für den Gebrauch der Klinik betroffen; das ganze Hospital verfügte noch bei Franks Ankunft nur über ein sehr schlecht eingerichtetes, stinkendes Leichenhaus. Diesem Mangel half er schnell ab und setzte es durch, dass nicht allein ein gutes Local mit dazugehörigem Museum eingerichtet wurde, sondern dass auch zugleich ein Prosector angestellt wurde — während früher überall Sectionen von dem Hospitalschirurgen ausgeführt worden waren. Und mit dem für einen Administrator so wichtigen Scharfblick für die Tüchtigkeit erwählte er dazu einen jungen

Forscher Alois Vetter, der Beweise dafür gegeben hat, dass er eine wissenschaftliche Grösse ersten Ranges war und später auch als solche von Rokitansky und Virchow anerkannt worden ist, der aber unter den damaligen stark hemmenden Verhältnissen nicht zu seinem Recht kommen konnte; sein stringenter Geist wurde von den Zeitgenossen nicht verstanden. Vetter ist wie schon früher der grosse Morgagni ein Pionier und Vorläufer der späteren pathologisch-anatomischen Anschauungen und Doctrinen — das unleugbar lebhafte Interesse seines Vorgesetzten Frank für die pathologische Anatomie ist dagegen wesentlich nur hippokratisch darin begründet, dass er hofft durch eine vollkommene Aufklärung der Localisationen und Metastasen der universellen Krankheiten neue Anhaltspunkte für eine wirksame Therapie zu gewinnen. Namentlich sind es Vetters „Aphorismen zur pathologischen Anatomie", die von einer reichen Begabung, einem scharfem vorurteilslosen und wahrheitsliebenden Forscherblick zeugen; seine ausgezeichneten Beobachtungen über das bis dahin unbekannte Ulcus ventriculi und über die Tuberculose müssen besonders hervorgehoben werden. Er starb jung zu Wien an der Phtisis, nachdem er kurze Zeit in Krakau Professor gewesen war.

Aber Franks Reformen beschränkten sich nicht auf die Bedürfnisse der Klinik. Ueberall in der Hospitalsorganisation spürte man den energischen Geist des Directors. In wöchentlichen Zusammenkünften mit den Oberärzten erörterte er alle Verhältnisse des Krankenhauses und führte in kurzer Zeit viele wichtige Verbesserungen ein. Die gar zu grossen Abteilungen des Krankenhauses, die wenigstens im Winter jede gegen 200 Kranke enthielten, wurden verkleinert, indem ein fünfter medicinischer Oberarzt zu den bisherigen vier hinzukam und zugleich das grosse Ambulatorium (Frühordination) einem Armenarzt im Innern der Stadt übergeben wurde. Eine neue einfachere Pharmakopoe wurde eingeführt, und was hierdurch an Ausgaben gespart wurde, wurde zur Verbesserung der schlechten Kost verwendet, die auf Befehl Franks täglich von einem der Aerzte untersucht wurde. Auf diesen wichtigen Punkt der Hospitalspflege legte er überhaupt sehr viel Gewicht. Er reformierte ferner die ganze Tagesordnung im Krankenhaus und zeigte grosse Strenge in der Aufrechterhaltung des Reglements. Er sorgte für eine bessere Wasserversorgung, für Badeeinrichtungen und für zweckmässige Isolirung der ansteckenden Krankheiten. Jede Abteilung erhielt abgesonderte Reconvalescentenzimmer. Auch auf Reformen der damaligen schrecklichen Behandlung der Geisteskranken in dem im Hinterhof des Krankenhauses gelegenen „Irrenthurm" erstreckten sich seine regen humanen Bestrebungen. Für seine alte Lieblingsidee von dem nahen Zusammenhang der eigentlichen Heilkunde mit der Veterinärwissenschaft suchte er ebenfalls zu wirken durch Pläne von der Errichtung einer zweckdienlichen Veterinärschule und eines Tierhospitals in Wien. Seine Pläne kamen indess nur in so fern zur Ausführung, als die schon in Mailand eingerichtete Veterinärschule verbessert wurde. Ein Specialpunkt, wo ein solches Zusammenwirken schlagend seine grosse praktische Bedeutung zeigte, die damals neue Pockeninoculation, war auch Gegenstand für Franks lebhaftes Interesse und vorurteilsfreie Unterstützung.

Die vielen Verbesserungen Franks führten indess grosse Ausgaben und ein bedeutendes jährliches Deficit mit sich; die Klinik selbst wurde übrigens im Wesentlichen von dem besonderen Studienfond der Universität unterhalten. Auf wiederholte Ermahnungen zu grösserer Sparsamkeit antwortete er stets nur mit seiner gewohnten furchtlosen Entschlossenheit, dass es für ihn sich darum handele Menschenleben zu sparen. Zu den Schwierigkeiten, die hieraus für die oberste Verwaltungsbehörde entstanden, kamen nach ferner ebenso wie in Pavia andere Reibungen und Collisionen als Folge seiner verschiedenen eingreifenden Reformen, und seine Stellung wurde doppelt schwierig, als nach dem Tode des friedfertigen Störck (1803) der intrigante Leibarzt Stifft Praeses der medicinischen Facultät und Chef des Medicinalwesens wurde. Dieser trat gleich als Franks Feind auf und reichte eine Klageschrift gegen ihn ein, worin ihm unter anderem der Vorwurf gemacht wurde, dass er durch Begünstigung der Brownschen Therapie eine grosse Sterblichkeit im Krankenhause verursache.

Diese Beschuldigung hatte insofern einen Schein von Begründung, als Frank in seiner eklektischen Vorurteilslosigkeit und bei seiner stets regen Lust das neue zu versuchen schon in Pavia angefangen hatte sich wohlwollend prüfend dem neuen System gegenüber zu stellen. In der Vorrede zu der 1797 publicierten *„Ratio instituti clinici Ticinensis"* seines Sohnes Joseph bespricht er den Brownianismus mit nicht geringer Sympathie, wie denn auch der Sohn in dieser Schrift als treuer Anhänger dieses Systems auftritt. In seinem umfassenden klinischen Hauptwerk *„de morbis hominum curandis epitome"*, von welchem schon 5 Bände bei seiner Anstellung in Wien erschienen waren, legt er in der Differentialdiagnose häufig grosses Gewicht auf die Brownsche Sthenie oder besonders Asthenie, und in seinen Krankenjournalen an der Klinik, besonders aus den Jahren 1798 und 1799, soll es von Brownschen Epitheta wimmeln[68]). Scarlatina, Morbilli, Peripneumonia, Chlorosis, Asthma, Dysenteria, Colica — bei allen wird häufig **asthenisch** hinzugefügt, und folglich war Browns sthenische Behandlung erforderlich. Indes geht doch hinreichend aus seinen klinisch-litterarischen Hinterlassenschaften, wie überhaupt aus seiner ganzen besonnenen, kritisch-eklektischen Persönlichkeit hervor, dass er sich in keiner Weise der praktisch-therapeutischen Ausschweifungen der eigentlichen Anhänger Browns mit ihrer alle Grenzen überschreitenden Anwendung der excitierenden Mittel schuldig gemacht habe, und tüchtig und klar verteidigt er sich gegen die Beschuldigungen Stiffts unter anderem durch die Mitteilung einer genauen Mortalitätsstatistik.

Aber diese ernstlichen Unannehmlichkeiten mussten Frank immerhin ermüden und waren entschieden mit daran Schuld, dass er plötzlich 1805 seinen Abschied verlangte und nach der neu errichteten russischen Universität in Wilna zog, zugleich mit seinem geliebten Sohne Joseph, der zum Professor der theoretischen Medicin ernannt wurde, während der Vater eine mehr übergeordnete Stellung an der Fakultät und der projectierten Klinik bekleiden sollte. An und für sich schon musste dieses Anerbieten der russischen Regierung verlockend sein für den stets unruhigen und nach neuem grossem Wirken strebenden Geist Franks. Er hatte während seiner bedeutungsvollen zehnjährigen Thätigkeit in Wien sich satt gearbeitet an den vorliegenden grossen Reformaufgaben und konnte sich nun nach einem neuen gänzlich ungepflegten Boden, wie der Russlands war, sehnen.

Mit seiner Abreise verblasste der Glanz der älteren Wiener Klinik. Wohl wurde sie fortgesetzt unter Leitung des älteren Hildenbrand (1763—1818, eines Schülers von Stoll) und darnach successive von Raimann, dem jüngeren Hildenbrand und Lippich, aber es wurde nur ein Abglanz von dem, was die Klinik in der vorhergehenden Periode unter den hier geschilderten drei Celebritäten, de Haen, Stoll und Peter Frank gewesen war. Erst gegen Mitte des Jahrhunderts, unter Joseph Skoda, erhebt eine neue klinische Schule zu Wien sich wiederum zu einer Stellung ersten Ranges in der Reihe der medicinischen Facultäten.

In Wilna blieb Peter Frank jedoch nur sehr kurze Zeit, kaum ein Jahr, und kam hier nur dazu eine Poliklinik zu gründen. Den Rest überliess er seinem Sohn, der den klinischen Lehrstuhl der Universität übernahm, während er selbst weiter nach Russland hinein in die Hauptstadt als Leibarzt Kaiser Alexanders zog. Auch in dieser Stellung entfaltete er eine bedeutende Thätigkeit und gründete unter anderem eine Klinik an der kürzlich errichteten medicinisch-chirurgischen Akademie. Aber auch hier war sein Aufenthalt nicht von langer Dauer. Zwei Jahre später konnte er das Klima Petersburgs nicht mehr vertragen und von Kaiser Alexander mit einer reichlichen Pension bedacht, der ihm auch seine ausgezeichnete Bibliothek zum Gebrauch der Universität für 20,000 Rubel abkaufte, kehrte er in die fröhliche Kaiserstadt an der Donau zurück, wo wir ihn also 1808 wieder finden, aber jetzt nur als Privatmann und praktisierenden Arzt.

Hier erwarteten ihn indess neue interessante Ereignisse, die offenbar in hohem Grade seinen für alles Neue und Spannende so empfänglichen Sinn fesseln mussten. 1809 brach der Krieg aus mit Napoleon, der Wien besetzte und Frank zunächst im Interesse einiger seiner Marschälle consultierte. Nach der blutigen Schlacht bei Aspern wurde er ins Hauptquartier Napoleons zu Ebersdorf geholt um den verwundeten Marschall Lannes zu untersuchen, dessen nahen Tod er dem Kaiser vorhersagte, der darauf eine, in hinterlassenen ungedruckten Memoiren[69]) mitgeteilte Unterredung über verschiedene medicinische Themata mit dem berühmten Arzt hatte.

Auch später wurde er zu Napoléon in Schönbrunn gerufen und empfing hier das Angebot, Arzt des Kaisers zu werden und nach Paris zu ziehn. „Die Chirurgie blüht in Frankreich, aber die Medicin steht zurück. Wir können einen solchen Mann wie Sie gebrauchen", sagte Napoleon. Frank war trotz seiner 64 Jahre nicht der Mann, der Nein sagen konnte zu einem Anerbieten, das so viele neue und interessante Seiten darbot und ausserdem für ihn die Aussicht eröffnete, noch in seinen alten Tagen die Medicin in der französischen Weltstadt reformieren zu können. Der Kaiser stellte ihm glänzende Bedingungen, und er schlug ein. Aber dann kam der französische Leibarzt Napoleons, Corvisart, der grossen Einfluss beim Kaiser hatte, nach Wien, und wahrscheinlich durch dessen Intervention scheiterte der ganze Plan; Frank musste ruhig in Wien bleiben. Im folgenden Jahre zog er zu einer Tochter nach Freiburg, kehrte jedoch bald in die Kaiserstadt zurück und führte bis zu seinem Tode 1821 ein ruhiges aber stets thätiges Leben als Schriftsteller und Arzt in dem bekannten kleinen Hause, worin kürzlich Professor Billroth seine Wohnung hatte. Er wurde auf dem Währinger Friedhofe begraben, von wo die Leiche vor kurzem auf Veranlassung des Wiener Doctoren-Collegiums unter grossen Feierlichkeiten in ein „Ehrengrab" auf dem grossen Centralkirchhof gebracht worden ist.

Peter Frank hat wohl eine solche Ehre verdient, und Wien war am nächsten berechtigt ihm dieselbe zu erweisen. Hier entfaltete er jedenfalls seine umfassendste Thätigkeit und hier erreichte er den Höhepunkt seines Ruhms; selbst diejenigen, die jetzt nur wenig mehr von der alten Autorität wissen, wissen doch, dass er Kliniker in Wien gewesen ist. Er stellt ebenso wie die früher geschilderten Kliniker eine bemerkenswerte Erscheinung dar, aber er interessiert unzweifelhaft mehr durch seine wechselnden Lebensverhältnisse, sein vielseitiges imponierendes praktisches Wirken als durch dasjenige, was uns am häufigsten das Hauptkriterium für die Beurteilung und die Charakteristik bietet: die hinterlassenen klinischen Schriften.

Peter Frank hat unzweifelhaft im Organisieren seine grösste, meist prägnante und bahnbrechende Bedeutung gehabt, und in erster Linie muss sein Name wegen seines ganzen praktischen Ausbaus der klinischen Institution in der Geschichte derselben einen sehr hervorragenden Platz einnehmen. Mit Rücksicht auf den Inhalt der Klinik ist seine Stellung als Grösse ersten Ranges vielleicht etwas weniger unantastbar. Wohl enthalten seine klinischen Litteraturwerke sehr viel vernünftiges und tüchtiges und tragen durch und durch den Stempel seines praktisch-scharfsinnigen und kritischen Geistes, aber im Grossen und Ganzen nähern sie sich doch dem Mittelmässigen, und es fehlt ihnen etwas von dem leuchtendem Funken des Genies, der mehr als alles andere das Interesse lebendig erhält, und der in hervorragendem Maasse, wenn auch in sehr verschiedener Weise, das klinische Wirken seiner beiden Vorgänger auszeichnet.

Frank muss ebenso wie diese mit Recht zu den hippokratischen Klinikern gezählt werden, was schon deutlich hervorgeht aus der geschichtlichen Einleitung zu seinem angesehenen klinischen Hauptwerk: *„Epitome de curandis hominum morbis"* [70]), das übrigens wie andere gleichzeitige Nosologien die Krankheiten in Classes, Ordines, Genera und Species ordnet. Nachdem er bei den Mängeln der ältesten antiken Medicin verweilt hat, sagt er: „So standen die Dinge, bis ein über alles Menschenlob erhabener Mann die erste sichere Basis für die Medicin aus zerstreutem Material schuf, getreulich den Verlauf der Krankheiten angab, und, unermüdlich in seinem Streben Zeichen der zurückkehrenden Gesundheit oder des drohenden Todes zu sammeln, damit begann praecis und wahr von den Wirkungen der Krankheitsursachen und der

Arzeneimittel zu berichten und mit gespannter Aufmerksamkeit jedes einzelne Phänomen zu beobachten. Dieser Mann war Hippokrates". Darnach weist er hin auf den Verfall der hippokratischen Medicin unter dem Arabismus, der Scholastik und der Einwirkung der neuen dogmatischen Richtungen und hebt dann hervor: „Inzwischen fand das Studium der hippokratischen Medicin immer mehr Anhänger, und durch die Arbeiten des grossen Sydenham gewann die Medicin ihre verlorene Würde wieder. Von solchem Licht geleitet machte man in der Medicin grosse Fortschritte; Stahl, Hoffmann und Boerhaave waren es besonders, durch deren unsterbliches Wirken die Medicin bald Riesenfortschritte zur Vollkommenheit gemacht haben würde, wenn die damals herrschenden Schulen sich nicht bestrebt hätten sie auf mathematische Beweisformeln zu stützen. Nachdem endlich alle Nationen sich um die Medicin gesammelt haben, und die Anzahl der Beobachter überall zugenommen hat, sind auch wieder die alten Grundsätze, die Hippokrates vergebens seinen Jüngern eingeprägt hatte, wieder zur Geltung gekommen bei den Aerzten, und notgedrungen gestehen wir jetzt einstimmig, **dass jede Lehre, die sich nicht auf Beobachtung stützt, leer und nichtssagend ist.**"

Denselben Standpunkt nimmt er in den specielleren Entwicklungen ein, zum Beispiel in der Fieberlehre, wo er ganz wie Boerhaave die Phänomene teleologisch auffast als Ausdruck der Natur-Bestrebung die *materia peccans* zu entfernen, wie er überhaupt grosses Gewicht auf die *vis medicatrix naturae* legt, die Krisen voll respectiert und eine zurückhaltende Curmethode lobt. Die ganze Diätetik bei Fieber reguliert er im Geiste des Hippokratismus. In einer Beziehung zeigt er sich als Hippokratiker höheren Grades als irgend einer seiner Vorgänger, indem er sowohl selbst universeller Arzt ist als auch die Notwendigkeit, dies zu sein und die ganze Heilkunde, den chirurgischen und den geburtshülflichen Teil einbegriffen, zu umfassen stark betont. Und hiermit übereinstimmend gingen, wie wir gesehen haben, seine beharrlichen organisatorischen Bestrebungen beständig darauf aus, alle drei Hauptkliniken zu fördern und den Studierenden eine gleichmässige Ausbildung in allen zu verschaffen.

Dieser unbedingte Anschluss an den Hippokratismus, dem Frank auch in der Praxis treu geblieben ist, hat um so mehr Wert und Gewicht, als er nicht wie seine beiden hippokratischen Vorgänger, so zu sagen mit dieser Lehre geboren und erzogen ist; Stoll hatte ja von seinem ersten Eintritt in den Tempel der Heilkunde an dieselbe bei seinem Lehrer de Haen eingesogen und dieser wiederum bei Boerhaave, Frank dagegen hatte niemals einen grossen Hippokratiker als Lehrer gehabt, sondern er hatte sich mühsam durch die medicinische Wildniss und Dunkelheit seiner Zeit hindurch arbeiten müssen, um allmählich mit unermüdlicher Beharrlichkeit und Kritik zur Klarheit zu gelangen. Seine Lehrer in Heidelberg, Overkamp und namentlich Gattenhof, haben wahrscheinlich wohl eine gewisse wesentliche Bedeutung für ihn gehabt in theoretisch-kritischer Beziehung, aber auch nicht mehr. Dafür aber hat sein Hippokratismus auch einen ganz andern undogmatischen Charakter, als er bei seinen beiden Vorgängern hatte. Er ist kritisch vorurteilsfreier als de Haen, der eigentlich beständig einen heissen Kampf mit sich selbst führte, um die Resultate seiner Forschung in unverbrüchlicher Uebereinstimmung mit der hippokratischen Orthodoxie zu erhalten, und weit mehr eklektisch suchend als Stoll, der gerade seinen besten Ruhepunkt im hippokratischen Dogmatismus fand. Frank findet geradezu seine grösste Freude im fortgesetzten eklektischen Suchen, und sein Sohn Joseph erzählt in seinen Memoiren vom Vater, dass dieser nie mehr entzückt war, als wenn er vor seinen Schülern proclamieren konnte, dass er in dem einen oder andern Punkte seiner Lehre sich geirrt habe und nun zu einer anderen Auffassung gekommen sei.

Er ist überhaupt ein Typus und ein Prototypus für die im weitesten Sinne eklektischen und skeptischen Hippokratiker, gerade für diejenigen, welche naturgemäss am Ende des ursprünglichen Hippokratismus auftreten müssen und in gewisser Weise den Aufgang der neuen französischen Sonne ankündigen. Eklektisch prüft Frank Alles — aber nach dem hippokratischen Fundamentalprincip stets gewissenhaft am Krankenbett. Selbst den im schärfsten Gegensatz zum Hippokratismus stehenden kategorischen Dogmen Browns von der Sthenie und Asthenie lässt er eine so wohlwollende Aufnahme und Prüfung zuteil werden, dass man sogar, wie oben angeführt, sein klinisches Leben in Wien dadurch verbittern konnte, dass man ihn geradezu als Brownianer denuncierte. In der entscheidenden praktischen Consequenz des Brownianismus, in der Therapie, ging er indess nicht auf Irrwegen — nur in der Theorie konnte er sich eine kleine Excentricität erlauben; in der Praxis führte seine Besonnenheit und gesunde Vernunft das Ruder, und hier hielt er auch ferner die hippokratischen Principien hoch.

Neben seiner grossen eklektischen Liberalität bezeichnet namentlich seine Kritik und Skepsis gegenüber den Dogmen seiner hippokratischen Vorgänger seine klinische Sonderstellung. Stark tritt dieses hervor mit Bezug auf die biliöse Krankheitskonstitution Stolls. In einem klinischen Einleitungsvortrag in Göttingen *"Prolusio de larvis morborum biliosis"* opponiert er heftig gegen die Neigung, die Krankheitsursache stets in der Galle und dem Intestinaltractus suchen zu wollen und zeigt aufs deutlichste, wie oberflächlich oft die Beobachtungen angestellt sind, nicht gerade von Stoll selbst, aber von seinen verschiedenen Schülern und Nachahmern. Ueberhaupt hat er einen sehr kritischen Blick für die „Observationsepidemie", die aus dem hippokratischen Schlagwort der Zeit resultierte, und in seinen „*Observationes medico-chirurgicae*"[71]) macht er darauf aufmerksam, dass Beobachtungen nur Wert haben, wenn sie in rechter, kundiger Weise angestellt sind, und fordert, dass sie nicht publiciert werden, bevor sie von einem kritischen Tribunal anerkannt sind. Auch gegen den hippokratischen Aderlass, der sowohl durch den galenischen Doctrinarismus, wie wir es namentlich bei der officiellen französischen Medicin gesehen haben, als auch durch spätere Hippokratiker eine allzu ausgedehnte und kritiklose Anwendung gefunden hatte, sucht er kräftig zu reagieren. In der Sammlung[72]) akademischer Schriften von verschiedenen Universitäten und von verschiedenen Verfassern, die er in Pavia herausgab „*in auditorum commodum*", findet sich im 5ten Band eine Rede von ihm selbst „*de venae-sectionis apud puerperas abusu*", und im 3ten Band eine unter Gattenhofs Praesidium in Heidelberg publicierte „*Disputatio venae sectionis veras indicationes sistens*", worin die ganze Frage einer gründlichen Kritik unterworfen wird, und die Frank mit einer Bemerkung einleitet, in welcher er die capitale praktische Wichtigkeit dieser Frage hervorhebt und erklärt: „*vereor ne sola lanceola phlebotoma plures trucidaverit quam vel aliud quodumque armorum genus fecisse gloriari possit.* Hier wendet sich also seine Kritik auch gegen seinen Vorgänger in Wien, de Haen, dessen cholerische Einseitigkeit in dieser Beziehung ja bedenklich weit ging, und das kaum zum Heil der Kranken. Im Uebrigen aber ist Frank durchaus kein principieller oder fanatischer Gegner des

Aderlasses in der Art wie die alten Chemiatriker, was er z. B. bei der Darstellung der Therapie bei Peripneumonie zeigt, wie auch in seiner Casuistik. Er bringt sogar folgende Lobrede auf die Venaesection: *„In ultimo peripneumoniae lethalis gradu, certe nec venae sectio juvat, nec quodvis aliud remedium juvat; ac cum hujus aut illius vituperio inermem tam infaustis rebus artem opponimus; interim audaces, saepe, non fortuna quidem, sed consilium juvat; nec raro, quod vix dictum est sub frigidis jamjam extremitatibus, facie vix non cadaverica, pulsibusque minimis, venam suffocanti aegro cum felici rerum exitu aperuimus, et vitae sors unica ex cuspide haesit lanceolae."*

Die Mischung von eklektischem Entgegenkommen und nüchterner Skepsis, die eine theoretische und praktische Eigenschaft Franks ist, giebt sich auch in seiner Stellung zu der Entdeckung Auenbruggers zu erkennen. Er weist sie nicht zurück, wie die meisten gleichzeitigen Kliniker, im Gegenteil erklärt er in seiner Epitome (VI): *„Auenbrugger ad hydropem pectoris cognoscendum percussionem thoracis proposuit non omnino spernendam"*; sein Urteil ist indess im Ganzen kühl, wie auch diese Äusserung hinreichend zeigt, und er besitzt, ebensowenig wie seine Collegen, ein klares Verständnis derselben, sondern er verwechselte sie zum teil mit der Succussion — in dieser Beziehung erhebt er sich nicht über die klinische Durchschnittsintelligenz seiner Zeit. Wie wenig er die Methode anwandte, und in wie geringem Grade er dieselbe zu schätzen verstand, das geht hinreichend aus verschiedenen Krankengeschichten hervor, die er in seiner 1811 in Freiburg erschienenen Schrift mitteilt: *„Interpretationes clinicae observationum selectarum, quas ex diariis suis academicis ad propriam* *epitomen de curandis hominum morbis illustrandam collegit*"[73]) — eine Schrift, die wir übrigens besondere Veranlassung haben hervorzuziehen in dieser Schilderung, da sie gerade die Anwendung seiner Pathologie am Krankenbette zeigt und nicht nur Krankengeschichten von seiner Klinik mit eventuell beigefügtem Sectionsberichten bringt, sondern auch, wie der Titel zeigt, Epikrisen und zwar oft sehr ausführliche — also eine Recapitulation dessen, was er seiner Zeit mündlich in der Klinik vor seinen Schülern vorgetragen hat.

Ein in mehrfacher Beziehung charakteristisches Beispiel seines klinischen Auftretens namentlich bei Krankheiten der Brustorgane liefert folgender als „*Bronchitis lethalis*" bezeichneter Fall von der Klinik in Pavia, den ich mir daher erlauben werde recht ausführlich wiederzugeben. Die Krankengeschichte ist von dem Praktikanten Ripamenti verfasst.

Antonia Maria Gabbi, 25 Jahre alt, ist Mutter eines Kindes und jetzt im 4ten Monat schwanger. Sie ist stets gesund und gut menstruirt gewesen und wurde den 12. Decbr. 1792 um Mitternacht von einem 4 Stunden dauerndem Schüttelfrost ergriffen, nach welchem starke Hitze, Schweiss, Mattigkeit und Schmerzen in den Gliedern auftrat. Ohne Apyrexie trat am 13. Nachmittags 5 Uhr aufs Neue Frost ein, der zwei Stunden anhielt, darauf wieder Hitze und Schweiss. Den 14. Dec. ebenso. Am 15. Dec. treten ferner hinzu Husten, Torpor, Parese in rechten Bein, die nach 24 Stunden wieder verschwindet. Den 16. Dec. hält das Fieber an und der Husten wird sehr heftig, zugleich treten Schmerzen im Schlund und unter dem Brustbein ein.

Am 17. Dec. wird sie in die Klinik aufgenommen, und der Status ergiebt: bitterer Geschmack, Zunge belegt, die Respiration äusserst erschwert. Die Schmerzen im Schlund und unter dem Brustbein dauern fort. Der Husten ist trocken. Die rechte Seitenlage ist erschwert. Der Rücken, die Beine, die Arme schmerzhaft. Grosse Mattigkeit, allgemeiner Schweiss, ein schneller und voller, doch nicht sehr harter Puls.

Es wird *Emulsio arabica*, *Decoctum hordei c. nitro* und *Oxymel* verordnet.

Den 18. Dec. Wegen beständigen Hustens mit heftigen Schmerzen in der Brust und in den Gliedern kein Schlaf. Der Puls voll und frequent. Zweimal Stuhlgang. *Venaesectio* von 10 Unzen, gegen Abend wiederholt.

Den 19. Dec. Morgens: Kein Schlaf. Gegen Mitternacht wurde das Fieber stärker. Anhaltender Husten mit Brustschmerzen. Zugleich Uterinschmerzen. Die Schwäche hat zugenommen, der Puls nicht voll, aber hart und frequent. Das Gesicht blass, einmal Stuhlgang. Es wird *Decoctum Corticis c. Laudano* und ein *Linctus* verordnet.

Abends: der Zustand ist verschlimmert. Sie erklärt Kindsbewegungen und Wehen gespürt zu haben. Nasbluten. Die Respiration ist sehr erschwert, kein Auswurf, das Gesicht wieder gerötet, der Puls bald hart und voll, bald wieder klein. Ordination: *Haustus salinus c. Pulv. Doveri* et *Moscho orient.* sammt *Vin. album.*

Den 20. Dec. Morgens: Die Nacht war recht gut; jedoch gegen Morgen Schmerzen in der linken Brustseite. Erbrechen von Galle. Der Puls nicht beschleunigt, aber das Aussehen verspricht nichts gutes.

Abends: Der Puls etwas frequenter, die Brustschmerzen dauern fort, der Husten selten. 5 Mal Erbrechen. Klagen über Schwäche und Ohrensausen.

Fühlt ab und zu Kindsbewegungen. *Clysma, Cataplasma.*

Den 21. Dec. Morgens: Die Nacht war unruhig, Schmerzen im Rücken. Der Husten selten, aber schmerzhaft. Das Atmen leichter, zweimaliges Erbrechen. 1 Stuhlgang. Der Puls nicht beschleunigt, aber die Schwäche ist gross. *Linim. volat. Emuls. arabic.*

Abends: Die Schmerzen geringer. Starker Durst. Respiration leicht. Die Stimme heiser. Der Puls nicht beschleunigt, das Ohrensausen verschwunden, aber die Schwäche hält an.

Den 22. Dec. Morgens: Kein Schlaf. Der Husten hat zugenommen. Die Brustschmerzen sind verschwunden. Heftiger Durst, die Zunge trocken. Die Schwäche hochgradig. Guter Stuhlgang. *Emuls. arabic. c. Moscho* und *Extr. Corticis.*

Abends: Klagt über Brennen im Schlunde. Der Husten dauert fort, das Fieber nimmt zu. Sie hat Kindsbewegungen gespürt.

Den 23. Dec. Morgens: Die Nacht war ruhig, der Puls klein und weich, die Zunge trocken; 1 Mal Erbrechen. *Decoctum corticis.*

Abends: Erbrechen nach allem, was sie geniesst. Heftige Schmerzen im rechten Hypochondrium, nach dem Schulterblatt ausstrahlend, Die Zunge trocken.

Den 24. Dec. Morgens: Etwas Schlaf, aber die Schmerzen dauern fort. Der Puls hüpfend. *Cucurb. cruent* Nr. 3.

Abends: Die Schmerzen unverändert. Der Husten leichter. *Vesicatorium.*

Den 25. Dec. Morgens: Nur wenig Schlaf, die Schmerzen dauern fort. Husten selten aber heftig. Exspectoration erschwert. Der Puls hart, contrahiert. *Haustus salinus c. Pulv. Doveri et Moscho.*

Abends: Die Schmerzen unverändert, die Respiration röchelnd. Der Puls stark contrahiert und hart.

Den 26. Dec. Morgens: Die Nacht war schlecht. Die Respiration ist äusserst erschwert und zwingt die Kranke aufrecht zu sitzen. Die Schmerzen im rechten Hypochondrium steigen in die Brust hinauf. Der Husten sehr heftig. Der Auswurf zähe. Der Puls unverändert. *Cont. Moschus. Linim. volat. c. Laud. liquid.*

Abends: Schmerzen und Atmungsbeschwerden unverändert. Unruhe, Husten, das Gesicht gerötet. Der Puls voll und hart. *Venaesectio* (6 Unzen).

Den 27. Dec. Morgens: Kein Schlaf, fortwährend ein sehr beschwerlicher Husten mit reichlichem, zähem Auswurf. Die Schmerzen im Hypochondrium dauern fort. Ab und zu wehenartige Schmerzen im Unterleib. Der Muttermund hat sich geöffnet. *Cucurb. cr. 8. Vesicatorium. Emuls. arabic. c. Manna.*

Abends: Die Schmerzen unverändert. Respiration keuchend, Husten heftig. Auswurf zähe. Erbrechen und 1 Stuhlgang. Der Puls hart und voll. *Venaesectio* (8 Unzen).

Den 28. Dec. Morgens: Die Nacht war sehr unruhig, der Husten heftig, starker Auswurf. Erstickungsanfälle. Das Stechen unverändert, dazu Schmerzen in der Cardia. Die Augen gelblich, der Durst sehr heftig. Sie wirft sich hin und her, der Puls hart und contrahiert.

Abends: Die Dyspnoe hat weiter zugenommen. 1 Stuhlgang.

Den 29. Dec. Morgens: Im Laufe der Nacht nahmen die Unterleibsschmerzen zu; eine tote Frucht wurde geboren. Darnach weniger Schmerzen und leichtere Respiration. Klagen über Mattigkeit. *Vinum.*

Das Befinden wieder verschlechtert. Die Schmerzen im Unterleib und im Hypochondrium haben zugenommen. Die Atmung äusserst erschwert, der Husten heftig. 3 Mal Stuhlgang. Die Lochien fliessen spärlich. *Emuls. arac. c. Haustu narcotico.*

Den 30. Dec. Morgens: Die Symptome unverändert.

Abends: Nach Mittag haben die Schmerzen und die Unruhe zugenommen. Das Schlucken behindert, in der Luftröhre das Gefühl der Zusammenschnürung. Nun liegt sie soporös da. Die Extremitäten sind kühl, der Mund geöffnet, der Puls äusserst schnell und fadenförmig. *Camphora.*

Am nächsten Morgen tritt der Tod ein.

Section: Bei Eröffnung der rechten Thoraxhöhle strömte unter starkem Druck Luft heraus; darnach floss ein Teil stinkenden gelbbraunen Wassers heraus, während eine grosse Menge zurückblieb — im ganzen kaum unter 15 Pfund. Die Lunge comprimiert, klein, blass. Im Ober-Lappen sieht man 3 kleine fistulöse Oeffnungen, von Erbsen-Grösse, aus welchen bei Druck eine purulente, rötliche Flüssigkeit ausströmte. Die Pleura schien abgesehen von einigen kleinen roten Punkten gesund zu sein. In der linken Brusthöhle fand man ungefähr 3 Pfund einer mehr rotgefärbten wässerrigen Flüssigkeit. Auch die linke Lunge war zusammengefallen, ohne Spur einer Entzündung, ebensowenig wie die Pleura. Die aufgeschnittenen Bronchien und die Luftröhre glänzten überall in einer scharlachroten Farbe.

Im Herzbeutel ungefähr 7 Unzen wässerrige Flüssigkeit. Auch am Herzen keine Entzündung.

Die Leber gross, erstreckt sich bis zur 4ten Rippe. Sonst nichts Abnormes im Unterleib.

Der Uterus mit schwarzem verdorbenem Blut angefüllt, die Blutgefässe stark erweitert. Die Harnblase contrahiert und leer.

An diese Krankengeschichte knüpft Frank eine sehr ausführliche Epikrise, deren wesentlicher Inhalt folgender ist:

Die entzündlichen Brustkrankheiten sind ganz besonders gefährlich bei Schwangeren. In den ersten Monaten kommt es nämlich leicht zum Abort, der bisweilen wohl einen günstigen Einfluss ausüben kann, wenn die Entzündung hypersthenisch ist, am häufigsten aber durch Blutverlust den Tod herbeiführt: in den letzten Monaten der Schwangerschaft behindert der Uterus die Atmung. In beiden Fällen vermehrt Consensus uteri die Brustsymptome. Einen besonders heftigen Fall von Lungenentzündung bei einer schwangeren Frau im 7ten Monat glaubt Frank doch durch 9 kühne Aderlässe gerettet zu haben (so hoch schätzt er diese Therapie!). Dass diese Kranke nicht gerettet wurde, das rührt her von der starken, wandernden Arthritis mit Lähmung, die im Anfang der Krankheit bestand, sowie von der älteren Krankheit der rechten Lunge, wahrscheinlich tuberculöser Natur, worauf die fistelartigen Oeffnungen und die stinkende Luftansammlung hindeutet. Dass die Krankheit keine wirkliche Lungenentzündung war, geht daraus hervor, dass die Schüttelfröste 4 Tage nach einander auftraten. Bei der Aufnahme in die Klinik deuteten die Symptome und besonders der volle, harte Puls sicher auf einen inflammatorischen Charakter der Krankheit. Aber als nach zweimaligem moderaten Aderlass die Kräfte abnahmen und das Gesicht blass wurde, fürchtete Frank, dass er sich in der Diagnose geirrt habe in Betreff des angenommenen hypersthenischen Charakters des Fiebers, da er gesehen hat, dass auch Nervenfieber mit ähnlichen Symptomen im Anfang auftreten können. Daher hörte er auf mit den schwächenden Mitteln und ging über zu Cortex mit etwas Opium, durch welche Mittel in Verbindung mit andern milden Excitantien auch Besserung (?) einzutreten schien, die jedoch nicht zuverlässig war, da sich weder ein kritischer Bodensatz im Urin, noch Schweiss noch sputa cocta zeigten. Die trockene Zunge und das anhaltende Stechen kündigte auch die Verschlimmerung an, die bald eintrat, und die Frank für einen neuen Anfall einer heftigen Lungenentzündung hielt. Es fehlten einige Symptome, die ihn auf den rechten Weg geführt haben könnten. Öfters ist er nämlich, wenn während einer Lungenentzündung plötzlich heftige Oppression und Angst eintrat, imstande gewesen richtig Hydrothorax der einen Seite aus einem Ödem des entsprechenden Armes und namentlich aus einem intermittierendem Puls derselben Seite zu diagnosticieren. Und wenn diese Symptome hier vorhanden gewesen wären, würde er ohne weiteres die Paracentese versucht haben als das einzig mögliche Rettungsmittel. Hier dagegen verleitete ihn die Beschaffenheit des Pulses, mehr an eine erneuerte Peripneumonie als an Hydrothorax zu denken.

Die Section hat nun eine grössere Menge Flüssigkeit im Cavum thoracis ergeben, als er jemals früher gesehen hat, und ihn zugleich belehrt, dass hier trotz der Symptome nur eine Bronchitis mit Hydrothorax bestand, keine wirkliche Peripneumonie oder Pleuritis. Das Seitenstechen braucht also nicht mit Bestimmtheit auf diese Krankheit hinzudeuten, da es auch bei Bronchitis vorkommen kann.

Das Raisonnement ist hier ganz traditionell hippokratisch, und dass Frank diesen Fall nicht nach den Erfahrungen der Gegenwart als verfallende Lungeninfarkte mit daraus resultierendem Pyopneumothorax gedeutet hat, und dass er Gewicht auf eine sehr hypothetische zu Grunde liegende Arthritis legt, alles dieses dürfen wir ihm nicht verdenken. Aber auffallend ist es, dass er, der doch etwas von der Percussion weiss und jedenfalls Auenbruggers und Stolls Schriften kennt, wie er ja auch mit der antiken Succussion wohl bekannt ist, durchaus nicht daran denkt, diese physikalischen Mittel zur diagnostischen Aufklärung zu benutzen, sondern ebenfalls im traditionellen hippokratischen Geiste sich ruhig damit begnügt, auf seine so unsicheren persönlichen Erfahrungen über die concomitierenden Symptome zu bauen, die er erwähnt, wenn er zugleich, die Möglichkeit eines „acuten Hydrothorax" vor Auge, kühn an eine Thorakocentese denkt. Er zeigt hierdurch nur, dass er, wie ich schon oben gesagt habe, auf keinem sonderlich hohen klinischen Standpunkt steht, und sich nicht sehr wesentlich über das begrenzte Niveau der damaligen traditionellen Kleinhippokratiker erhebt. Nirgends giebt er einen Beweis eines wirklich überlegenen klinischen Verständnisses, eines eigentlich genialen Blicks als Kliniker, und insofern kann der hier referierte Fall von seiner Klinik sehr wohl als Paradigma instar omnium dienen. Aber man bemerkt sowohl hier wie an andern Stellen eine in ihren Grenzen sehr respectable Gründlichkeit, ein sehr ehrenwertes und ernsthaftes Streben darnach, tüchtiges zu leisten, und seine gewissenhafte Wahrheitsliebe und Aufrichtigkeit, auch wenn er Irrtümer einzugestehen hat, wovon der referierte Fall ebenfalls Zeugnis ablegt, ist über jedes Lob erhaben. Insofern ist er ein mit gutem Grunde hochgeschätzter klinischer Lehrer, ein leuchtendes Vorbild für seine Schüler und des Ruhmes würdig gewesen, mit dem ihn die Geschichte gekrönt hat.

Zugleich muss aber eingeräumt und hervorgehoben werden, dass an verschiedenen Stellen seiner klinischen Schriften wirklich Zeugnis davon abgelegt wird, dass er im Besitz einer nicht geringen Tüchtigkeit auch als diagnostischer Untersucher gewesen ist. Dies geht sowohl aus mehreren Stellen seiner Epitome als aus andern Abhandlungen hervor, z. B. aus seiner „*Oratio academica de signis morborum ex corporis situ partiumque positione petendis*", worin der ganzen Inspection des Kranken, zum Teil auch der Palpation, eine sehr kundige Würdigung zu Teil wird. Die Therapie ist aber wohl seine stärkste Seite, und es kann nicht zweifelhaft sein, dass er in seinem besonnenen und skeptischen Eklekticismus als Therapeut mehr Vertrauen verdient und mehr Tüchtigkeit zeigt als der hitzige de Haen und der dogmatische Stoll. Und wenn er als Hippokratiker ein Hauptgewicht gerade auf die Behandlung der Krankheiten legt und sein klinisches Hauptwerk „*de morbis hominum curandis epitome*" nennt, wie seine Vorgänger das ihrige „*ratio medendi*" — so muss auch zu seiner Ehre gesagt werden, dass er diese Aufgabe, eine vernünftige medicinische Therapie zu formulieren, in einer für seine Zeit wirklich tüchtigen Weise gelöst hat, und der Hauptsache nach in hippokratischem Geiste, mit vorsichtiger Benutzung weniger Medicamente, mit Nachdruck auf die Anwendung diätetischer und hygieinischer Hülfsmittel.

Obgleich mit entscheidender Anlage und Talent als praktischer Arzt begabt und überall, wo er in seinem unruhigen Leben wirkte, in hohem Grade von Praxis und Consultationen in Anspruch genommen, — namentlich in Wien, wo die ganze Bevölkerung sich mit demselben unbegrenzten Vertrauen an ihn wandte, wie einige Jahre vorher an Stoll — hatte er doch stets seine eigentliche Stärke im Organisatorischen und Reformatorischen, wobei sein gesunder Verstand und Tact nicht weniger als seine ausgedehnten Kenntnisse und seine Lebenserfahrung ihn in jedem Punkte stützen konnte. Und hiervon legt auch in hervorragendem Maasse seine umfassende litterarische Production Zeugnis ab. Schon als ganz junger Doctor in Heidelberg legte er, wie schon erwähnt, den Plan zu seinem für damalige Zeit gigantischem Werke: eine systematische erschöpfende Darstellung der Principien und der Anforderungen sowohl der öffentlichen als der privaten Hygieine, und bis in sein hohes Alter fuhr er unermüdlich fort daran weiter zu arbeiten. Der erste Band dieses epochemachenden Werkes, „System einer vollständigen medicinischen Polizey", kam 1779 heraus, die letzte Abteilung des umfassenden 6ten (und letzten) Bandes erschien 1819. Aus verschiedenen Aussprüchen in seiner Selbstbiographie geht hervor, dass er, und sicher nicht ganz mit Unrecht, die Ausführung und Vollführung dieser Arbeit als das grösste und bedeutungsvollste Werk seines thätigen Lebens betrachtete.

Spätere hippokratische Ausläufer.

Wenn in gewissen Beziehungen, und namentlich schriftstellerisch, Peter Franks „System der medicinischen Polizey" wirklich als sein bedeutungsvollstes Werk bezeichnet werden kann, so ist es doch nicht weniger sicher, dass auch sein klinisches Wirken in hohem Grade wichtig und praktisch erfolgreich war. Die damals schnell auf einander folgenden Einrichtungen von Kliniken nicht nur an den verschiedenen österreichischen, sondern auch an den meisten kleineren Universitäten der zahlreichen deutschen Staaten waren hauptsächlich sein Werk, direkt oder indirekt, und sie trugen den Stempel ihres Ursprungs nicht nur in formeller und organisatorischer Beziehung, sondern auch mit Rücksicht auf ihren Geist und Inhalt. Noch lange nachdem die Kliniken der neuen pathologisch-anatomischen Schule in Frankreich zur Blüte gelangt waren, wurde der klinische Unterricht nicht nur in den meisten deutschen Ländern, sondern überhaupt im nördlichen Europa, ja zum Teil auch in Italien, das ja unter dem nahen Einfluss des österreichischen Kaiserstaates stand, noch im Geiste Franks geleitet, nach eklektisch-hippokratischen Grundsätzen und mit dem ganzen Nachdruck auf die Praktikantenklinik. Allerdings dringt zugleich mit Frank das Brownsche Dogma mit grosser Energie in die praktische Medicin Deutschlands hinein, besonders nachdem die etwas rohe Form Browns unter dem mächtigen naturphilosophischen Einfluss durch Röschlaub in Bamberg eine den Deutschen zusagende mehr verwickelte wissenschaftliche Einkleidung erhalten hatte. Bei den meisten bedeutenderen deutschen Klinikern reicht jedoch der Einfluss der Naturphilosophie nicht weiter, als bis zur Ausbildung eines allgemeinen idealistischen Vitalismus, einer bestimmten Pointirung einer Lebenskraft, einer Auffassung, die wohl im Grunde mystisch-speculativ ist, in ihren praktischen Consequenzen am Krankenbett aber wesentlich sich mit dem alten Hippokratismus und der alten *vis medicatrix naturae* desselben deckt — was auch der Fall mit dem stark accentuirten Vitalismus der Schule in Montpellier ist, der überhaupt ziemlich mit der deutschen Entwicklung zusammenfällt. Und da die Lebenskraft doch selten hinreichend kräftig in ihrem Wirken für die Kranken war, so hielten die Vitalisten auch ferner das von Frank ererbte eklektische, active Princip in ihrer Therapie fest.

Verhältnismässig am reinsten werden die Traditionen der Wiener Klinik natürlich bewahrt von den

directen Schülern Peter Franks,

unter denen sein Sohn Joseph Frank und Autenrieth zu den bedeutendsten gezählt werden müssen. Joseph Frank (1771—1842) war ursprünglich nicht gerade seinem von der ersten Jugend an so besonnenen Vater ähnlich. Mit einem durchaus kritiklosen Enthusiasmus warf er sich der Brownschen Lehre in die Arme, und wahrscheinlich ist die allgemeine Anschauung nicht unbegründet, dass es zunächst das stets sehr intime Verhältnis zwischen Vater und Sohn und die rührende Vaterliebe Peter Franks war, die diesen verleitete, sich so sehr von der neuen Lehre inficieren zu lassen, wie er es in seiner schon erwähnten Vorrede zu der Schrift seines Sohnes über die Klinik in Pavia zeigt. Aber Joseph Frank gelangte schon 1797, wo er, nachdem er kurze Zeit als Kliniker in Pavia constituirt gewesen war, als Oberarzt am Allgemein. Krankenhaus in Wien angestellt wurde, zu einer mehr kritischen Auffassung des Brownianismus, und in den folgenden Jahren, namentlich nach einem längeren Aufenthalt in Frankreich, England und Schottland, den er in einem umfangreichen Buche[74]) beschrieben hat, befreite er sich allmählich ganz davon, was er selbst offen proclamierte. Von seinen Aussprüchen in dieser Beziehung, die sich in der ausführlichen Einleitung zu seinen „*Acta instituti clinici universitatis Vilnensis*" finden, werde ich mir erlauben einen einzelnen Passus wortgetreu wiederzugeben, nicht nur weil derselbe ein höchst ansprechendes Zeugnis von seiner unverhohlenen Aufrichtigkeit abgiebt, sondern auch weil er darin zugleich indirekt das Andenken seines Vaters von der Beschuldigung, ein ganzer Brownianer zu sein, reinigt:

Fateor equidem institutionem medicam, qua me juventute prima parens optimus, Joannes Petrus Frank, imbuerat, consiliaque ejus prudentissima, ex quibus vel post absolutum curriculum academicum fructus percepisse maximos gaudeo, haud impedire potuisse, quin ea aetate, qua fervens imaginationis aestus saepe nimis rationem imperio suo subiicit, a fluxo systematis ejusdam nitore obcaecatur, a recto tramite aliquantisper aberraverim.

Diese Acta enthalten im Uebrigen eine nach Jahren geordnete Casuistik mit Epikrisen von seiner Klinik, Alles ungefähr wie die Interpretationen seines Vaters abgefasst ohne hervortretende Zeichen eines besonderen oder selbständigen Begabung. Nur eine einzige Krankengeschichte aus dem 2ten Jahre der Klinik (1807) hat ein gewisses besonderes Interesse, indem dieser Fall zeigt, dass er die Percussion angewandt hat, und er hebt ausdrücklich hervor: nach Auenbruggers und Corvisarts Methode. Es muss also dieser französische Kliniker gewesen sein, der Joseph Frank bei seinem Besuch in Paris 1803 zu percutieren lehrte; denn litterarisch machte Corvisart die Methode erst 1808 bekannt in seiner Bearbeitung des Inventum Auenbruggers, und der betreffende Patient lag in der Klinik zu Wilna im Herbst 1807 und litt nach Franks Diagnose an *„phtisis pulmonalis cum hydrope cutaneo et pectoris"*. Durch diuretische Mittel (Nitras potassae und Mel acetatum) wurde der Kranke *„maxime sublevatus sub largo urinarum fluxu"*. Nach der Krankengeschichte ist es ein Fall von chronischem Nierenleiden gewesen.

In seiner Stellung als langjähriger Kliniker in Wilna (1806—1824) trat Joseph Frank in die Fusstapfen seines Vaters, nicht nur mit Rücksicht auf die ganze Einrichtung der unter Mitwirkung des Vaters etablierten Klinik, sondern auch mit Rücksicht auf den ganzen Geist und den Inhalt derselben. Er empfahl besonders das Studium der Schriften des Hippokrates und Sydenhams, suchte mit besonnenem Eklekticismus Neues aufzunehmen und dadurch die hippokratische Basis, die er später nie verliess, zu erweitern. In seinem teils in Wilna teils später in seiner Villa am Comer See ausgearbeiteten klinischen Hauptwerk in 11 Bänden: *„Praxeos medicae universae praecepta"* (1811—43), betont er die genaue Krankenbeobachtung ganz im Geiste seines Vaters und des Hippokratismus. „Die Phänomene oder Symptome der Krankheiten", sagt er in den Prolegomena des Werkes, „werden entweder aus dem Bericht des Kranken selbst oder durch die Sinne des Arztes oder besser noch aus beiden Quellen zugleich constatiert. Von den Symptomen, die der Beobachtung der Sinne zufallen, müssen besonders angeführt werden: der ganze Habitus des Körpers, Temperatur, Haltung und Lage, Zustand der Haut und der darunterliegenden Weichteile, der Nägel, des Schweisses, des Gesichts, besonders der Augen, der Augenbrauen, der Stirn, der Ohren und ihrer Absonderungen, der Nase, des Mundes, der Lippen, des Zahnfleisches, der Zunge, des Speichels, des Halses, des Schluckens, der Stimme. Man muss achten auf Ein- und Ausatmung, Husten, Auswurf, Niesen, Schlucksen und Aufstossen, Bewegung im Herzen und in den Arterien, auf das Verhalten im Epigastrium, in den Hypochondrien und dem übrigen Unterleib, auf Erbrechen, Faeces, Urin, Menses, schliesslich auf Schlaf und Gemütsstimmung." Hier spricht er ganz, ja sogar sklavisch, im Geiste des alten Hippokrates, und es ist keine Spur mehr vorhanden von Sthenie oder Asthenie, ebensowenig wie man etwas von einem Einfluss der neuen französischen Schule spürt. Die genaue Local- oder Organuntersuchung berührt er nur oberflächlich in den Prolegomena, insofern er nur kurz hinzufügt: Während man die Teile des Körpers befühlt (*tactu exploramus*), in welchen man den Sitz der Krankheit vermutet, muss man den Kranken passende, nach dem Sitz der Krankheit verschiedene Lagen einnehmen lassen.

Die organisatorische Schaffenskraft und das ganze expansive Wirken Peter Franks ging auf den zweiten hervorragenden Schüler aus der ticinensischen Periode, Autenrieth (1776—1835), den langjährigen Professor in Tübingen, über. Ebenso wie sein Lehrer umfasste er die ganze Heilkunde und docierte einige Jahre hindurch Anatomie, Physiologie, Chirurgie, Geburtshülfe und *Medicina forensis* ausser seinem späteren Hauptfach, der Klinik. Die Klinik wurde nach dem Muster Franks organisiert und in Thätigkeit gebracht, zuerst nur nach einem sehr reducierten Maassstab in einer der alten „*bursae*" der Studenten, aber bald (1805) gelang es ihm, während er gleichzeitig nach verschiedenen Seiten hin in bedeutungsvoller Weise organisatorisch thätig war und andere Institute für medicinische und naturwissenschaftliche Zwecke gründete, den Bau eines grossen Clinicums, das mit allen Hülfsmitteln der damaligen Zeit ausgerüstet war, durchzusetzen. Sein in deutscher Sprache abgefasster litterarischer Nachlass über klinische Themata [75]) zeigt seine Vielseitigkeit als Arzt, indem er darin sowohl medicinische als chirurgische und geburtshülfliche Fragen behandelt, legt im Uebrigen aber Zeugniss ab von einem nicht sonderlich hohen, traditionell hippokratischen Standpunkt, der sich kaum über das klinische Niveau seines Lehrers erhebt. So eröffnet er z. B. sein Werk mit einer ausführlichen Abhandlung „**Heilmethode bey der häutigen Luftröhrentzündung der Kinder**", worin er nach einer Erörterung der Aetiologie des kroupösen Leidens und dessen Abhängigkeit von tellurischen und atmosphärischen Einflüssen eine Darstellung seiner unfehlbaren Therapie giebt, die bei einer grossen Croupepidemie im Frühjahr 1807 sich „in keinem Falle untreu" erwies. Von dem Augenblick an, wo er diese Methode anwandte: ziemlich grosse Dosen Calomel, „**rettete er ohne Ausnahme jedes Kind**", während er im Anfang bei Anwendung der gewöhnlichen Mittel: Antimonpräparate, Brechmittel, Derivantien am Halse, die traurigsten Resultate gehabt hatte. Er erklärt, er wäre dadurch zu dieser Methode gekommen, dass er dem Winke der Natur genau gefolgt sei, indem bei den einzelnen Kindern, welche die Krankheit vor Anwendung des Calomel überstanden, constant eine günstige Krisis durch Magenschmerzen und stinkende Diarrhoeen eintrat, und ein Hippokratiker konnte da nicht zaudern diesem „von der Natur gezeigten Wege" zu folgen und nach dem Darmkanal abzuleiten. Nicht minder echt hippokratisch als dieses therapeutische Raisonnement ist seine naive Freude bei Ausübung der Heilkunst, sein absoluter Glaube an die Unfehlbarkeit der Methode in allen Fällen, und es stört ihn durchaus nicht, dass mehrere frühere Aerzte sowohl Calomel als andere Quecksilberpräparate gebraucht haben, ohne solche glänzende Resultate zu erzielen (auch Bretonneau wandte später diese Methode ohne befriedigende Erfolge an). Aber hat ein echter Hippokratiker erst fest constatiert, nach welcher Seite hin die teleologischen Kräfte der Natur unterstützt werden müssen, so ist er seiner Sache sicher und kann sich nicht irren! Die Frage der Bronchotomie, die schon im Altertum aufgeworfen worden war, und die später — wie Prof. Reisz [76]) gezeigt hat — von den leitenden Autoren erörtert wurde, darunter von van Swieten in seinen Commentaren zu Boerhaave (Aphorisma 813), wird also von Autenrieth garnicht gestellt, der ja der Hülfe dieser Operation nicht bedarf; er hat sein unfehlbares Calomel!

Von der Symptomatologie dieser Luftröhrenkrankheit giebt er übrigens eine sehr hübsche und anschauliche Schilderung und zeigt sich insofern als ein tüchtiger Kliniker aus Franks Schule, wie auch das grosse Gewicht, das er auf die Erforschung des Genius epidemicus legt, zugleich an Stoll erinnert. Seine Biographen rühmen auch seinen objectiven, anatomisch-physiologischen Grundstandpunkt (er war beeinflusst von Bichat), seinen scharfen Blick, der stets die Zuhörer überraschte und ihnen imponierte, und seine vorurteilslose Beobachtungsgabe — im Gegensatz zu dem rein abstracten Theoretisieren, das damals einen grossen Teil der Kliniker Deutschlands beherrschte. Es ist wahrscheinlich nicht unrichtig, wenn

Gurlt [77]) ihn als den hervorragendsten deutschen Kliniker des ersten Drittels unseres Jahrhunderts bezeichnet — was übrigens nicht so sehr viel sagen will. Und jedenfalls war unter seinen Schülern Schönlein, der berühmteste Kliniker Deutschlands in den beiden darauf folgenden Decennien, und dieser hatte wohl bei seinem Lehrer den Grund gelegt zu den Elementen hippokratischer Genialität, die später eine wesentliche Seite seiner einnehmenden klinischen Persönlichkeit ausmachte — während doch die anderen Seiten, und namentlich die starke Einwirkung der pathologischen Anatomie, die Klinik Schönleins ganz ausserhalb des Hippokratismus stellen muss; dieselbe repräsentiert zunächst ein eigentümliches, aber geniales Amalgam der Naturphilosophie und der neuen französischen Naturwissenschaft.

Die mehr auf dem Grunde eines philosophischen Vitalismus stehenden deutschen Kliniker dieser Periode entfernen sich wohl nicht wenig von der Nüchternheit Franks, in der Praxis aber stehen sie im Wesentlichen auf demselben Standpunkt und huldigen den Principien eines hippokratischen Eklekticismus. So auch der seiner Zeit so berühmte

Christoph Wilhelm Hufeland (1762—1836).

Sohn eines Leibarztes an dem herzoglichen Hofe in „Deutschlands Athen", selbst an diesen Hof gebunden, ein Freund und Arzt aller dort wohnenden grossen Geister, Wieland, Herder, Goethe, Schiller, trägt Hufeland in seiner medicinischen Persönlichkeit und seiner umfassenden litterarischen Production das durchgeistigte und erhabene Gepräge deutscher Classicität. Aber neben seinem stark hervortretenden Idealismus war er ein praktischer und damals wenigstens ein praktisch thätiger Mann, als er in Jena als Professor mit Energie und Erfolg für die Entwickelung und das Gedeihen der Klinik wirkte [78]). Seine Bestrebungen für die Errichtung eines klinischen Hospitals missglückten allerdings, aber mit Hülfe einer geringen vom Herzog von Weimar bewilligten jährlichen Geldsumme stellte er bald eine so bedeutende Poliklinik her, dass 600 Kranke jährlich in derselben behandelt und 50 Mediciner ausgebildet wurden. In seinem Journal stattete er häufig Bericht ab über diese „medicinisch-chirurgische Krankenanstalt."

Noch grössere Bedeutung erhielt seine Thätigkeit, nachdem er 1801, verstimmt durch die Reibungen zwischen der Universität und dem Herzog, die durch das Eindringen revolutionärer Ideen bei den Professoren entstanden waren, Jena verlassen hatte und die durch den Tod Selles erledigte Stellung in Berlin als Leibarzt, Director des Collegium medico-chirurgicum und Oberarzt an der Charité angenommen hatte. In diesem schon 1727 gegründetem Krankenhause [79]), das bei der Anstellung Hufelands 680 Patienten Platz bot, fand er ein reiches klinisches Material vor, das er gleich für den Unterricht zu verwerten suchte. Und als im Jahre 1810 die Universität Berlins gegründet wurde, zum Teil gerade durch kräftige Mitwirkung Hufelands, der eine besonders angesehene und einflussreiche Stellung beim Königshause einnahm, kam auch neues Leben in die klinischen Bestrebungen.

Indess war es eigentlich nicht Hufeland, der auf dem klinischen Lehrstuhl Berlins den ersten Platz einnehmen sollte. Der reich begabte Joh. Chr. Reil (1759—1813), der als klinischer Professor in Halle sich grossen Ruhm erworben hatte und einer der vornehmsten Bannerträger des Vitalismus und der „Lebenskraft" gewesen war, sich aber allmählich in einen naturphilosophischen Mysticismus hineingearbeitet hatte, wurde als Hauptkliniker nach Berlin gerufen. Dies geschah wahrscheinlich in sofern mit Hufelands Zustimmung, als er auf Grund einer zunehmenden Augenschwäche sich weniger arbeitstüchtig fühlte und ausserdem den besonderen Plan gefasst hatte, seine Kräfte einer poliklinischen Anstalt zu widmen, für die er von Jena her eine Vorliebe gefasst hatte. Indess erwähnt er in seiner Selbstbiographie nicht ohne eine gewisse Bitterkeit, dass die höher philosophisch gebildeten Schüler Reils sich als die „Sonnenkinder" und Hufelands Schüler als „die Erdenkinder" betrachteten. Als Reil schon 1813 während seines Aufenthalts bei den Elbarmeen vom Kriegstyphus dahingerissen wurde, wurde Berends (1759—1826) von Breslau auf den ledigen klinischen Posten berufen.

Das poliklinische Institut, das Hufeland in den Räumen der Universität und mit einem besonderen Zuschuss des Königs von 1000 Thlr. schon zugleich mit den Eröffnung der Universität 1810 eröffnete, gewann schnell einen hervorragenden Platz unter den neuen klinischen Instituten der Universitäten und wurde eine Art Musteranstalt, die man an verschiedenen Stellen nachzuahmen suchte. Ich glaube daher derselben eine ausführliche Besprechung widmen zu müssen.

Im 31sten Band seines „Journal der practischen Arzneikunde und Wundarzneikunst" [80]), das Hufeland in jenen Jahren zusammen mit dem Kliniker Himly in Göttingen herausgab, giebt er eine ausführliche „Ankündigung" seines neuen königlichen Instituts und erörtert in ebenso fesselnder wie eingehender Weise alle hiermit verknüpften wichtigen Principien und Fragen, wobei ich vorläufig verweilen muss. In hippokratischem Geiste betont er „heilen, helfen ist der Zweck der Heilkunde, war ihre erste Entstehung und muss ewig ihre Richtung bleiben, wenn sie nicht sich selbst verlieren soll." Er hebt alle wichtigen theoretischen Kenntnisse hervor, die der Arzt sich erwerben muss, „aber dieses alles macht noch nicht den Arzt. Das Wichtigste folgt nun erst — die Anwendung, die Kunst, alle diese Kenntnisse und Regeln auf den bestimmten Fall zu applicieren, aus der ungeheuren Masse das Beste auszuwählen, das Allgemeine zu individualisieren, und das tote Wissen in lebendiges Handeln zu verwandeln. Man kann alles wissen, was zur Medicin gehört, und dennoch ein schlechter Arzt sein — eine Erfahrung, die sich nur zu oft bestätigt. Durch das Erstere wird man nur ein medicinischer Gelehrter, durch das Letztere erst ein Heilkünstler."

Als Consequenz dieses Programms stellt er die grosse Bedeutung der klinischen Anstalten dar und zieht besonders die Poliklinik herbei als die Instutition, in welcher die Kranken in ihrem Heim und in ihren gewöhnlichen Lebensverhältnissen beobachtet werden. Er räumt ein, dass die Hospitalsklinik den grossen Vorteil hat, dass hier alles nach den Regeln und den Ansprüchen der Kunst eingerichtet werden kann, dass die Behandlung mehr bestimmt und ideal vollkommen geleitet werden kann — besonders mit Rücksicht auf eine zweckmässige Anordnung der diätetischen Behandlung, „die oft wichtiger als die Medicamente ist" — dass alle Hindernisse und Schwierigkeiten der Privatpraxis fortfallen und „der junge Arzt gleichsam ein Musterschema seiner Thätigkeit erhält." Nachdem er darauf die Vor- und Nachteile beim Unterricht in einem grossen oder in einem kleineren für die Klinik eingerichtetem Hospital — bei jenem ein überwältigend grosses, bei diesem leicht ein zu geringes Material — erörtert hat, geht er zu einer näheren Charakteristik der Poliklinik über. Dieselbe hat grosse Vorzüge, sobald von der Ausbildung des jungen Arztes für seine zukünftige

Thätigkeit die Rede ist. Nur die Poliklinik kann vollständig nach dem wichtigsten Ziel jeder Klinik streben: unter gehöriger Leitung zu selbständigem Handeln heranzubilden; „es ist ein himmelweiter Unterschied dazwischen andere handeln zu sehen und selbst zu handeln." Dazu kommt ferner noch ein wichtiger Vorzug der Poliklinik, den ich Lust habe Hufeland ausführlich mit seinen eigenen schönen Worten darstellen zu lassen:

„Ein äusserst wichtiger Vorzug poliklinischer Anstalten ist aber der, dass hier der Studierende ein weit grösseres Interesse an seinen Kranken bekommt, und dass sowohl sein Gewissen, als seine Ambition in Mitwirkung gesetzt werden, für die Rettung des Kranken zu sorgen. Hier ist er sein specieller Arzt, der Kranke ist seiner Sorgfalt, seinen Kräften, seinem Gewissen allein anvertraut, er haftet für sein Leben und seine Gesundheit. Es entsteht das Band von gegenseitigem Vertrauen und Anhänglichkeit zwischen beiden, was jede Kur so sehr befördert. Der junge Arzt lernt den Kranken bei Zeiten nicht blos als ein Object der Kunst, sondern als einen hülfsbedürftigen Freund, der ihm das beste, was er hat, sein Leben anvertraut, betrachten und freundschaftlich, sanft, wohlwollend behandeln, er gewöhnt sich nicht zu der verderblichen Vorstellungsart, den Menschen als Mittel (sei es auch zur Bestätigung irgend einer neuen Methode oder Kunstansicht) zu betrachten, sondern immer, auch den Aermsten, als Zweck für sich allein. Sein Leben wird ihm, wenn auch nicht durch den Kranken selbst, doch oft durch die Teilname seiner Verwandten wichtig, und fordert ihn auf alle seine Kräfte anzuspannen. — Und hiermit hängt ein anderer Nutzen poliklinischer Anstalten zusammen: sie haben nicht allein auf die wissenschaftliche, sondern auch auf die **moralische Bildung** des Arztes den wohlthätigsten Einfluss, indem sie ihm häufig Gelegenheit verschaffen, das menschliche Elend in der Nähe kennen zu lernen, sein Gefühl zu verfeinern, und nicht blos durch Receptverschreiben, sondern auch durch Teilnehmen, öfteres Besuchen, sanfte Behandlung und Unterstützung der Retter und Tröster dieser Verlassenen zu werden.

Ferner: Im Hospital lernt der junge Arzt die Dinge so kennen, wie sein sollten, in den klinischen Anstalten so, wie sie wirklich in der Welt sind, und wie er sie künftig finden wird. Anstatt dass dort auf den Wink des Arztes alles mit der grössten Pünktlichkeit vollzogen wird, so setzen hier der Eigensinn, die Vorurteile des Kranken und der Anwesenden, der Mangel und das Elend und eine unzählige Menge von Nebenumständen, Hindernisse in den Weg, und dieses hat den grossen Nutzen, dass der junge Arzt lernt, sich in die Menschen zu finden, sich an ihre Eigenheiten und Launen zu gewöhnen, Vorurteile und Widerspenstigkeit auf eine gute Art zu überwinden, die Geduld nicht gleich zu verlieren, sich durch Schwierigkeiten nicht gleich abschrecken zu lassen und selbst bei unübersteiglichen Hindernissen neue Formen und Wege der Hülfe aufzufinden, die sich ein Arzt nicht bald genug zu eigen machen kann, und die gar oft mehr zum Glück seiner Kuren und zu seiner Empfehlung beitragen, als alle Gelehrsamkeit und Kunst. Nur gar zu oft hat die Hospitalsbildung die nachteilige Folge für den jungen Arzt, entweder dass er Zeitlebens etwas despotisches behält, oder dass er bald muthlos wird, weil er alles ganz anders findet, als er es im Hospital gewohnt war. Es erhellet hieraus, dass eben das, was man bisher als Mangel der poliklinischen Anstalten betrachtete, und was auch wirklich, in anderer Absicht, Mängel sind, ihnen, sobald wir auf die Erziehung und Bildung des künftigen Praktikers sehen, grossen Vorzug giebt."

Ferner zählt Hufeland zu den Vorzügen der Poliklinik, dass man hier bekannt wird mit allen den so wichtigen Krankheitszuständen, die sich in der Regel den Krankenhäuzern entziehen, wie man auch allen Krankheiten verhütenden Mitteln praktisch näher kommt. Ferner, dass man in der Poliklinik einen vollständigeren Ueberblick über den ganzen Krankheitszustand mit seinen späteren schleichenden Folgen gewinnt, dass man besser dazu erzogen wird, den Einfluss der täglichen den Kranken umgebenden und beeinflussenden Factoren zu bemerken und zu würdigen, die ja nicht mehr existieren, wenn er ins Hospital gebracht ist, dass man besonders reichliche Gelegenheit hat, sich in der eigentümlichen und schwierigen Kinderpraxis zu üben. Um besser seine poliklinischen Schüler erziehen zu können, will er zu gleicher Zeit nicht mehr als zwölf Praktikanten haben.

Auf folgende Weise resumiert er seine Betrachtungen: Zu einer vollkommenen klinischen Ausbildung gehören alle drei Arten Institute, ein **kleineres akademisches Hospital zu besonders wissenschaftlicher Ausbildung, ein grosses Hospital** zur weiteren Uebersicht über die Krankheitsformen und zur Erwerbung der Kenntnisse der vielen selteneren Fälle, und schliesslich die **Poliklinik** „zur Uebung im praktischen Wirken, wie dasselbe in Wirklichkeit ist, in allen hierher gehörigen Pflichten, zu selbständigem Handeln im Sinne des zukünftigen Praktikers, mit allen Freuden und Sorgen des praktischen Lebens und zum genauen Studium der Individualitäten, Kränklichkeiten, Krankheitsursachen und Kinderkrankheiten." Mit Befriedigung macht er darauf aufmerksam, dass die Berliner Universität alle drei Arten besitzen wird, da neben der Klinik in der Charité ein kleines, rein akademisches Hospital errichtet wurde. Er schliesst seine Betrachtungen, indem er seine besondere Freude darüber ausspricht, wieder zu seiner teuren poliklinischen Thätigkeit zurückkehren zu können, die stets einem Hippokratiker am Herzen liegen muss, und die er, wie er sagt, „für den Schlussstein der ganzen ärzlichen Bildung, und zugleich für den einzigen Punkt des akademischen Studiums hält, wo eine wahre Socratische Geistesannäherung und Geistesverschmelzung zwischen Lehrer und Schüler möglich ist. Nur der Geist macht lebendig — der Buchstabe tötet. — Nur was aus dem Leben kommt, geht in's Leben ein. — Dieses innere Leben des Geistes zu erwecken, es über den Buchstaben, über die Fesseln der Formen und Systeme, zu erheben, die ganze Natur in diesem höheren Sinne zu fassen — das ist das grosse Ziel, was allein durch ein solches lebendiges Zusammensein und Zusammenhandeln erreicht werden kann, was aber auch immer der Charakter und das beseelende Princip einer solchen Anstalt bleiben muss, wenn sie ihres höheren Zweckes würdig, und nicht wieder blos zum Träger eines neuen Schulsystems oder einer neuen Sekte erniedrigt werden soll. — Von diesem Gefühl durchdrungen, werde ich diesem Geschäft alle meine Kräfte und die Erfahrungen meines Lebens widmen, und es für den schönsten Gebrauch des Restes meiner Tage halten, das, was ich weiss und was ich bin, auf andere zu übertragen, und in ihnen auch künftig fortzuleben."

Ueber den ganzen Plan und die Einrichtung des Instituts macht er darauf Mitteilungen:

Wie bei Peter Frank waren die Klinicisten in zwei Klassen eingeteilt, eine auskultierende und eine practicierende Abteilung. Den Nutzen der ersteren motiviert Hufeland ungefähr wie Frank: „der Anfänger muss sich bei Zeiten an die Kunst gewöhnen, Kranke zu untersuchen und sich den praktischen Takt erwerben, der in einer eigenen Cultur der Sinne und aller Geistesgaben besteht." Auch hebt er hervor, wie wichtig es sei, dass die Jüngeren sich in der mit der Klinik verbundenen Apotheke praktisch ausbilden. Die Klinik wird täglich von 11—1 Uhr abgehalten. Hier werden neue Kranke untersucht und in Behandlung genommen; die Praktikanten statten Bericht ab über ihre respectiven Kranken, neue Ordinationen werden ausgefertigt, schriftliche Consultationen, die damals noch stark im Gebrauch waren, werden besorgt, und kleine Vorlesungen werden über gerade vorliegende Fragen gehalten. Das Krankenexamen wird den Praktikanten überlassen, aber Hufeland sieht darauf, dass dasselbe in rechter, gründlicher Weise vor sich geht. „Wer das Fragen in der Medicin versteht, der' kommt zum Zweck." In der darauf folgenden Consultation des Praktikanten mit dem Professor wird zunächst der Name der Krankheit nach dem System praecisiert, darauf werden die Ursachen erörtert, sowohl die ferneren als die *causa proxima*, die für den Hippokratiker mit dem wesentlichen Charakter der Krankheit zusammenfällt (entzündungsartiger Zustand, Verdauungsstörung u. s. w.) und die Hauptindikation für die Behandlung abgiebt. Nach dieser generalisierenden Bestimmung werden die individuellen Eigentümlichkeiten des Falles praecisiert — „um nicht nur die Krankheit, sondern auch den Kranken kennen zu lernen." Das letztere, das *punctum saliens* des Hippokratikers, beruht auf „dem eigentlich artistischen Talent des Arztes." Die Indicationen müssen darnach scharf formuliert werden, kein Heilmittel darf angewendet werden, ohne bestimmte Indication. Was die Medikamente anbetrifft, so hält sich Hufeland namentlich zu den alten und bewährten, und im übrigen bittet er eingedenk zu sein, dass man sein Vertrauen nicht nur auf die Apotheke setzen soll, sondern ebenso gut auf alle diaetetischen und hygieinischen Mittel

— was alles echt hippokratisch ist. Als einen Vorteil der Poliklinik hebt er auch hervor, dass der Praktikant daran gewöhnt wird namentlich billige Mittel zu benutzen. Schliesslich kommt man zum Recept, auf dessen genaue Ausführung er grosses Gewicht legt. Die Medicin wird in der Apotheke des Instituts von Klinicisten zubereitet, die abwechselnd den Dienst verrichten. Die Patienten in der Stadt werden unter die Praktikanten verteilt, die sie täglich besuchen, bei akuten Krankheiten auch mehrere Besuche am Tage abstatten und in schwierigen Fällen den Professor mitnehmen können — obwohl er nach dem Standpunkt damaliger Zeit sich damit begnügen konnte, das Referat des Klinicisten zu entgegenzunehmen und danach zu urteilen.

Mit dem Institut war eine chirurgische und eine ophtalmologische Klinik verbunden, aber unter besonderer Leitung. Und diese alte Institution zeigt also schon eine Annäherung an die Polikliniken der Gegenwart, die unter Leitung einer Anzahl vereinigter Specialisten stehen und für die die Wiener „allgemeine Poliklinik" ein Hauptrepräsentant ist.

So weit möglich wurden Sectionen vorgenommen, und zwar in der Regel von dem Praktikanten selbst im Beisein des Directors oder eines Assistenten und der Klinicisten.

Am Schluss der Abhandlung giebt er noch ein Résumé seines ganzen klinischen Glaubensbekenntnisses. Er will zu keiner bestimmten Kurmethode noch System schwören, sondern durchaus die grösste geistige Freiheit und Empfänglichkeit für Impulse von den verschiedensten Seiten aufrecht erhalten — nur dadurch hofft er der Wahrheit näher kommen zu können. Nur indem er die Selbständigkeit des Geistes aufrecht erhält, indem er im Unterricht nicht so sehr darauf Gewicht legt, was gelehrt wird, als vielmehr darauf, wie die Thätigseit des Geistes geweckt und entwickelt wird, hofft er tüchtige Aerzte zu erziehen. „Ich hasse daher von ganzem Herzen alles, was nur einer Sekte, einem Geistesdespotismus oder einem infallibeln Kurreglement ähnlich sieht, und dringe auf nichts mehr, als auf Selbstprüfen, Selbstdenken, Selbsthandeln. — Wir haben keinen andern Codex als den der Natur und Erfahrung, keine anderen Grundgesetze, als die unwandelbaren Gesetze des Organismus (im gesunden und kranken Zustand) und der ganzen Physik auf ihn angewendet. Dies sind unsre Autoritäten, an die wir appellieren, und dies die Quellen, aus denen jeder, der sie zu nutzen weiss, sich selbst die besten Aufschlüsse und Regeln der Handlung abstrahieren kann. Dies ist auch das einzige, wofür ich die tiefste Achtung einzuprägen suche, die Selbstthätigkeit der Naturkraft jedes organischen Körpers zu seiner Erhaltung und Hülfe. Gegen diese sich versündigen, sie hindern, unterdrücken, ihr entgegen arbeiten, — das halte ich für die einzige unverzeihliche Sünde in der praktischen Medicin." Im Uebrigen erklärt er, er stelle sich im höchsten Grade liberal allen Kurmethoden und Mitteln gegenüber, indem er nur fürchtet, sich zu eng an eine einzelne anzuschliessen.

Nach dieser ganzen Entwicklung, die uns Hufeland als hippokratischen Eklektiker im vollsten Sinne zeigt, werden in der Zeitschrift die Regeln des Instituts mitgeteilt, von denen wir nur erwähnen wollen, dass zwei festangestellte Assistenten dem Director beigegeben waren, dass die Klinicisten für den halbjährigen Cursus ein Honorar von einem Fridrichsd'or bezahlten, das zu extraordinärer Unterstützung der ärmsten Klienten verwendet wurde, für welche auch Fleischsuppe extra verordnet werden konnte, dass keiner der zwölf Praktikanten mehr als sechs Kranke auf einmal in Behandlung haben durfte, dass schwierige Fälle in die Charité verlegt und hier ferner vom Institut beobachtet werden konnten, dass die Auscultanten bei allen Arbeiten der Klinik zugegen sein und assistieren sollten.

Von der Thätigkeit der Poliklinik Hufelands in der ersten Periode haben wir in der dänischen Litteratur eine Schilderung von einem Augenzeugen, dem späteren Professor C. Otto, der auf seiner grosen ausländischen Reise 1819 Berlin besuchte und später eine ausführliche Darstellung seiner Reiseeindrücke in seiner Zeitschrift „Ny Hygaea"[81]) gab. Ein besonders klar sehender oder gründlicher Beobachter ist Otto sicher nicht gewesen, und in mehreren Punkten scheint ihm das rechte Verständniss zu fehlen, aber neben einer gewissen Einseitigkeit und Flüchtigkeit zeigt er doch ein lebhaftes Interesse für Alles, womit er in Berührung kommt, und scheut sich nicht seine Meinung zu sagen, — sein Urteil ist sogar oft sehr scharf. Er fühlt sich nicht besonders zu Hufeland hingezogen, der auch im Allgemeinen gegen Fremde kühl und vornehm war, und macht ihm als Therapeut Vorwürfe wegen seines allzuweit getriebenen Eklekticismus, der ihn verleitete eine Menge verschiedener Heilmittel zu versuchen und ihn dadurch in eine bunte Polypharmacie verwickelte, wodurch er in Widerspruch mit dem Hippokratismus geriet, dessen Vertreter Otto zunächst ist. Das ist gewiss richtig, und Hufeland war in der Praxis weniger Hippokratiker als in der Theorie (wie er denn überhaupt kein grosser Praktiker war), aber es war im übrigen nur eine natürliche Consequenz der Entwicklung, dass der Eklekticismus allmählich in immer stärkere Collision mit dem alten Hippokratismus geraten musste, der in seiner mehr dogmatischen Form sich überlebt hatte, und die meisten Kliniker der damaligen Zeit, die doch principiell an dieser Lehre festzuhalten suchten, wurden, wie schon früher Peter Frank, in ihrem Auftreten am Krankenbett notgedrungen eklektisch. Und wenn man es Hufeland besonders oft zum Vorwurf gemacht hat, dass sein zuweitgetriebener eklektischer Liberalismus ihn auch dazu verleitete, z. B. die Homöopathie und zum Teil den thierischen Magnetismus milde zu beurteilen — eine Kurmethode, die übrigens damals mit grosser Bravour von Hufelands Universitätskollegen Wolfart dociert und ausgeübt wurde, worüber Otto ebenfalls einen ausführlichen Bericht bringt [82]) — so hat man wohl zu beachten, dass für einen Vollblut-Vitalisten und noch dazu liberalen Vitalisten eine solche Auffassung ziemlich natürlich und selbstverständlich sein musste. Nur eine Lehre bekämpfte Hufeland, zu seiner Ehre, stets gleich energisch, das war der Brownianismus, wodurch er sich die erbitterte Feindschaft Roeschlaubs zuzog.

Die Poliklinik gefiel Otto übrigens in hohem Grade, aber sie wurde in Wirklichkeit nicht sowohl von Hufeland selbst geleitet, der viel weniger aktiver Kliniker als Schriftsteller war, als von seinem ersten Assistenten, seinem Neffen und Schwiegersohn Osann, der später Professor der Pharmakologie an der Universität wurde und ein angesehener Balneologe war, einem, wie allseitig bezeugt wird, besonders menschenfreundlichen, aufopfernden und streng pflichtgetreuen Mann, der wie geschaffen war eine solche humane Institution zu leiten und den Klinicisten das beste Beispiel zur Nachahmung zu geben. Von Hufelands eigener Thätigkeit in der Klinik erzählt Otto mehrere kleinere Züge und darunter folgenden, der die ruhige Ueberlegenheit und den trockenen Humor Hufelands zeigt und zugleich illustriert, wie unkundig in praktischer Beziehung die promovierten Aerzte sein konnten, die um das *jus practicandi* zu erhalten sich dem obligaten Cursus in der Poliklinik unterwarfen. Ein Doctor hat einen Scharlachpatienten in der

Stadt und rapportiert, dass alles gut gehe und das Exanthem sehr gut hervorgekommen sei. Am nächsten Tage fragt Hufeland, wie es gehe, und der Doctor antwortet: „Hr. Staatsrath, es hat sich ein ganz sonderbarer Zufall ereignet; der Puls des Kranken ist jetzt nicht fühlbar, die Haut ist kalt, und der Kranke antwortet gar nicht, wenn man ihn fragt." Hierzu bemerkt Hufeland nur ganz ruhig und trocken: „Hr. Doctor, erlauben Sie mir! wollen Sie nicht vorläufig untersuchen, ob Ihr Kranker nicht etwa gestorben sein sollte." Nicht nur solche Unterredungen, sondern der ganze Unterricht, sowohl in der Poliklinik als in den übrigen Kliniken, wurden seit der Stiftung der Universität in Berlin in deutscher Sprache geführt, während das Lateinische sonst sowohl in Deutschland als in anderen Ländern (z. B. in Dänemark) in jener Zeitperiode die algemein übliche Unterrichtssprache war. Noch im Jahre 1846 musste Skoda in Wien seine ursprünglich in deutscher Sprache verfasste Antrittsrede als klinischer Professor in lateinischer Uebersetzung halten.[83])

Trotz seiner eklektischen Empfänglichkeit bleibt Hufeland doch, wie die meisten seiner deutschen Zeitgenossen, stets der in den ersten Decennien des Jahrhunderts voll entwickelten Localpathologie und genaueren physikalischen Organuntersuchung der französischen Schule fremd. In seiner Poliklinik wird keine Spur eines Versuchs in dieser Richtung bemerkt, und in seinen Schriften verhält er sich abweisend oder doch gleichgültig der ganzen Stethoskopie gegenüber. In seiner Diagnostik scheint er — im Gegensatz zu seiner Therapie — überhaupt verhältnismässig sehr wenig eklektisch vorwärtsstrebend, eher conservativ um nicht zu sagen reaktionär gewesen zu sein. Als altmodischer Hippokratiker stellt er seine Diagnose der Krankheitsursachen nicht sowohl auf Grund näherer Untersuchung, sondern einfach *ex juvantibus* und sagt geradezu: „Wir nennen gastrisches Fieber ein solches, wo nur die gastrische Methode (d. h. Digestiv- und ausleerende Mittel der ersten Wege) hilft, und Wurmfieber ein solches, wo nur die Ausleerung oder Tötung der Würmer die Kur bewirkt." Wie die Kliniker des vorigen Jahrhunderts legt er ganz besonderes Gewicht auf den Puls, z. B. in seinem *„Enchiridion medicum"*, worin er, nachdem er in charakteristischer Weise die ausserordentliche Wichtigkeit des Pulses für die Diagnose hervorgehoben hat, noch hinzufügt: „Aber um all' dieses aus dem Pulse zu erkennen, muss man vollkommen verstehen den Puls zu fühlen, und dazu gehört mehr als nur die Finger flüchtig auf die Ader zu legen. — Man muss darin geübt sein. Es ist eine eigene Kultur des Gefühls, ein eigener Tact in den Fingerspitzen erforderlich, der nur durch lange aufmerksame Uebung gewonnen wird. Der Arzt muss den Puls behandeln wie der Virtuose sein Instrument. Aber ein solcher wird dann auch in und an dem Pulse Dinge entdecken, von denen ein anderer keine Ahnung hat." Beim Hydrothorax erwähnt er in seinem *Enchiridion* sowohl die alte Succussion als auch die neue Stethoskopie, aber nur ganz kurz und ohne irgend welches Gewicht darauf zu legen. Und ebenso bei Pleuritis und Pneumonie, wo er namentlich hervorhebt, dass die stethoskopischen Zeichen „sehr trüglich sind."

Uebrigens ist diese seine genannte Schrift „*Enchiridion medicum,* oder Anleitung zur medicinischen Praxis", welche er erst kurz vor seinem Tode 1836 als „Vermächtnis einer fünfzigjährigen Erfahrung" herausgab, charakteristisch und aufklärend mit Rücksicht auf den ganzen heilwissenschaftlichen, vitalistischen Standpunkt des Verfassers, wie sie sich denn auch durch den schönen idealen Ton auszeichnet, der in seinem ganzen litterarischem Wirken zu Tage tritt. Der hippokratische Ausgangspunkt tritt gleich hervor in der Erklärung, dass „alle Krankheitsheilungen durch die Natur bewirkt werden; die Kunst ist nur ihr Gehülfe und heilt nur durch sie." Ausser einem Kompendium der speciellen Pathologie und Therapie nebst zahlreichen Receptformeln ziemlich veralteten und weitläufigen Charakters enthält die Schrift in einem Anhang zwei recht bemerkenswerte Abschnitte: „die drei Cardinalmittel der Heilkunst" und „die Verhältnisse des Arztes". Diese drei Cardinalmittel, „die unmittelbar ins Leben selbst eingreifen und die drei entscheidendsten und schnellwirkendsten Mittel in dem ganzen Arzneivorrath sind", und von deren richtigem Gebrauch „das Glück und der Ruf des Arztes vorzüglich abhängt", sind: **Aderlass, Brechmittel und Opium.** „**Wer diese drei recht anzuwenden weiss, der ist der Meister, und daran ist er zu erkennen.**"

Etwas eigentlich Neues oder Originelles bietet Hufeland allerdings nicht, wie er überhaupt nur darauf ausgeht ein wenig an dem alten Hippokratismus zu flicken, aber wie immer versteht er es eklektische Berichte und Darstellungen zu geben, die als Norm für den Praktiker dienen können, und in dieser Beziehung hat sein *Enchiridion* grosse Bedeutung gehabt. Besonderes Gewicht legt er auf periodischen Aderlass, wo Menopause eingetreten ist, so bei der Gravidität und im Klimakterium. Ueberall, wo ein „Uebermaass des Lebens" vorhanden ist, besonders bei entzündungsartigen Zuständen, betrachtet er den frühzeitigen Aderlass als das unfehlbare Mittel, die Krankheit zu coupieren oder zu heilen und „das Leben zu retten." In der Anwendung der Brechmittel geht er wie Boerhaave aus von dem hippokratischen Axiom: *„siquid movendum est move"* und schärft aufs eindringlichste ein diese Kur anzuwenden, sobald die Natur in derselben Richtung Bestrebungen zeigt, sofern nicht

Entzündung vorhanden ist. Zugleich aber macht er darauf aufmerksam, dass die Hauptwirkung des Brechmittels nicht nur eine mechanisch entleerende ist, wie die alten Hippokratiker annahmen, sondern zugleich und vornehmlich eine dynamisch umstimmende. In seinem vitalistisch modificierten Hippokratismus spielt überhaupt das Dynamische eine hervorragende Rolle. Das Opium betrachtet er nicht nur als Sedativum, sondern zugleich als ein mächtiges Excitans und schliesst sich in dieser Anschauung an Sydenham und andere ältere Opiologen, wie den Jenenser Professor Wolfgang-Wedel, ja zum Teil an seinen alten Gegner Brown an.

Im Abschnitt „die Verhältnisse des Arztes" schärft er auf Grund des hippokratischen Idealismus eine Menge ethischer Regeln für den jungen Arzt ein, sowohl gegenüber den Kranken als gegenüber dem Publicum und den Collegen. In letzterer Beziehung lautet sein Hauptsatz: „Wer seinen Collegen herabsetzt, der setzt die Kunst und sich selbst herab!" Vor allen Dingen aber hebt er hervor, dass das Wesen des ärztlichen Wirkens sei „für andere zu leben, nicht für sich."

Eine sehr umfassende, schöne und ansprechende litterarische Thätigkeit hat Hufeland in seinem langen Leben entwickelt, aber ein eigentlich wissenschaftlicher Fortschritt knüpft sich im ganzen nicht daran, und auch nicht an seine Poliklinik, ebensowenig übrigens wie an die gleichzeitigen Hospitalskliniken in Berlin. Es wurde nichts Bedeutendes geleistet weder von Neumann in der Charité — dessen klinischer Unterricht nach Otto darin bestand, dass er schnell von einem Bett zum anderen lief und leise einige Bemerkungen machte über „*urina critica*" und „*sputa cocta*" — noch von Berends, dem Nachfolger Reils, der von Otto das Lob erhält, dass er ein viel reinerer Hippokratiker sei als Hufeland, und der übrigens, obwohl er der eigentliche medicinische Hauptkliniker der Universität war, nur eine kleine propädeutische Klinik mit 16 Betten in einem Hause der Ziegelstrasse hatte. Wenn ich geglaubt habe in dieser Schilderung längere Zeit bei der Berliner Poliklinik verweilen zu müssen, so geschah dies, weil der Name Hufeland dieselbe mit besonderem Glanz und Bedeutung umgeben und zugleich als Beispiel zur Nachahmung für andere Universitäten gemacht hat, weil die grossen klinischen Unterrichts-Fragen und Principien bei ihrer Errichtung voll und deutlich hervortraten, und weil sie **später** auch für den heilwissenschaftlichen Fortschritt grosse Bedeutung gehabt hat. Dies lässt sich vielleicht nicht grade von ihr behaupten, während sie unter Osann stand, der nach dem Rücktritt seines Schwiegervaters im Jahre 1833 selbständiger Vorsteher der Poliklinik wurde, aber es gilt vollkommen von der darauf folgenden ausserhalb des Hippokratismus stehenden Periode als sie von Romberg (1842—65) geleitet wurde. Nachdem dieser ruhmgekrönt durch seine epochemachenden neuropathologischen Arbeiten und seine ganze klinische Lehrthätigkeit sich zurückgezogen hatte, ging die Leitung wiederum auf eine hervorragende, wissenschaftliche und klinische Capacität über, auf Griesinger, der indess, stark in Anspruch genommen durch anderweitige medicinische Thätigkeit sich nicht sehr für die Poliklinik interessierte, was der Verfasser selbst erfahren hat, als er dort hospitierte. Griesinger zog sich auch schon 1867 zurück, und es war seinem Nachfolger Joseph Meyer vorbehalten die Poliklinik, namentlich in der humanen aufopfernden Weise Osanns, zu rehabilitieren. Nach Meyers Tode 1887 hat die Poliklinik wiederum, wie schon in der Vorrede erwähnt, Anlass gegeben zu einer gründlichen Erörterung der klinischen Hauptprincipien. Der poliklinische Lehrstuhl wird jetzt bekanntlich von Senator eingenommen.

Ein ganz besonderes Interesse knüpft sich indess an das Hufelandsche Institut insofern, als es den Anstoss gegeben hat zur Errichtung einer im hohen Grade berühmten, bedeutungsvollen und in ihrer ganzen Organisation eigentümlichen Poliklinik, nämlich derjenigen von Peter Krukenberg in Halle.

Krukenberg.

Sind die meisten hervorragenden Kliniker überhaupt typische, eigentümlich ausgeprägte Persönlichkeiten, so gilt in ganz besonderem Grade von dem berühmten Hallenser Kliniker, dass er ein Mann *sui generis* war. Es wird sicherlich Seinesgleichen nicht gefunden. Und wenn ich ihm nach genauerer Ueberlegung einen Platz unter den letzten Hippokratikern anweise, so geschieht dies auch nur mit einigem Bedenken, denn er ist kein eigentlicher Hippokratiker, er ist überhaupt nur er selbst. Jedoch lassen seine ganze Persönlichkeit, sein ganzes Leben und die ganze Art seiner Thätigkeit in Halle es als geboten erscheinen, ihn unmittelbar an die hippokratischen Aerzte anzuschliessen.

Geboren 1788 promovierte er 1810 in Göttingen und vervollständigte darauf seine Ausbildung durch mehrjährige Studien in Berlin, wo die neue Universität schnell begann grosse Anziehungskraft auszuüben. Hier hatte er also Gelegenheit gründliche Bekanntschaft mit der Poliklinik Hufelands zu machen, die damals in ihrer ersten Blüte stand und mit Lust und Liebe von dem noch nicht ermüdeten Vorsteher und seinem jungen Schwiegersohn Osann geleitet wurde, der nur ein Jahr älter als Krukenberg war. Dieser erkannte bald die ganze Bedeutung einer solchen Institution in humaner und wissenschaftlicher Beziehung, scheint im Uebrigen aber sich nicht sehr nahe an Hufeland angeschlossen zu haben, dessen geistvoller Rival in der Klinik, Reil, dagegen der eigentliche Lehrer und bald darauf zugleich der Schwiegervater des jungen vielversprechenden Göttinger Doctors wurde. Neben dem naturphilosophischen Einfluss desselben, von dem er sich später wieder vollständig emancipierte, schöpfte Krukenberg indess aus einer gerade entgegengesetzten Quelle; er schloss sich eng an den „alten Heim" an, nahm regelmässig an dessen grossen Morgenconsultationen Teil und sog seine Grundsätze in sich ein.

Heim (1747—1834) war lange Jahre hindurch der populärste und angesehenste praktische Arzt Berlins, ein stolzes Prachtexemplar eines „Heilkünstlers der alten Schule". Begabt mit einer ausserordentlich scharfen Beobachtungsgabe und Urteilskraft, mit einer riesigen Energie, einer eisernen Gesundheit und zugleich mit gründlichen Kenntnissen entwickelte er eine praktische Thätigkeit von staunenerregendem Umfang; in allen Gesellschaftskreisen, von den höchsten bis zu den niedrigsten, genoss er unbegrenztes Vertrauen. Er war ein diametrales Gegenstück zu dem kühl vornehmen Hufeland, den die tägliche Praxis schnell ermüdete und der es vorzog, sich in der Hofgunst zu sonnen oder an seinem Schreibtisch mit seiner feinen in Weimars Classicität ausgebildeten Feder zu arbeiten. Nachdem er seine frühen Morgenconsultationen besorgt hatte, zu denen Berlins Arme in überwältigender Menge herbeiströmten, und zu denen auch junge Aerzte Zutritt hatten, sodass es eine wirkliche Klinik war, setzte Heim sich auf sein Pferd und dann ging es den ganzen Tag kreuz und quer durch alle Quartiere und Strassen Berlins; überall hatte er Patienten, nicht weniger im Keller und unterm Dach als im 1sten Stock und alle behandelte er in derselben Weise, ohne Zeitvergeudung. Mit einem Blick bestimmte er die Diagnose — und zwar eine richtige Diagnose! und formulierte darnach seine Therapie — die stets half, wie hippokratisch einfach und billig seine Mittel auch waren. Oft hatte er nur Zeit von seinem Pferde aus durch ein offenes Fenster die Zunge zu besehen, aber das genügte für einen solchen Hippokratiker. War er an einem warmen Sommertage von seinen Austrengungen recht erhitzt, und kam dann in die Nähe der Spree in einem abgelegenem Winkel der Stadt, so liess er einen seiner Freunde unter den Jungen der Strasse, und sie waren alle seine Freunde, das Pferd halten, während er sich schnell durch ein Bad erfrischte, um danach seine Thätigkeit bis zum späten Abend fortzusetzen. Aber das Merkwürdigste an diesem Manne war, dass er nie, selbst nicht im hohen Alter, bei seiner anstrengenden Thätigkeit stumpf wurde. Er fuhr beständig fort eifrig die Section an verstorbenen Patienten vorzunehmen, er benutzte die wenigen freien Stunden zu fortgesetztem Studium und lebte überhaupt in und für seine Medicin mit einem Interesse, einer Hingebung und Begeisterung, die sich stets jung und frisch erhielt[84]. So war er noch, trotz seines hohen Alters, als Otto seine Bekanntschaft machte; sein Humor und seine Laune war stets gleich sprudelnd.

Von diesem merkwürdigen Manne — einem Hauptrepräsentanten des tüchtichsten praktischen Eklekticismus jener Zeit — wurde Krukenberg nicht wenig beeinflusst, und das spürt man deutlich in seiner späteren Thätigkeit.

Nachdem Krukenberg beim Lützowschen Corps Dienste gethan hatte, wurde er in ungewöhnlich jungem Alter, ja sogar vor absolviertem Staatsexamen — welches der Krieg hinausgeschoben hatte — zum Professor in Halle ernannt, wahrscheinlich mehr aus dem Grunde, weil er Reils Schwiegersohn war, als auf Grund seiner eigenen vielverheissenden Eigenschaften. Er erhielt obendrein das besondere Vertrauensamt vorläufig die kürzlich errichtete stationäre Klinik zu leiten, die jedoch bald auf Nasse (1778—1851) überging, der, obwohl enthusiastischer Naturphilosoph, besonders dadurch berühmt geworden ist, dass er der erste deutsche Kliniker war, der ernstlich die Lehrsätze und Untersuchungsmethoden der neuen französischen Schule studierte und sie an seiner Klinik zur Geltung zu bringen suchte. Krukenberg strebte nun nach poliklinischer Thätigkeit, für die er besonderes Interesse in Berlin gewonnen hatte, und setzte es 1816 durch, dass eine solche Institution unter der Universität organisiert wurde mit einer jährlichen Unterstützung von 400 Thalern (später auf 1000 Thlr. erhöht). In gewisser Weise war es jedoch eine früher von Kreysig in Wittenberg errichtete Poliklinik, die in erweiterter und reformierter Form nach Halle, mit deren Universität die alte Wittenbergische verschmolzen wurde, verlegt ward.

Hierdurch wurde der Grund gelegt zu der später so berühmten Thätigkeit und dem Ruhm Krukenbergs, der rechte Mann kam an die rechte Stelle, gerade an die Stelle, die ganz besonders zu seinen Fähigkeiten, Anlagen und Neigungen passte. Er war und blieb der Polikliniker par excellence, auch als er nach der Uebersiedelung Nasses nach Bonn (1822) zugleich die stationäre Klinik übernommen hatte, ja selbst nachdem er als Anerkennung seines Wirkens im Jahre 1840 neuerbaute ausgezeichnete Räumlichkeiten für das stationäre Institut erhalten hatte. Um die Poliklinik concentrierte er seine meiste und beste Kraft und hob auch diese Institution zu einer Bedeutung, die sie niemals früher und auch nie später an irgend einer Universität erreicht hat. Während viele Polikliniken, namentlich seitdem die stationären Kliniken entstanden sind, als eine Unterrichtsinstitution niederen Ranges und untergeordneter Bedeutung betrachtet wurden, während die Kranken hier oft nur ziemlich routinemässig von den Praktikanten höchstens unter Aufsicht eines jungen Assistenten behandelt wurden, und die Besuche im Hause sehr sparsam waren, wurde bei Krukenberg Alles, Untersuchung, Behandlung, Section, in derselben durchaus methodischen und sorgfältigen Weise wie in irgend einer stationären Klinik durchgeführt.

Ohne Rücksicht zu nehmen auf verlockende Berufungen an grössere Universitäten blieb Krukenberg auf seinem beschwerlichen poliklinischen Posten in Halle, lebte und wirkte hier sein ganzes langes Professorenleben hindurch in dem ausgedehntesten und intimsten Zusammenleben mit seinen Schülern, deren Zahl Jahr für Jahr wuchs durch Zuzug aus stets ferneren Gegenden. Krukenberg war kein Professor nach der gewöhnlichen Auffassung, er war mehr wie ein *Commilitone*, kameradschaftlich, jugendlich mit den Schülern, ihre Sorgen und Freuden teilend und zugleich stets leitend, unterrichtend, erziehend und ermunternd. Von festgesetzten Unterrichtsstunden war keine Rede, die klinische Arbeit ging vor sich, so lange etwas zu thun war, an Wochentagen, Feiertagen und Ferientagen ohne Unterschied, rings herum in allen armen Quartieren Halles oder in den eigenen Räumen der Klinik. Oft verging der grösste Teil des Tages auf diese Weise, und er verging schnell, denn „das klinischen Leben war uns stets wie ein Fest" sagt einer seiner Schüler, der bekannte Balneolog Jul. Braun.[85]) Und nach einem angestrengten Tage kam er oft Abends wiederum mit seinen Schülern zum gemeinsamen Studium neuer medicinischer Schriften zusammen.

Auf dem Katheder glänzte Krukenberg nicht, und er stand nur ungern dort. Seine ganze eigentümlich einnehmende Persönlichkeit entfaltete sich erst am Krankenbett und in den daran geknüpften Uebungen und Colloquien. Hier stand er da als derjenige, der in den Augen der Schüler Alles verstand, Alles konnte, als derjenige, dessen Wort und Anschauungen das Gewicht und den Stempel der Unfehlbarkeit trugen, und als derjenige, der nie müde wurde zu leiten und aufzuklären und in seiner aufopfernden Fürsorge für die Kranken mit dem besten Beispiel voranzugehen. Er hob die Schüler zu sich empor, nicht durch grosse Worte, sondern durch die unmittelbare Macht seiner Persönlichkeit, sie waren durchdrungen von seinem Geist, und die Schaar der Klinicisten, die sonst oft bei der Bevölkerung in den Städten mit Polikliniken nicht wohl angesehen war, wurde hier stets mit ungeteilter Sympathie und Hochachtung betrachtet. Sogar de nfür Polikliniken so schwierigen Punkt, die Vornahme von Sectionen, überwand man hier stets ohne Schwierigkeit durch die Verehrung und das Entgegenkommen, welches die Bevölkerung der Klinik entgegenbrachte. Es rührte sich in Krukenbergs Poliklinik ein Leben so reich, so eigentümlich fesselnd, dass vielleicht nie etwas ähnliches gesehen ist, es müsste denn bei den besten Lehrern der alten Aerzteschulen Griechenlands gewesen sein.

Diese Charakteristik des Wirkens und der klinischen Persönlichkeit Krukenbergs stützt sich hauptsächlich auf Mitteilungen seiner Schüler.[86] Wenden wir uns nun zu unserer zweiten und nächsten Quelle der Aufklärung über klinisches Wirken, zu seinen eigenen klinischen Schriften, so werden wir einen umfassenden Beitrag nicht erwarten können, denn, wie man wohl schon von vornherein nach den hier skizzierten Zügen vermuten wird, gehörte er nicht zu der viel schreibenden Classe der Kliniker; dazu war er allzu sehr in Anspruch genommen von der vollen Actualität des Lebens. Dennoch hat er ein recht bedeutendes Litteraturwerk in 2 Bänden hinterlassen: „Jahrbücher der ambulatorischen Klinik zu Halle", deren Inhalt also aus casuistischen Auseinandersetzungen besteht — wovon ich unten ein Beispiel mitteilen werde — die aber mit einer ausführlichen Vorrede eingeleitet werden, die in charakteristischer Darstellung sein ganzes medicinisches Glaubensbekenntnis wiedergiebt. Man erfährt daraus nicht allein, was er über Heilkunde und ärztliche Thätigkeit überhaupt denkt, sondern man erhält zugleich einen vollständigen Totaleindruck von dem alten echt deutschen Biedermann, besonders wenn man ihn selbst reden lässt. Ich werde ihm daher in etwas grösserer Ausdehnung das Wort lassen.

„Bei der Herausgabe dieses Werkes", sagt er, „habe ich keinen anderen Zweck gehabt, als soviel als Kraft und Gelegenheit mir gestatten, zum Gedeihen einer Wissenschaft beizutragen, die ich mit voller Seele immer geliebt habe und der ich mein ganzes Leben geweiht. In diesem Buche werden die vorzüglichsten epidemischen, hier vorgekommenen Krankheiten beschrieben, nicht nach Phantasie, nicht nach fremder Beschreibung oder aus dem Gedächtnis, jeder einzelne Zug gründet sich vielmehr auf vielfache, getreue und vollständige Krankengeschichten. Man mag mich tadeln, dass ich in dieser Schrift zu wenig theoretisiert habe; ich bin kein unbedingter Gegner theoretischer Versuche, doch wünsche ich nicht, subjective Ansichten dort einfliessen zu lassen, wo ich mich bestrebte, die Natur treu so darzustellen, wie sie sich zu verhalten schien. Geflissentlich durch eine Brille zu schauen, verrät Falschheit; eine ausreichende Theorie der Heilkunde besitze ich nicht, habe sie auch trotz vielfachen

Suchens nicht bei anderen gefunden. Wer Spreu für Gold hält, ist ein Thor, wer jene wissentlich für Gold giebt, ist verächtlich. Denjenigen Aerzten, die es tadeln, dass ich so wenige und einfache Arzneien reiche, rufe ich die Worte Stahls zu: *haec simplex veritas, quod homo suum habeat medicum, quod natura sit morborum medicatrix atque congruas plerumque eligat vias, plus sane valet et in curandis morbis plus spei alit quam splendissimus artis nostrae apparatus.* Die gewöhnlichen Geschäfte können und müssen am Feiertage ruhen, um den Geist der höheren Betrachtung zuzuwenden; die Geschäfte des Arztes machen mit Recht eine Ausnahme davon; sie sind ihrer Natur nach immer aufs Höchste gerichtet, und derjenige Arzt würde die heiligste Pflicht der Christen verletzen, der des Feiertags wegen seine Kranken vernachlässigen wollte. Nicht das elende modische, ekelhafte, feige, weibische, frömmelnde Zieren, Plärren und Floskeln macht den Christen, sondern der gute, frische mutige, fest auf Gott vertrauende Sinn, aus dem wir handeln."

„Es hat freilich sein Gutes, wenn einzelne Aerzte sich ganz vorzüglich mit einzelnen Krankheiten oder mit den Krankheiten einzelner Organe beschäftigen, weil hierdurch der genaueren Erkenntnis derselben grosser Vorteil erwächst. Für ganz junge Aerzte ist dies aber noch nicht ratsam. Der Organismus ist ein Ganzes, muss in diesem Sinne angeschaut werden. Die Krankheiten der verschiedensten Organe und Systeme wirken so mannichfaltig auf einander ein, dass nur derjenige die Anomalien eines einzelnen Organes gehörig würdigen kann, dem auch die Krankheiten der übrigen Organe und Systeme genau bekannt sind. Hat ein Arzt die Heilkunde überhaupt gründlich studiert, so kann er in der Folge, wenn Neigung und Talent ihn spornen, einen besonderen Zweig derselben mit Vorliebe treiben und auf diesem Wege etwas Ausserordentliches leisten; geschieht dies aber zu früh und zu einseitig, so entwickelt sich höchstens ein sehr beschränktes Talent, das in der Regel mehr schadet als frommt."

„Junge Aerzte betreten die Praxis gewöhnlich mit zu grosser Hoffnung; sie vertrauen der Kunst viel zu viel, werden erst später von diesem Wahn geheilt, verfallen dann leicht in den entgegengesetzten Fehler und werden zu misstrauisch gegen alle Kunsthülfe, ein Abweg, der nicht weniger einseitig als schädlich ist. Manche Lehrer lieben es, die Heilkunst nur immer in ihrem Glanze zu zeigen, ihre Lücken und Schwächen zu verbergen. Die meisten und beliebtesten unserer therapeutischen Handbücher stellen die Geschäfte des Arztes als entsetzlich leicht dar, sind voll von Mitteln und Curmethoden selbst gegen die schwierigsten und unheilbarsten Krankheiten. Wer sie liest, muss sich billig wundern, wie es möglich sei, dass trotzdem so viele Krankheiten unheilbar oder tötlich werden. Wie vieles versprechen unsere Schriften über die Heilmittellehre, lauter vortreffliche nicht genug zu rühmende Mittel: Dies hebt die Schwäche, dies löst den Krampf, jenes zerteilt die Geschwülste, dieses befördert den Harn, jenes den Schweiss u. s. w. Ja! was für Tugenden werden nicht ein und demselben Mittel zugemessen! Liest man diese Lobpreisungen, so glaubt man wirklich zuweilen vor einer Marktschreierbude zu sitzen! Unsere Kunst vermag oft gewiss entscheidend zu wirken, aber möchten wir es nicht verkennen, dass in vielen Fällen ihr Thun ganz überflüssig, in sehr vielen nichtig und unzureichend, in manchen schädlich sei. Möchte es in unsern Handbüchern stärker angedeutet werden, wie viele Kranke ganz von selbst genesen, möchten die Fälle, wo ein hartnäckiges Uebel einem Mittel oder einer Behandlungsweise wich, auch mit denen verglichen werden, wo dieses gepriesene Mittel im Stiche liess; möchte man nicht immer gelungene Curen, sondern auch solche verkündigen, wo die Cur fehlschlug, möchte man Kraft genug haben, frei zu gestehen, wie ein Missgriff des Arztes zu böser Wendung Anlass gab, möchte man es nicht übersehen, dass gleichbeschäftigten Aerzten in der Regel gleich viele Kranke sterben, dass das Verhältnis der Sterblichkeit unseres Geschlechts so ziemlich dasselbe blieb, obgleich unter der Sonne nichts so verschieden, so schwankend, so veränderlich ist, als medicinische Theorien und Curmethoden! Junge Aerzte müssen freilich mit den vorteilhaften Seiten der Kunst vertraut werden, damit sie sich derselben mit Lust und Mut ergeben, sie müssen aber auch frühzeitig die Lüken derselben einsehen, damit sie vor Uebermut bewahrt, zum Fleisse gespornt werden".

„Kommt der Arzt in's praktische Leben, so darf ihm die Chirurgie keineswegs unbekannt sein, wenn er nicht die stümperhaftesten Missgriffe thun will. Manche junge Leute besitzen eine Abneigung gegen die Chirurgie, die man keineswegs nähren, sondern soviel als möglich zu mindern suchen muss. Es ist wirklich zu bedauern, wenn Aerzte, die in der Chirurgie ganz unwissend sind, diese herrliche Kunst verspötteln, sie wohl gar für ein Handwerk ausgeben, um andern einen Ekel vor derselben einzuflössen. Möchten dergleichen blödsinnige Urteile nie einen Einfluss auf die Jugend gewinnen! Die Chirurgie ist eine der notwendigsten und nützlichsten Zweige der Heilkunde; tritt sie mit Sinn auf, so kann sie sich mit vollem Rechte der Medicin gleich stellen. Niemand kann ein tüchtiger Arzt sein, der in dieser Doctrin ein Fremdling blieb, ebensowenig derjenige, der die Institutionen der Geburtshülfe nicht kennt. Es ist höchst lächerlich, wenn die Aerzte es ohne Bedenken unternehmen, Darmentzündungen, Lungenentzündungen u. s. w. zu behandeln, aber ihre Unwissenheit sogleich bekennen müssen, wenn es der Cur eines entzündeten Auges, der Beurteilung eines Bruches gilt. Wie grundfalsch werden in der Regel die Krankheiten der weiblichen Geschlechtsteile von solchen Aerzten beurteilt und behandelt, die nicht geübt sind, den Zustand dieser Organe genau zu untersuchen, um sich über die verschiedenen Krankheiten derselben zu unterrichten. Wie oft werden die wichtigsten Uebel ganz übersehen und nur die sympathischen Erscheinungen derselben, aber auf eine sehr verkehrte Weise in Anspruch genommen. Um diese Einseitigkeiten, die eine zu strenge Scheidung der einzelnen Zweige der Heilkunde herbeiführen muss, zu verhüten, schliessen wir chirurgische Fälle nicht ganz aus, um an einzelnen Beispielen die Wichtigkeit und das Interesse derselben den jungen Aerzten anschaulich zu machen und sie dazu anzuspornen, sich recht eifrig auch auf diesen Teil des medicinischen Wissens zu legen".

Darauf betont er die Wichtigkeit des Umstandes, dass die Studenten gut vorbereitet auf die Universität kommen, und hebt besonders die Bedeutung einer gründlichen humanistischen Vorbildung hervor, alles mit Rücksicht auf Fragen, die damals brennende waren, und die übrigens, was die humanistische Bildung anbetrifft, in neuerer Zeit wieder in Begriff sind es zu werden.

„Die allgemeine Pathologie und Therapie werden oft ganz verabsäumt, da sie doch gerade die Doctrinen sind, die den denkenden Arzt am meisten anziehen. Der klinische Unterricht ist für die Bildung junger Aerzte von höchster Wichtigkeit. Wer die Heilkunde kennt, wird es zugeben, dass sie eine Wissenschaft sei, die nur zum Teil durch Anhören von Vorlesungen und aus Büchern erlernt werden kann. Das Meiste und Beste muss der

Arzt aus und von der Natur lernen. Ein grosser Teil der Heilkunde ist seiner Natur nach mehr technisch als scientifisch und kann nur durch häufige Uebung gelernt werden. Zur Erlernung sehr gewöhnlicher und viel leichterer Künste wird eine Reihe von Jahren erfordert, wer möchte sich überreden, dass es möglich sei einen Heilkünstler in wenig Monaten zu ziehen? Die Kunst erfordert viel Talent, viel Zeit, viel Gelegenheit und einen sehr ausdauernden Fleiss, und es ist der thörichtste Leichtsinn, wenn man diese Wahrheit aus den Augen verliert. Uns ist es stets rätlich erschienen, die jungen Aerzte, sowie sie *Materia medica* und allgemeine Pathologie gehört haben, die Klinik besuchen zu lassen. Manchem mag diese Methode bedenklich erscheinen, ich weiss es aber aus Erfahrung, dass sie viel zweckmässiger ist als die, nach der man junge Aezte erst dann zur Klinik lässt, nachdem sie die Vorlesungen über sämmtliche Zweige der speciellen Heilkunde gehört haben. Die Vorträge über specielle Therapie bleiben dunkel und ohne grosses Interesse für den jungen Arzt, wenn er nicht von Zeit zu Zeit die Zustände in der Natur sieht, von denen die Rede ist. Manche Erscheinungen bei den Krankheiten lassen sich gar nicht oder sehr schwer beschreiben, aber sehr leicht in der Natur zeigen; manche wichtige Punkte in der Pathologie und Therapie werden übersehen oder für unwesentlich gehalten, deren Bedeutung derjenige, der bereits die kranke Natur selbst zu sehen Gelegenheit hat, viel leichter auffasst. Auch für den Lehrer der speciellen Therapie hat es sein Gutes, wenn er seine Zuhörer nicht bloss theoretisch zu unterrichten, sondern sie zugleich praktisch anzuleiten hat; er muss dann dahin streben, seine Beschreibungen von Krankheiten treu, seine Ansichten über das Wesen derselben nicht zu hypothetisch, sondern so einzurichten, dass sie sich in der

Natur nachweisen lassen; er darf dann die Diagnose der verschiedenen Krankheiten nicht zu leichtfertig abhandeln, wenn er sich nicht in der Klinik die grössten Blössen geben und die auffallendsten Widersprüche erlauben will. Wie vortrefflich wäre es, wenn jeder Lehrer der Therapie zugleich Lehrer der Klinik wäre, damit er das durch die That zeige, was er vom Katheder aus als möglich darstellt. Junge Aerzte dürfen es nie vergessen, dass sie den armen Kranken sehr viel Dank schuldig sind, gerade weil diese ihnen am meisten behülflich werden, sich gründliche Kenntnisse in der Heilkunde zu sammeln und so das ganze Glück ihres künftigen Lebens zu gründen. Jeder praktische Arzt muss viel mit den verschiedensten Menschen verkehren, und Anfänger können nicht früh genug geübt werden, die Schwächen und Thorheiten unseres Geschlechts geduldig und leutselig zu ertragen."

„In den meisten Fällen ist unser Curplan sehr einfach. Wir überzeugen uns täglich mehr, dass viele Krankheiten schon durch eine zweckmässige diätetische Behandlung ohne alle Arzeneien schnell und sicher geheilt werden können, ja, dass manche Kranke selbst unter scheinbar sehr ungünstigen Aussenverhältnissen, ohne viele Arzeneien leicht genesen. Das belebende Princip der organischen Körper ist die einzig heilende Kraft, und die Genesung erfolgt, sobald dieser nur die äusseren Bedingungen zu ihrer Wirksamkeit nicht fehlen. Besonnene Aerzte sind von dieser Wahrheit immer überzeugt gewesen; tausend Erscheinungen verkünden zu laut, als dass sie übersehen werden könnte. Wollen wir ehrlich sein, so müssen wir zugeben, dass unsere Begriffe über das Leben der Organismen im gesunden und kranken Zustande höchst dunkel und verwirrt, unser Wissen von den Bedingungen des Genesungsprocesses höchst dürftig und unsere Erfahrungen in dieser Hinsicht sehr zweideutig sind. Wer mag es entschuldigen, wenn wir bei dieser Lage der Dinge so dreist zufassen, als wären wir aller jener Verhältnisse vollkommen kundig? **Dem Arzte muss eine fromme Ehrfurcht gegen die Wirkungen der Natur einwohnen**, und selbst wo diese nicht auszureichen scheinen, muss Bescheidenheit und klare Einsicht in das Mangelhafte unseres Wissens die Versuche zur Hülfe leiten. Für den jungen Arzt ist es am ratsamsten, wenn er sich vorerst mit den besten und bewährtesten Mitteln und den mannigfaltigen Vorteilen bekannt macht, die sich aus ihrer geschickten Anwendung ziehen lassen. Ein Arzt, der die Kunst versteht, Blutentziehungen, Brechmittel, abführende Mittelsalze, die gewöhnlichen Reizmittel, Valeriana, Arnica, Angelica, Kampher, die bitteren Mittel, Eisen, Quecksilber, Antimonium, Mohnsaft und andere längst bekannte Dinge auf eine geschickte Weise für die Heilzwecke zu nützen, hat schon Vieles in der Hand, wodurch sich die Krankheiten kräftig bekämpfen lassen. Unsere erfahrensten und besten Aerzte heilen gerade mit den wenigsten und einfachsten Mitteln, während die ungeschickten immer nach neuen Mitteln haschen, weil sie keine gehörig zu verwenden wissen. Junge Aerzte sollte man vorzüglich erst mit den durch lange Erfahrung erprobten Mitteln und Curmethoden bekannt machen. Auf diese Weise werden sie am besten zur Gründlichkeit getrieben, vor der kindischen Freude an Allem, was neu ist, und an der üblen Neigung, immer nur Versuche machen zu wollen, bewahrt. Doch darf die Klinik auch nicht zu einseitig am Alten hangen. Die Heilkunde muss vorwärts, sonst geht sie rückwärts."

Aus diesen ausführlichen Aussprüchen geht in erster Linie hervor, dass er eine kritisch-skeptische, wahrheitsliebende und offene Persönlichkeit ist, und ferner, dass er wohl etwas dogmatisch beeinflusst ist von dem Vitalismus und dem Lebensprincip seines Lehrers Reil, aber doch nur in der Art, dass er in den entscheidendsten Beziehungen sich durchaus als echter Hippokratiker bewährt, ein würdiger Erbe der grossen hippokratischen Sterne der Hallenser Universität im vorhergenden Jahrhundert, Fr. Hoffmann und Stahl, deren Hauptmaxime seinen Ausgangspunkt bildet. *„Natura morborum medicatrix"*, eine damit verbundene Ehrfurcht vor den Kräften des Organismus — auf diesem Standpunkt steht auch Krukenberg, und auf dieses mächtige Wirken der Natur muss der junge Arzt zu allererst sein Augenmerk richten und dasselbe ohne Ermüden beobachten und bewundern. Nur am Krankenbette kann dies gelehrt werden, und die klinische, vorurteilsfreie, selbständige Erfahrung ist daher sein Alpha und sein Omega. Beständig soll man sich in Beobachtungen vertiefen, sich viel mit Menschen beschäftigen und ihre Individualitäten kennen lernen — nil humani alienum. Der Hegemonie und Autokratie der Klinik, ihrer Unabhängigkeit von allen von ausserhalb kommenden Systemen und Doctrinen huldigt er in demselben Maasse, wie der „asystematische" de Haen, wogegen er es ganz in der Ordnung findet, dass die Klinik selbst von ihren Erfahrungen aus Axiome und Doctrinen formuliert; — davor scheut sich ein Hippokratiker in der Regel nicht, und ein Vollblutskliniker wie Krukenberg befasste sich selbstverständlich damit, was aus den gelegentlichen Aeusserungen hervorgeht, die sein Schüler F. Niemeyer über ihn bringt, der sich indess später in Wien und in Prag zu einem entschiedenen Repräsentanten der neuen anatomisch-physiologischen Schule ausbildete. In voller Uebereinstimmung mit seinem Grundstandpunkt schärft

Krukenberg stets ein, dass die Therapie vorsichtig sein muss, mehr Gewicht auf diätetische Mittel als auf Medikamente legen und von diesen nur wenige und einfache anwenden soll — ein Verhalten, zu dem Krukenberg übrigens auch aus rein äusseren Gründen gezwungen war; denn mit den geringen Mitteln der Poliklinik sollte er die Ausgaben für ungefähr 10000 Kranke jährlich bestreiten. Und in der Therapie muss man in erster Linie vor Augen haben, dass der Organismus ein Ganzes darstellt, das nicht getrennt werden kann, und darnach behandelt werden muss. Daher muss der Arzt auch so universell als möglich sein, sich vor einem zu weit getriebenem Specialismus hüten, am besten in demselben Grade Chirung wie Mediciner sein — und auch hierin ging Krukenberg als leuchtendes Beispiel voran und zeigte, dass man das Ganze umfassen könne. Wohl war es noch im ersten Drittel des Jahrhunderts an mehreren kleinen deutschen Universitäten (Rostok, Greifswald) der Fall, dass der Professor der praktischen Medicin und der Klinik zugleich die Chirurgie, Ophtalmologie und Geburtshülfe als Nebenfächer der dominirenden inneren Medicin besorgte, aber Krukenberg ist doch wohl der letzte **hervorragende medicinische Kliniker**, der einen Steinschnitt oder eine Kataraktoperation mit derselben Leichtigkeit und Sicherheit ausführte wie er den Puls zählte, eine Vielseitigkeit, die übrigens stets sehr wünschenswert sein wird bei dem notwendig mehr oder minder gemischtem Material einer Poliklinik. Ebenso schärft er eindringlich ein, dass die ärztliche Behandlung eine Kunst ist und bleibt, wozu also besondere Gaben des Geistes und anhaltende Uebung gehören — es ist eine grosse und schwierige Aufgabe, ein wirklicher „Heilkünstler" zu werden.

Alles dieses ist durchaus hippokratisch, und in Uebereinstimmung hiermit betont Braun von ihm, dass „er in uns den Grund legte, der uns erlaubte Aerzte zu bleiben, als die Zeit uns zwang Naturforscher zu werden." Aber waren schon Frank und seine Zeitgenossen in ihrem Hippokratismus hochgradig eklektisch und von einem Streben erfüllt, das sie mehr oder minder über die traditionelle Lehre hinaus führte, so gilt dies von Krukenberg in noch höherem Grade. Er ist eklektisch in seiner Therapie, er prüft und wägt das Neue — hält aber doch am liebsten das nicht allzu Neue fest; — aber er ist es auch, im Gegensatz zu Hufeland, in seiner Diagnostik. Er eignet sich alle besonders hervortretenden Elemente der praktischen Resultate der französischen pathologisch-anatomischen Schule an und legt Gewicht auf Localpathologie und die damit verbundene Localtherapie, die sich nicht wenig von der universellen Betrachtung des Organismus der traditionellen Hippokratiker entfernt. Er nimmt nicht nur mit grossem Eifer Sectionen an allen gestorbenen Patienten vor, sondern ist auch bestrebt die Anweisungen Laënnecs und Andrals zum Besten der Lebenden zu benutzen. Ein schwedischer Arzt Levertin, der 1835 in Halle studierte, berichtet[87]) über die Sorgfalt, mit der Krukenberg Pleuritis und Hydrothorax bestimmte, nicht nur percutorisch sondern auch auscultatorisch — indem er zugleich davor warnte, zuviel diagnostisches Gewicht auf den Pulsus durus der Hippokratiker zu legen — und über die Praecision, mit der er auf Grund einer genauen Stethoskopie die Thorakocentese vornehmen konnte — eine Operation, die er übrigens in guter Uebereinstimmung mit seinen vorsichtigen therapeutischen Principien nur billigte, wenn sie durch Indicatio vitalis geboten war. Die Percussion des Unterleibes pflegte er mit besonderer Virtuosität und erweckte bei seinen Schülern viel Interesse für dieselbe, wovon auch z. B. ein kleines Buch über physikalische Untersuchung des Unterleibes, 1839 von Ed. Mayer in Halle herausgegeben, Zeugnis ablegt.

Dieser vorgeschrittene Standpunkt, der ihn in hohem Grade von seinen hippokratischen Vorgängern Peter Frank und Hufeland unterscheidet, tritt auch in seinen Jahrbüchern[88]) zu Tage. Diese behandeln allerdings meistens epidemische Krankheiten, wo die Aufmerksamkeit sich vornehmlich auf allgemeine Verhältnisse und Gesichtspunkte concentriert ohne nähere Analyse der Einzelheiten bei den Krankheitserscheinungen, und die Darstellung hat meist einen etwas cursorischen und sehr zusammengedrängten Charakter. Aber namentlich im 2ten Bande findet sich eine Casuistik, die in mehreren Fällen hinreichend zeigt, dass er nicht wie Hufeland der neuen französischen Entwicklung fremd geblieben ist. Dies gilt auch von einem Fall, der unter dem Titel „eine entartete Niere" referiert wird.

Eine 51jährige Frau hatte beim Heben einer Last das Gefühl, als ob etwas in der rechten Seite des Unterleibs zerrisse, welche Stelle in der folgenden Zeit etwas empfindlich blieb. Mit dem Urin ging etwas Blut ab. Einige Zeit später wollte sie ein Kind emporheben, und gleich trat dasselbe Gefühl wie früher ein. Sie befühlte nun die schmerzende Stelle und entdeckte eine harte Geschwulst von der Grösse eines Hühnereis. Die Geschwulst wurde darauf grösser, der ganze Unterleib wurde aufgetrieben. — Man fühlt nun die Geschwulst als harte Consistenz, die sich abwärts bis zum Lig. Poupartii, nach oben bis etwas über die Nabellinie, nach links bis zur Linea alba erstreckt, rechts hinten fühlt man die Grenze ungefähr 3 Fingerbreit von der Wirbelsäule. Die Geschwulst ist kugelig, und hat ungefähr die Grösse eines gewöhnlichen Menschenkopfes. Sie lässt sich nicht verschieben, der ganze Unterleib ist aufgetrieben. Der Urin geht ohne Beschwerden ab. Die Vaginalportion des Uterus ist etwas nach links abgewichen, per rectum kann man die Geschwulst nicht fühlen.

Darnach wird die Diagnose erörtert, die, wie er erklärt, Schwierigkeiten bietet. Man könnte an eine Cyste im rechten Ovarium denken oder an einen abgekapselten Ascites. Nimmt man aber Rücksicht auf die periodische Hämaturie, die die Entstehung der Geschwulst bis zu ihrer vollständigen Unbeweglichkeit begleitete, und auf den Umstand, dass man trotz der Grösse der Geschwulst dieselbe nicht per rectum fühlen konnte, nimmt man ferner Rücksicht auf ihre Härte, auf das vollständige Fehlen von Fluctuation in derselben, so wird es wahrscheinlich, dass die Geschwulst durch eine starke Degeneration der rechten Niere oder doch durch eine Geschwulstbildung in ihrer unmittelbaren Umgebung hervorgerufen ist.

Bei der Section wurde ausser Entzündungsproducten im Peritonaeum nachgewiesen, dass die Geschwulst mit ihrem oberen schmalen und spitzen Ende sich bis zur Leber erstreckte; sie war umgeben von einer dunkelroten, gallertartigen Membran. Der grösste Teil der rechten Niere war von normalem Aussehen, aber der untere Teil derselben war geschwollen und hing eng zusammen mit der Geschwulst. Diese hat den Umfang eines grossen Menschenkopfes, ging nach oben unmittelbar in die rechte Niere über, und war nach unten sehr dick und abgerundet. Becken und Ureter der rechten Niere waren normal. Auf einem Längsschnitt teils durch die Niere, teils durch die mit ihr verbundene Geschwulst, sah man, dass die Substanz des oberen Teils der Niere normal war, aber ungefähr vom Nierenbecken an abwärts sah man keine wirkliche Nierensubstanz mehr; denn diese

Partie stellte eine heterogene Masse dar, die käsig aussah und so consistent wie Leder war. Blutgefässe konnten darin nicht gefunden werden. Die Geschwulst, die von der untern Seite der Niere ausging, stellte einen Sack dar, dessen Wände unmittelbar in die äussere Membran der Niere überzugehen schienen und ungefähr die Dicke eines Messerrückens hatten. Die ganze Höhle des Sackes war mit derselben käsigen Substanz gefüllt, die in der Niere selbst nachgewiesen wurde.

Wenn auch weder die klinische Untersuchung noch die Section die Gegenwart voll befriedigen kann, so tritt doch deutlich hervor, dass Krukenberg auf einem weit mehr fortgeschrittenen anatomischen Untersuchungsstandpunkt steht wie die früheren Hippokratiker, und dass wir hier — eigentlich zum ersten Mal in der Geschichte der Klinik — mit einer Casuistik in Berührung kommen, die für uns kein fremdes Colorit trägt. Und überdies haben wir zu beachten, dass diese Casuistik 1824 publiciert wurde, also noch in der ersten Periode der neuen französischen Schule und zu einer Zeit, wo das neue Licht kaum begonnen hatte ausserhalb Paris zu leuchten. Allerdings muss daran erinnert werden, dass der schon erwähnte ältere College Krukenbergs in Halle, Nasse, schon damals, als der erste in Deutschland, Interesse für die Resultate der pathologisch-anatomischen Schule zeigte und vermutlich seine jüngeren Mitkliniker in dieser Richtung beeinflusst hat, wie denn auch zugleich Autenrieth in Tübingen und namentlich dessen genialer Schüler Schönlein, der schon seit 1819 als Professor in Würzburg wirkte, ihre Aufmerksamkeit hierauf gelenkt hatten. Jedenfalls aber verdient der vorgeschrittene Standpunkt Krukenbergs und sein klarer klinischer Blick die grösste Anerkennung.

Hauptsächlich jedoch war Krukenberg der klinische

Autokrat, der sich „liber ab omni secta" hielt und am wenigsten sich von den pathologisch-anatomischen Dogmen der Pariser oder Wiener Schule absorbieren liess. Er blieb der selbständige „Heilkünstler", der seinen eigenen Weg im Geiste des Hippokratismus ging und vorurteilsfrei nur das benutzte, was ihm in der Pariser Medicin brauchbar schien. Wenn auch seine tüchtige Benutzung der neuen diagnostischen Hülfsmittel ihm eine Zwischenstellung zwischen dem Alten und dem Neuen anweist, so muss er doch seinem ganzen Charakter nach unter die eklektischen Hippokratiker gezählt werden, und eigentlich war er ein hervorragenderer und tüchtigerer Repräsentant derselben als Peter Frank und Hufeland. Und zugleich steht er da, als der letzte und abschliessende Repräsentant dieses ehrwürdigen Stammes der Periode, der noch lange vor seinem 1865 erfolgten Tode, ja noch vor seinem Rücktritt vom klinischen Lehramt 1856, überall der neuen Schule die Wege geebnet hatte — derjenigen Schule, die einen sehr entwickelten localpathologischen Specialismus an die Stelle der Universalität setzte, die, getragen von eminenten Forschern, im Laufe kurzer Zeit ausserordentliche Resultate erzielte und eine ganz neue und in mancher Beziehung sehr weit vervollkommnete Medicin schuf.

Schluss.

Bereits 1846 war die pathologisch-anatomische Schule, die jede Kunst und allen Tact verbannte und den Schwerpunkt der ganzen praktischen Medicin in eine exactobjective Localuntersuchung im exclusiven Bunde mit den neuen Principien der Naturwissenchaft verlegte, auf ihrem grossen Siegeszuge so weit gekommen, dass sie nach der Einnahme der österreichischen Kaiserstadt durch ihren dortigen Chef und genialen Wortführer Rokitansky proclamieren konnte: „dass die pathologische Anatomie die Grundlage nicht nur des ärztlichen Wissens, sondern auch des ärztlichen Handelns sein müsse, dass sie Alles enthalte, was es an positivem Wissen und an Grundlagen zu solchem in der Medicin giebt." [89])

Die Medicin beugte sich unter das Scepter des neuen Herrschers; die allgemeine Pathologie und Therapie, dieses allmählich ausgearbeitete, selbständige Hauptfach und Bollwerk des Hippokratismus, die Quintessenz der ehrwürdigen „Institutiones", wurde zuerst erobert und wesentlich von der pathologischen Anatomie absorbiert. Und der Klinik fiel dann die Aufgabe zu — die einzige, die Anspruch auf wirklichen und wissenschaftlichen Wert machen konnte — am Krankenbette die mannichfaltigen Organleiden zu entdecken und sicher zu constatieren, die der kundige anatomische Prosector schon mit seinem

Messer in schlagender Weise als *„causa et sedes"* der Krankheiten nachgewiesen hatte. Das stolze Schlagwort Wunderlichs: **anatomisch zu denken,**[90]) mit dem er die erste entscheidende Bresche in den deutschen Frank-Hufelandschen Hippokratismus schoss, wurde nun die Losung der Klinik. Alles Alte, alle unbestimmten, symptomatischen und dynamischen, stets nur mit Hülfe einer apriorischen allgemeinen Pathologie construierten Krankheitskategorien waren nun verschwunden vor dem neuen klaren Licht der Wissenschaft.

Und dennoch, wenn wir diese neue Medicin näher untersuchen, den stolzen Bau der realen Wissenschaft, den die grossen Baumeister mit ebenso unermüdlichem Fleiss wie mit hervorragendem Talent und grosser Genialität aufführten, und dessen objective Stringenz einen so entscheidenden wissenschaftlichen Fortschritt bezeichnete, so werden wir zu unserer Ueberraschung entdecken, dass der alte subjective Hippokratismus, dessen Tage man als gezählt ansah, auch ferner in diesem Bau enthalten war und ist als lebendiges und lebenskräftiges Element. Selbst in dem Wirken des obengenannten systematisierenden Hauptrepräsentanten der neuen Schule, selbst in seiner weitläufigen Krisenlehre, spürt man den Einfluss der alten Gesichtspunkte der hippokratischen Humoralpathologie, ihrer Krisen- und Metastasenlehre. Und bei dem späteren systematisierenden und genialen Forscher, der in so imponierender Weise den Umfang und die Bedeutung der pathologischen Anatomie erweitert hat, bei Virchow, wird es leicht sein, wesentlich hippokratische Anknüpfungspunkte namentlich in seinen allgemein-pathologischen und -therapeutischen Abhandlungen[91]) nachzuweisen, wie er denn überhaupt stets lebendiges Interesse für die Geschichte gezeigt und gerade durch sie Aufklärung über die genetischen Verhältnisse der Wissenschaft gesucht hat.

Wenden wir uns zur Klinik selbst, wie sie sich unter der Aegide der neuen Schule gestaltet, so sind hier die Zeichen eines fortdauernden hippokratischen Einflusses nicht weniger deutlich. Allerdings spürt man dergleichen nicht bei den eigentlich fundamentalen Klinikern dieser Schule und namentlich nicht bei solchen radicalen und exclusiven Persönlichkeiten wie Louis oder Skoda. Die klinische Beobachtung, die Louis ebenso wie die Alten auf's stärkste betont, ist in ihrer statistischen Objectivität grundverschieden von der subjectiven, intuitiven hippokratischen. Aber bei vielen anderen bedeutenden Klinikern können Elemente des Hippokratismus, wenigstens bei näherer Analyse, in ihrem Wirken und Auftreten gespürt werden. Dies gilt in erster Linie von den gefeierten, brittischen Repräsentanten der Schule (dem Dubliner Kliniker Stokes und Anderen), die in Folge ihres Nationalcharakters nie ganz in die neue Lehre aufgehen konnten und trotz allem die gute alte, praktisch-eklektische, tactmässige Empirie festhalten müssen. Auch tritt der brittische Specialismus nicht als ein so exclusives Product seines pathologisch-anatomischen Mutterbodens auf wie der Specialismus in Frankreich oder Deutschland, sondern lässt neben dem streng localpathologischen auch allgemeine hippokratische Gesichtspunkte gelten. So ist z. B. in dem grossen Streite Morell Mackenzies mit den deutschen Aerzten über die Behandlung des Kehlkopfkrebses Kaiser Friedrichs offenbar — ganz abgesehen von dem bedauernswerten Mangel an Zuverlässigkeit bei dem englischen Specialisten — eine solche Differenz der Auffassung das Wesentliche. Mackenzie glaubt in einem solchen Fall mehr Gewicht auf eine allgemeine, dynamisch-hygieinische Therapie als auf einen directen Eingriff in das Localleiden legen zu müssen — übereinstimmend mit der antiken hippokratischen Lehre, die davor warnt, ein Carcinom, das nicht gut zugänglich ist, anzurühren. Eine wunderbare Zähigkeit in der Bewahrung alter Traditionen ist für den typischen Britten charakteristisch! Aber auch z. B. bei Andral und besonders bei Trousseau[92]) in Paris, bei Oppolzer in Wien, bei Wunderlich in Leipzig sehen wir, dass in dem mühsamen Amte der Klinik hippokratische Gesichtspunkte sich kräftig geltend machen, was ich hoffentlich einmal später in einer ausführlichen Schilderung der ganzen neueren Klinik werde documentieren können. Bei hervorragenden dänischen Klinikern der neuen Schule, z. B. bei S. M. Trier und Fenger, bemerkt man etwas ähnliches, ja wir sehen sogar, dass bei Traube, der exclusiv und leidenschaftlich den neuen Principien huldigte, der in seinen in der Einleitung erwähnten Artikeln „über Specialkliniken" in den schärfsten Ausdrücken über die alte hippokratische Medicin den Stab bricht, dennoch in seiner rastlosen klinischen Thätigkeit an verschiedenen Punkten ein Geist hervortritt, der nicht der neuen Schule, sondern dem Hippokratismus angehört. Ich will in dieser Beziehung nur an seine bekannte Arbeit „über Krisen und kritische Tage" erinnern.

Noch viel deutlicher beginnt die anhaltende klinische Lebensfähigkeit des Hippokratismus zu Tage zu treten in den letzten Jahren unter den Gefahren und der Bedrängung, die der Specialismus und das schnelle Umsichgreifen der Specialwissenschaften in steigendem Grade der Integrität der medicinischen Klinik bereiten. In dem schon in der Vorrede erwähntem Verteidigungskampf für diese alte ruhmgekrönte Institution, dem die neueste Berliner Schule unter Leitung Frerichs und Leydens sich besonders geweiht hat, und für welche später sowohl der jetzige 2te Kliniker in Berlin Gerhardt als auch die beiden Kliniker der Wiener Schule Bamberger und Nothnagel durch ihren Anschluss an die „Zeitschrift für klinische Medicin" ihre Sympathie kund gethan haben, tritt ein stets deutlicheres, positives und voll bewusstes Streben hervor, aufs Neue einen engeren Bund zu schliessen mit den Principien des alten Hippokratismus, ein Bestreben, in höherem Grade als bisher in der neueren Phase der Klinik ein Hauptgewicht auf das universelle Verhalten des Organismus zu legen, die unteilbare Totalität und Individualität desselben festzuhalten, und in gesteigertem Maasse fruchtbringende und selbständige therapeutische Indicationen aus dieser Betrachtung zu ziehen. Dies geht hinreichend hervor z. B. aus einer klinischen Einleitungs-Vorlesung, gehalten von Leyden vor einigen Jahren: „über die Methoden der inneren Therapie".[93]) Hierin sucht er entscheidende Ausgangspunkte grade im Hippokratismus, bei den grossen hippokratischen Aerzten früherer Jahrhunderte, Sydenham, Boerhaave, Baglivi, Fr. Hoffmann, und betont im Geiste dieser Männer, dass die Therapie der internen Medicin, trotz des ganzen modernen Specialismus, auch ferner ihre hauptsächliche Stärcke haben muss in einer **Behandlung des Gesammtorganismus, einer Gesammttherapie**", dass, um einer solchen gerecht zu werden, die nur zum Teil eine Medicamenttherapie sein wird, das genaueste und vielseitigste Studium des ganzen Allgemein-Verhaltens des Organismus erforderlich ist, und dass dieses nicht eine Wissenschaft, sondern eine Kunst ist und bleibt, die man sich nur durch besondere Gaben und vor Allem durch anhaltende Uebung am Krankenbett, wie sie nur eine umfassende Praktikantenklinik bietet, aneignen kann. Im Geiste der alten Hippokratiker betont er die Autokratie der Klinik — die exacten Naturwissenschaften können und sollen in weitem Umfang die Klinik unterstützen, aber ihr keine Dogmen vorschreiben oder Gesetze dictieren: „In unserer Zeit sind es die exacten

Naturwissenschaften, welche mit sicherer Hand der Medicin neue Wege weisen und reife Früchte darbieten — aber auch diese Gaben bedürfen der Prüfung: die Entscheidung über den Wert derselben steht in letzter Instanz der Klinik, d. h. der Beobachtung am Krankenbett zu" — hierin sah ja schon seiner Zeit Fr. Hoffmann *„tota medicina"*. Im Programm der „Zeitschrift für klinische Medicin" (1880) opponiert Frerichs in ähnlicher Weise gegen die vermeintlichen Uebergriffe des Sectionszimmers und des Laboratoriums und protestiert gegen eine Experimentalpathologie, die mit Claude Bernard als Wortführer decretiert, dass *„la médecine, riche des faits acquis à l'hôpital, peut maintenant le quitter pour aller dans le laboratoire. En prenant la forme de science expérimentale, elle devient science pure"*. Und gerade Frerichs selbst hatte sich doch seine Sporen im Sectionszimmer und im Laboratorium verdient!

So sehen wir wenigstens im Princip die therapeutische Auffassung und die autokratischen Hauptideen de Haen's und der übrigen Alten aufs Neue in der Klinik auftauchen, und den Kreislauf, den der geniale Buntzen[94] seiner Zeit als allgemeines Gesetz der Heilkunde feststellte, sich auch hier bestätigen. Nur durch fortgesetztes energisches Festhalten der Principien der alten Medicin hält die Klinik es für möglich, ihre Bedeutung und ihre Hegemonie gegenüber der eingreifenden wissenschaftlichen Bewegung unserer Zeit zu bewahren, das therapeutische Prestige zu behaupten und wiederzuerringen, welches die pathologisch-anatomische Schule in ihrer einseitigen Vertiefung in die Krankenuntersuchung rücksichtslos preisgegeben hatte. Allerdings ist der Hippokratismus niedergedrückt worden und der Triumphwagen der neuen Zeit ist über ihn hinweggegangen, aber er ist dennoch am Leben geblieben; und nachdem der Versuch der pathologisch-anatomischen

Schule, eine Klinik ausschliesslich auf eigene Errungenschaften zu basieren sich als undurchführbar gezeigt hat, muss man wiederum zum Alten zurückkehren und dessen Hülfe anrufen, aber jetzt zugleich im Bunde mit der neuen Physiologie, die allmählich als ein besonders wichtiger Factor hinzugekommen war, und die sich dem Hippokratismus viel weniger abweisend gegenüber stellte, als es die pathologische Anatomie gethan hatte. Die Klinik scheint also als solche nicht ohne hippokratische Mitwirkung gedeihen zu können — Klinik und Hippokratismus gehören unauflöslich zusammen!

Was verleiht denn eigentlich dem Hippokratismus diese anhaltende, unauslöschliche Lebenskraft, diese befruchtende Macht, die alle Umwälzungen der Wissenschaft überlebt? Wir wollen noch zum Schluss in einem Rückblick recapitulieren und genauer praecisieren, was man nach dieser ausführlichen Darstellung der auf hippokratischem Boden stehenden Klinik für das charakteristische Merkmal ihrer Lehre und ihrer Geistesrichtung, für ihre charakteristischen Elemente halten muss. In erster Linie haben wir also constatiert, dass sie viel mehr umfasst als das, was man oft heutzutage ohne nähere Kenntnis als ihr eigentliches Wesen betrachtet hat: eine eilfertig gestellte, halb inspiratorische und locker formulierte Diagnose ohne nähere Localuntersuchung und ohne wesentliche Rücksicht auf die exacten Wissenschaften, und bei allen acuten Fällen ein doctrinäres Augenmerk auf kritische Excretion und Revulsion durch die Haut, durch den Urin, *per os* oder *per alvum* oder durch Blutentleerungen, oder alles zugleich, eine Revulsion, die der „innere Arzt" trotz aller Mühe, selbst durch Herbeiführung der günstigwirkenden Fieberbewegungen und der verschiedenen Absonderungen, doch nur selten hinreichend hervorrufen kann, und wo daher *naturae minister* resolut helfend eingreifen muss.

Dies sind vielleicht die alltäglichsten Manifestationen des Hippokratismus gewesen, und wir haben dieselben in dieser Darstellung hinreichend kennen gelernt, aber hiermit ist keineswegs der hauptsächlichste Inhalt erschöpft, und diese therapeutischen Axiome gehören zu denen, die gerade in zunehmendem Maasse modificiert und teilweise aufgehoben worden sind durch die verbesserte physiologische und nosogenetische Einsicht. So wird z. B. die Lehre de Haens, dass die Wirkung der China Rinde in der Beförderung der kritischen Excretionen bestehe, jetzt kaum von irgend einem Hippokratiker gebilligt werden.

Und dennoch dürfte es möglich sein, dass selbst verschiedene dieser alten intuitiven Axiome, welche die Wissenschaft in ihrer neuen Entwicklung glaubte definitiv begraben zu können, sich haltbar erweisen und Bekräftigung gewinnen werden durch die neuen Experimentaluntersuchungen. So wird z. B. möglicherweise das alte teleologische Hauptaxiom von der günstigen Bedeutung des Fiebers als Reactions- und Unterdrückungsprocess der *materia peccans*, was in bestimmtem Widerspruch steht mit der antipyretischen Lehre unserer Zeit (deren relative Berechtigung übrigens auch der Hippokratismus in seiner Aderlasstherapie stets anerkannt hat), zugleich mit dem Sturze dieser Doctrin[95]) aufs neue zu Ehren und Würden gelangen durch die Phagocytosenlehre und durch Nachweis des hemmenden Einflusses der höheren Temperaturen auf die Mikroben, wie ja denn schon ein junger hervorragender Bakteriologe, Gamaleia, geradezu eine teleologische Fieberdoctrin aufgestellt hat, die sich in der Hauptsache mit der des Hippokratismus deckt. Die Teleologie hat ja überhaupt eine entschiedene Bestätigung durch die neuen Untersuchungen gefunden, die stets den Kampf der Elemente des Organismus gegen den eindringenden Feind nachweisen. Und wenn die Alten lehrten, dass bei malignen Fiebern und namentlich bei Intermittens nichts so günstig sei, als das Auftreten einer grossen Milzschwellung, so scheint ja die Annahme Metschnikoffs, dass die Milz bakterientötende Eigenschaften habe, dies ebenfalls zu bestätigen. Auch andere Punkte der alten Krisen- und Metastasenlehre scheinen exact begründet werden zu können; so werfen die Untersuchungen Briegers, Bouchards und Anderer über die Autointoxikation ein rationelles Licht auf die hippokratische Lehre von der grossen Gefahr bei Zurückhaltung von „Unreinheit" im Organismus und bringen die Wichtigkeit einer gut unterhaltenen Ausdünstung und Absonderung zu voller Geltung.

Ist aber der Hippokratismus noch lebenskräftig, ja sogar auf verschiedenen Punkten, wo man ihn mit recht gutem Grunde tot und begraben wähnte, so scheint derselbe auch den Sieg davonzutragen mit Rücksicht auf andere weniger entschiedene Streitfragen mit der pathologischen Anatomie. Wohl haben die epochemachenden Untersuchungen ihrer Vertreter verschiedene alte hippokratische „Diathesen" definitiv verjagt und die allein entscheidende Bedeutung des Localleidens hervorgehoben, z. B. durch Hebra in Betreff der Hautkrankheiten (man denke nur an die „*Diathesis scabiosa!*"); aber der Hippokratismus hat wiederum Revanche erhalten. Für die exclusive pathologische Anatomie waren Croup und Diphterie nur locale Entzündungen mit gewissen bestimmten anatomischen Kennzeichen, ja in einer frühen anatomischen Periode war man nicht weit davon entfernt im typhoïden Fieber nur eine Enteritis, im Scharlach eine Hautentzündung zu sehen, wie man auch von demselben Standpunkt aus für die meisten Krankheiten die Lehre der Hippokratiker von der Ansteckung verwarf. Die neue Infectionslehre verbunden mit der pathologischen

Physiologie und in neuester Zeit mit der Bakteriologie hat ja die Contagiosität vollständig wiederhergestellt und zugleich den pathogenetischen Schwerpunkt mehr und mehr von dem Localpathologischen dahin verlegt, wo ihn der Hippokratismus stets suchte, in das Aetiologische, in eine allgemein wirkende *materia peccans*. Die essentiellen Fieberkrankheiten, die seiner Zeit von Broussais verhöhnten „*entités factices*" werden wohl eine vermehrte Bedeutung gewinnen, und der praedominierende aetiologische Gesichtspunkt des Hippokratismus wird wiederum zur Geltung kommen, obwohl *causa* und Disposition jetzt unleugbar nicht hauptsächlich in dem alten hypothetischen *Genius epidemicus* gesucht werden wird oder in der „Erkältung", die auch ferner, weil die hippokratischen Vorstellungen dem Laienbewusstsein so sehr zusagen, vom Publicum als überwiegende Krankheitsursache oder Krankheit festgehalten wird — hippokratisch wird ja eine Krankheit oft nur aetiologisch bezeichnet, was auch vollständig Eingang gefunden hat in das populäre Bewusstsein.

Wir haben hier eines der Hauptkriterien berührt, die den Hippokratismus von der anatomischen Schule abgrenzen. Der ganze kranke Mensch, die universelle Pathologie des Organismus, das allgemeine Totalbild des Zustandes des Kranken, diagnostisch bestimmt durch die herrschenden allgemein pathologischen Grundbegriffe, das ist und bleibt für den hippokratischen Kliniker die Hauptsache; die anatomischen Lokalbefunde können wohl grosse Aufmerksamkeit verdienen und sind ja auch mit Interesse von den Hippokratikern verfolgt worden, aber sie sind doch nur secundäre und accidentelle Processe, meistens der Ausdruck für die eliminierenden Bestrebungen der Natur und oft an und für sich ohne wesentliche Bedeutung für die Therapie, die — wenn überhaupt eingeschritten werden muss — in erster Linie gegen *causae remotae* und *proximae*, auf die Entfernung der *Materia peccans* gerichtet sein muss. Soweit die in diagnostische Untersuchungen vertiefte neue Schule es für nötig erachtete einzuschreiten, war ihre Aufmerksamkeit dagegen v o r zugsweise auf die Lokalerkrankungen gerichtet.

In Folge dieser Betonung der untrennbaren Totalität des Hippokratismus muss der Hippokratiker in erster Linie principiell bestrebt sein, ein so universeller Arzt als möglich zu sein und sich anstrengen sowohl die Medicin als die Chirurgie zu umfassen. Aber auch in diesem Punkte ist die Kreisbewegung im Begriff sich zu vollenden. Eine genaue Verschmelzung dieser beiden Hauptrichtungen der Heilkunst charakterisierte gerade den ursprünglichen antiken Hippokratismus und wurde erst später teilweise durch die Degradation der Chirurgie aufgehoben. Ein schwacher Punkt in dem neueren Hippokratismus war nun allerdings die medicinische Exklusivität, die z. B. dahin führte — wie wir gesehen haben — dass Sydenham und de Haen nicht einmal die Paracentese bei Ascites ausführen wollten, sondern die Wassersucht nur mit Hydragoga behandelten. Nur von wenigen der neueren Hippokratiker wurde die Wichtigkeit der Chirurgie so consequent betont wie von Peter Frank und Krukenberg. Aber bei dem Gang der neuesten Entwicklung und der Gleichberechtigung der Chirurgie wird ein solches enges Zusammenwirken sich vollauf geltend machen. Denn wenn die Therapie jetzt für alle drei grossen Körperhöhlen, bei Krankheiten im *cavum cranii*, *thoracis* und *abdominis*, mehr und mehr chirurgisch und operativ ist, so ist die notwendige Consequenz hiervon, dass der behandelnde Arzt vollkommen und allseitig ausgebildet sein muss sowohl in medicinischer als in chirurgischer Beziehung. Die medicinische Klinik der Zukunft wird sicherlich mit mehr Recht eine medicinisch-chirurgische Klinik genannt werden können. Die Differenzierung wird jetzt jedenfalls nicht mehr ihren Schwerpunkt in dieser alten Zweiteilung haben, sie muss entsprechend der Tendenz der neuen Entwicklung in der Richtung einer Organverteilung und eines damit verbundenen immer weiter gehenden Specialismus vor sich gehen. Indess zeigt sich auch dieser moderne Specialismus nicht überall localanatomisch und antihippokratisch. Eine sehr wichtige Specialität, die Paediatrie, hat im Gegenteil ihre ganze Begründung in einer rein hippokratischen Kategorie, in der Forderung einer besonders entwickelten Anschauung der individuellen Eigentümlichkeit des ganzen Kinderorganismus, und sie gerade erfordert einen universellen Arzt im alten hippokratischen Sinne.

Demnächst muss die Betonung der Totalität des Organismus von Seiten des Hippokratismus die Consequenz herbeiführen, dass eine weit durchgeführte Individualisierung ein Hauptmoment wird. Der Arzt darf nicht stets fest registrierte Krankheiten vor sich sehen — obwohl ein klinischer Dogmatismus ihm ab und zu dies nahe gelegt hat — sondern Symptome in unendlich individueller Nuancierung; und hier auf den Grund zu kommen, zur vollen Erkenntnis zu kommen, warum gerade die Symptome in einem vorliegendem Falle sich in der vorliegenden individuellen Weise entwickeln und gruppieren, das ist das Ziel der Untersuchungskunst, der Kunst, die indess nicht ihrer selbst wegen geübt wird, sondern nur, um durch sie in den Stand gesetzt zu werden, dem Kranken zu helfen; *ars medica* ist ihrem Ziel nach eine *ars medendi*. Aber der Arzt soll sich daher, wie schon der antike Hippokrates so genau einschärfte, in das ganze somatische und psychische Leben des Kranken vertiefen, *nil humani* darf ihm *alienum* sein. Die Hausarztinstitution, die besonders günstige Gelegenheit bietet die ganzen Verhältnisse der Patienten genau kennen zu lernen, hat daher auch ihren Ursprung und ihre Hauptstütze im Hippokratismus, der umfassende Klarheit über die Einwirkungsweise aller äusseren Factoren fordert. Die alten Categorien *Gesta, Ingesta, Circumfusa, Applicata*, die *causae remotae* der Krankheit, sind von capitaler Wichtigkeit. Auch in diesem Punkte begegnen sich der Hippokratismus und die neue Experimentalwissenschaft in ihrer Anwendung auf die Hygieine.

Den Einfluss dieser Factoren in rechter Weise zu regulieren, das ist für den hippokratischen Arzt das nächste wichtige Ziel der Behandlungskunst, und das gilt von allen Fällen. Die diätetisch-hygieinischen Mittel muss er daher stets zur Anwendung bringen und auf dieselben besonderes Gewicht legen. Wie weit er dagegen activ vorgehen soll gegen den krankhaften Zustand selbst, gegen die *causa proxima* der Krankheit, das ist für ihn stets eine zweifelhafte Frage, die genaue Ueberlegung erfordert. Denn in erster Linie hat er durch seine klinische Beobachtung eine tiefe Ehrfurcht gewonnen vor den eigenen mächtigen teleologischen Hülfsmitteln des Organismus, und er ist sich wohl bewusst, dass er nie mehr sein darf oder kann als ein vorsichtiger *minister* und niemals ein *magister naturae*. Kommt er indess zu dem Resultat, dass die Natur ihres „*minister*" bedarf, und zu diesem Resultat kommt er unleugbar erstaunlich oft, dann schreitet er auch ein — wohl stets nur „auf dem von der Natur angewiesenem Wege", aber mit der grössten Entschlossenheit und mit dem ganzen Vertrauen und dem Selbstbewustsein, der Hoffnung und Freude an der Ausübung der Heilkunst, die stets einen echten Hippokratiker auszeichnet und vielleicht sein am meisten charakteristisches Kennzeichen ausmacht.

Aber alles dieses, die Untersuchung und besonders die Behandlung, wird dann, wie schon betont, eine Kunst und zwar eine schwierige, verwickelte Kunst, die sehr hohe Anforderungen an den Ausübenden stellt. Dazu sind in erster Linie gründliche und allseitige wissenschaftliche Voraussetzungen und Kenntnisse erforderlich, aber alles dieses sind doch im Gegensatz zur Auffassung der neuen Schule nur Hülfsmittel zur teilweisen Unterstützung des rein kunstmässigen Wirkens, das, wie Hufeland besonders hervorhebt, seine wichtigste Basis in etwas anderem als in der Wissenschaft haben muss, nämlich in einer langen unermüdlichen Uebung am Krankenbett und in der Ausbildung eines feinen Tactes, angeborener besonderer Gaben und Talente. Solche sind durchaus notwendig für den hippokratischen Arzt; erforderlich ist, wie Stoll in seinem letzten, in deutscher Sprache gehaltenem *Prooemium* (1786, October) sagt, „ein besonderes praktisches Talent, womit man zur Welt kommen muss, und das man sich nie verschafft". „*Plus prudentiae judiciique requiritur quam doctrinae*", haben wir ihn ebenfalls sagen hören. Die Beobachtung, die der Hippokratiker stets betont, ist auch nicht die nüchtern-objective, kaltblütig-statistische, exact-wissenschaftliche, sondern vielmehr eine Beobachtung, bei welcher das Subjective, der Tact ein wesentliches Element darstellt, die aber dennoch trotz ihrer unsicheren Begründung dem Kliniker gerade die Kraft zum Handeln verleiht, die im Leben erforderlich ist.

Es ist alzo, wie wir sehen, eine Grundanschauung des Hippokratismus, dass ein nüchternes, objectiv-wissenschaftliches Studium stets nur das Untergeordnete ist; die Hauptsache der Ausbildung kann der Mediciner sich nur durch künstlerische Uebung am Krankenbett erwerben, und nur dadurch kann er zur Formulierung der gültigen

Regeln und intuitiven Axiome gelangen, die ihn stets in seinem Handeln leiten müssen. Die **Autokratie** der **Klinik** ist also das *A* und das *Ω* des Hippokratikers gewesen und zwar nicht nur in der antiken Zeit, wo Alles aus der Klinik hervorgehen musste, weil kein anderes reelles Substrat vorhanden war, sondern auch später, nachdem die Anatomie und die experimentelle Physiologie ein solches neben der Klinik geschaffen hatten. Wir haben schon gesehen, wie de Haen in seiner heftigen Weise die Autokratie Haller gegenüber aufrechterhielt, wir haben in der Neuzeit gesehen, wie Frerichs gegen Claude Bernard als den Repräsentanten einer weit vorgeschrittenen Experimentalforschung opponierte, und die letzten Jahre haben uns das Schauspiel besonders heftiger Zusammenstösse in dieser Beziehung geboten. So hat z. B. Pasteurs Experimentalpathologie einen unversöhnlichen Feind in dem Kliniker Michel Peter[96]) gefunden, dem unbedingt treuen und fanatischen Anhänger des Trousseauschen Hippokratismus, der wahrscheinlich auch von diesem seinem Standpunkte aus besonders entrüstet ist, dass ein Nicht-Arzt, ein Mann, der sich niemals am Krankenbett geübt hat, es dennoch mit Kühnheit unternehmen will innerhalb der praktischen Medicin neue Bahnen zu eröffnen. Und in ähnlichem Lichte zeigt sich der Jodoformstreit der Neuzeit, der besonders prägnant illustriert, wie leicht die hippokratische Forderung unfehlbarer Autokratie sich mit dem Gefühl klinischer Macht überhaupt verbindet. Eine solche Forderung scheint *a priori* gerade der Chirurgie fern zu liegen, deren imponierende Entwicklung eng verknüpft ist mit dem ganzen localanatomischen, antihippokratischen Specialismus. Trotzdem aber waffnet sie sich, sobald sie ihren jetzt unbestrittenen Platz ersten Ranges in der Klinik erreicht hat, mit dem reinsten hippokratischen Autokratismus und weist kategorisch die unberufene Einmischung der Experimentalpathologie zurück. Und geschichtlich ist es interessant, dass dieses gerade von dem Lehrstuhl derselben Universität aus geschieht, von wo im vorigen Jahrhundert die vornehme medicinische Klinik de Haens ihren Bannfluch gegen Hallers Kühnheit schleuderte. Nicht einmal das Factum, das doch noch zu neu ist, um vergessen zu sein, dass die unbedingte Hegemonie der Chirurgie nur mit Hülfe der experimentellen Wissenschaft erreicht ist, scheint in irgend welcher Weise den Autokratismus der Wiener Klinik zu dämpfen, so tief ist sie schon davon durchdrungen. Ein Widerspruch ist indess überhaupt schon darin enthalten, dass sowohl die alten wie die neueren Hippokratiker einen „asystematischen" klinischen Autokratismus so absolut für sich in Anspruch nehmen. Denn in Wirklichkeit haben sie sich doch **stets auf etwas Anderes** gestützt und stützen müssen, auf ein allgemeinpathologisches Fundament, das ursprünglich hauptsächlich nur **apriorisch, und speculativ** gegeben war, weshalb auch die nüchternen Alten sicherlich kein grosses Gewicht darauf legten — denn sie suchten den ganzen Nachdruck auf das reelle Moment, auf die klinischen Erfahrungen zu legen — das aber später durch die Entwicklung einer naturwissenschaftlichen pathologischen Physiologie eine stets grössere Bedeutung gewonnen hat. Der alte Sylvius hatte ja Sinn hierfür und sah die Vervollkommnung der praktischen Medicin in der Verbindung mit einer rationellen Deduction von den Hülfswissenschaften, aber seine allzu kühne Deduction brachte die Methode in Misscredit, und Sydenhams Auffassung, ein principieller, empirisch-klinischer Autokratismus mit möglichst weiter Fernhaltung theoretischer und doctrinärer Fundamente, wurde daher die herrschende.

Diese autokratische Auffassung macht den echten

hippokratischen Arzt zu einem vornehmen und selbstbewussten Mann, dem gegenüber die eigentliche Wissenschaft nur eine dienende Stellung einnimmt, und der sich selbst nur vor **Einem** beugt, vor dem Organismus, vor der **Natur**, deren Lebensäusserungen er beobachtet, mit der im Bunde er handelt. Aber er ist ein **wirklich** vornehmer Mann, der vollkommen fühlt und anerkennt, dass „noblesse oblige". Er ist nicht nur durchdrungen von dem Gefühl dessen, was er als loyaler Diener seiner hohen Herrscherin, der Natur, schuldet: den feinen Tact und die Vorsicht, die er stets in diesem delicaten Verhältnis zeigen muss, sondern er weiss auch, was er auf Grund der ihm anvertrauten Stellung, seiner Einweihung in die Mysterien der Natur, sich selbst schuldig ist, und welche **grossen Pflichten** er zu erfüllen hat. Die ganze **Geistesrichtung**, die dem Hippokratismus innewohnt — dessen hauptsächliches Sonderzeichen vielleicht darin besteht, dass er mehr **ein Leben als eine Lehre** darstellt — will diese Hoheit und diesen Adel des Geistes und des Charakters ausbilden, den, wie wir gesehen haben, die alten Kliniker in ihren wichtigen ethischen Regeln einschärften, und den der antike hippokratische Eid schon vollkommen zum Ausdruck brachte. Er wird aus aller Macht dahin streben, die grossen idealen Momente der Heilkunst aufrechtzuerhalten, welche dieselbe hoch über jedes Handwerksmässige emporheben. Die Hausarztinstitution, bei welcher die idealhumane Seite der ärztlichen Thätigkeit ganz besonders zur Entfaltung kommt, wird daher aufs kräftigste von dem Hippokratiker unterstützt, und ein echter, warmfühlender Korporationsgeist, ein wahres Collegialitätsgefühl, hat in ihm seine beste Stütze.

Dies sind die hauptsächlichsten Elemente des wahren Hippokratismus, und man ersieht daraus, dass dieselben zahlreich und vielseitig sind, sodass eigentlich jeder Kliniker notwendigerweise etwas hippokratisches an sich haben muss — das fundamentale Princip der Beobachtung muss ja allen Kliniken gemeinsam sein. Ferner geht daraus hervor, dass mehrere der wichtigsten Momente gerade solcher Natur sind, dass es verständlich wird, wenn ein Kliniker, der sich voll und ganz in sein verantwortungsschweres Amt vertieft, der in demselben seine grosse, ungeteilte Lebensaufgabe sieht, nicht gerne auf dieselben verzichtet, ja, dass er trotz seines sonstigen Standpunktes bewusst oder unbewusst nach denselben greifen muss. Gerade durch Hülfe des Hippokratismus kann er sich fernerhin ein grosses und anderen unerreichbares Gebiet bewahren, ein Gebiet, das der stark um sich greifende Specialismus unserer Zeit mit all seinen handgreiflichen praktischen Resultaten ihm doch nicht entreissen kann; er kann gerade dadurch die hohen Traditionen und die selbständige Machtfülle der vom Zeitgeist so stark bedrohten medicinischen Klinik aufrechterhalten, ihre ganze weniger handgreifliche, aber darum nicht minder bedeutungsvolle Thätigkeit, und er kann in seinen selbsterworbenen klinischen Axiomen die subjectiv sichere Richtschnur seines Handelns finden, die er nicht entbehren kann, und die der kritisch exacte Geist der stringenten Naturwissenschaft nicht giebt. Er wird dies jedoch nur dann vermögen, wenn er es zugleich versteht sich in das rechte Verhältnis zu den unabweislichen und unerbittlichen Ansprüchen der Zeit zu stellen.

Von diesem Punkte werden die Zukunftsaussichten des Hippokratismus, wenigstens praktisch betrachtet, im wesentlichen abhängig sein. Der Hippokratismus muss begreifen, dass er, insofern er als ein wichtiger Factor an der Entwicklung der Medicin mitwirken will, sich nicht vornehm hinter seine ehrwürdigen Axiome zurückziehen darf, sondern streben muss, so viel wie möglich mitzuarbeiten an der grossen Aufgabe, die vor allen übrigen gelöst sein will: mit Hülfe der Anatomie und Physiologie eine Brücke zu schlagen zwischen Kunst und Wissenschaft, zwischen inspiratorischem Individualisieren und moderner Exactheit, zwischen Empirie und Rationalismus. Der Hippokratismus wird infolge seines ganzen Ausgangpunktes, der in der Wissenschaft nur ein einzelnes Hülfsmittel zur Erreichung des **praktischen Handelns** sieht, worin er sein einziges und ausschliessliches humanes Ziel sucht, vielleicht nicht ohne Schwierigkeit an dieser notwendig vorliegenden Aufgabe mitwirken können, aber er wird es dennoch gewiss fertig bringen, und zwar in der Art, dass er nicht seine Schlacken, die fortgeworfen werden müssen, wohl aber sein wesentlichstes Ich unverändert bewahrt und so auch seine principielle Auffassung von der praktischen Ausübung der Medicin als einer **Kunst** aufrechterhalten kann. Denn obwohl die Bewegung der Entwicklung von der Kunst zur Wissenschaft geht, wird das Moment der Kunst doch in unabsehbarer Ferne für die medicinische Therapie unzweifelhaft aufrechterhalten werden. Aber der Hippokratismus muss dann auch, was er bis jetzt auch in seinem eigentlichen Wesen gewesen ist, durchführbar und fortschreitend sein, er muss einsehen, dass seine Axiome entsprechend den Anforderungen der Entwicklung modificiert werden müssen, und in erster Linie, dass jetzt nicht mehr dasjenige exclusive Gültigkeit haben kann, was der antike Hippokratismus sicher mit vollem Recht als die einzig **reelle** Grundlage betonen musste: die klinisch-symptomatische Semiotik und Therapeutik; damals existierte nichts anderes, weder Anatomie noch Physiologie. Er muss einsehen, dass der alte Sylvius Recht hatte, als er, seiner

Zeit weit voraus, vorhersah, dass der entscheidende Fortschritt der Medicin verknüpft sei mit dem Hippokratismus im engen Bunde mit der physiologischen Wissenschaft, und dass der alte de Haen im Unrecht war, als er kategorisch jeden Einfluss der exacten Physiologie verwarf, die damals schon doch etwas erreicht hatte, und die jetzt eine wissenschaftliche Grossmacht ist, auch auf dem Gebiete der Pathologie. Der Hippokratismus muss, indem er dieses offen anerkennt und noch dazu dankbar anerkennt, welch mächtige Stütze er in der pathologischen Physiologie erhalten kann und schon erhalten hat, so viel von seinem principiellem Autokratismus aufgeben, dass dieser nicht eine Achillesferse darstellt, sondern sich in organischer Weise mit den exacten und praktisch wichtigen Resultaten des Laboratoriums amalgamiert. Dass dieses möglich ist, das hat die in jeder, aber besonders in dieser Beziehung ausgezeichnete Dubliner Schule vollkommen durch die Praxis bewiesen, und die erwähnten Berliner Kliniker, die überhaupt in die Spuren dieser Schule zu treten scheinen, erstreben dieselbe organische Verbindung, indem sie nur bedingt die Autokratie der Klinik betonen. Als Männer auf der Höhe ihrer Wissenschaft sehen sie selbstverständlich klar, dass die pathologische Basis ausserhalb der Klinik, die diese, recht betrachtet niemals hat entbehren können und deren Bedeutung auch in der That von den älteren Hippokratikern in der von ihnen ausgearbeiteten allgemeinen Pathologie und Therapie anerkannt wurde, nur und zwar in zunehmend ausgiebiger Weise durch die fortschreitende physiologische Forschung des Laboratoriums geboten werden kann. Versteht der Hippokratismus sich wirklich so zu modificieren, versteht er den richtigen unparteiisch würdigenden und überlegen urteilenden Standpunkt zwischen Klinik und Laboratorium, zwischen Praxis und

Theorie einzunehmen, ja dann wird er sich auch ferner lebendig und lebenskräftig erhalten können. Durch seinen ganzen Geist, seine ihm innewohnende Fähigkeit unter allen verwickelten Verhältnissen der Krankheitsprocesse sicher zu handeln, durch seine ebenso optimistische wie ideale Anschauung von der beschwerlichen Aufgabe des Arztes wird er dann die wesentliche Integrität und praktische Hegemonie der Klinik bewahren können, wird er die alte in humaner und socialer Beziehung so wichtige Hausarztinstitution aufrecht erhalten und überhaupt von seinem besonderen Standpunkte aus einen thätigen und voll berechtigten Einfluss ausüben auf die medicinische Entwicklung zum Wohle der Menschheit und zur Ehre der Kultur.

Anmerkungen und Citate.

Einleitung.

1. In den Prologomena zu Praxeos medicae universae praecepta.
2. 1804 ist in Paris ein Buch von Mahon erschienen „Histoire de la médecine clinique", das eine cursorische Uebersicht über die historische Entwickelung der ganzen praktischen Medicin giebt, aber die Geschichte des klinischen Unterrichts nicht berührt.
3. In der Zeitschrift „Fædrelandet" 1837, Nr. 144—46.
4. Genera morborum. Upsal. 1763.
5. Nosologia methodica sistens morborum classes juxta Sydenhami mentem et botanicorum ordinem.
6. In der Zeitschrift „Medicinische Reform", herausgegeben von Leubuscher und Virchow, 1848, Nr. 4—6.
7. Man vergleiche das Programm der „Zeitschrift für klinische Medicin" und des „Vereins für innere Medicin" in Berlin (Zeitschr. für klin. Med. III. 1881), des „Congress für innere Medicin" in Wiesbaden 1882.
8. Deutsches Archiv für klin. Med. XII, 1.
9. Verschiedene Artikel in „Deutsche med. Wochenschrift" 1888, Nr. 2—6, Nr. 37—38; in „Berliner klin. Wochenschrift" 1888, Nr. 51.
10. Schreiben der Facultät, Discussion in der medicinischen Gesellschaft und mehrere andere Artikel.

Seite 23 ff.

1. In „Conférences historiques", Vorlesungen, gehalten 1865 von verschiedenen Pariser Professoren und auf Veranlassung der Facultät herausgegeben, wird Renaudot recht ausführlich in einer Conférence über Riolan von Le Fort geschildert. Auch habe ich eine Schilderung von Guardia in Gazette méd. de Paris 1877 benutzt.
3. Mitgeteilt von Weckerling in „Deutsches Archiv für klinische Medicin" XIX, 1877.

4. Artikel „Hôpital" in dem grossen Dictionnaire des sciences médicales.
5. Franks Autobiographie. Wien 1802. Seite 25—26.
6. Jan van Heurne's „Judicia de Fernelio" sind vorne in Plancys Ausgabe der „Universa medicina" gedruckt.
7. Epist. med. Cent. I, Nr. 10.
8. Vergl. W. Meyers Abhandlung über die medicinische Schule in Montpellier. Bibl. for Læger. Januar 1854.
9. Die Tuberculose, die Lungenschwindsucht und Scrophulose nach historischen und experimentellen Studien bearbeitet. Berlin 1869.
10. Von Neubert referiert in „Beiträge zur pract. Heilkunde II (herausgegeb. von Clarus u. Radius).
11. Epist. Worm. Nr. 68.
12. Ausführlich von Neubert referiert (l. cit.).
13. Artikel von Daniels im Biograph. Lexikon der hervorragenden Aerzte.
14. Personalhistor. Tidsskrift III, 1881. Das Verzeichnis umfasst nur das erste Jahrhundert des Bestehens der Universität (1575—1674).
15. Simon van Leewen, „Korte Besgrijvning van het Lugdunum Batavorum, nu Leijden 1672.
16. Epist. Worm. Nr. 1650, wo Bartholin eine Darstellung der Thätigkeit der Facultät in Leyden überhaupt giebt. Van Heurnes Klinik wird erwähnt in Colds Dissertation über Heilkunde und Aerzte unter der Regierung Christian IV. S. 133.
17. Epist. Worm. Nr. 648.
18. Mitgeteilt bei Suringar „Bidrag tot de Geschiedenis van het geneeskundig Onderwijs aan de Leidsche Hoogeschool." Dieser Reihe von gründlichen und auf Archivuntersuchungen basierten Beiträgen, gedruckt in „Nederland. Tijdschrift voor Geneeskunde" 1860—66 und mir zugänglich durch die Güte des Hern. Dr. Daniëls in Amsterdam, verdanke ich viele einzelne Daten. Ebenfalls muss als Quelle für diesen Abschnitt genannt werden: Siegenbeck „Geschiedenis der Leidsche Hoogeschool" 1577—1825 (2 Bd.), ebenso Finkenstein. „Die niederl. Aerzte des 17ten und 18ten Jahrhunderts." (Deutsche Klinik 1871).
19. Vergl. J. F. K. Hecker. Geschichte der Heilkunde, nach den Quellen bearbeitet, II, 1829.
20. Diese Ausgabe, die selten ist, und wenigstens in den Kopenhagener Bibliotheken nicht vorhanden ist, hat der Verf. in der reichhaltigen und dem Verf. während eines Besuches in Berlin mit der grössten Liberalität geöffneten Bibliothek des Friedrich-Wilhelms-Instituts zu Berlin gesehen.

21. In Brickas citiertem Verzeichnis S. 44 wird als immatriculiert 1655, 17. Juli aufgeführt: „Petrus Schuhmacherus, Hafnia-Danus, 20 (Jahre), Stud. med.
22. In neuer Ausgabe veröffentlicht Paris 1846.
23. Alle medicinischen Schriften des Sylvius sind in einer grossen mit seinem Porträt versehenen Quart-Ausgabe „Opera medica" gesammelt, die mehrere Male wieder gedruckt ist. In der dänischen Universitätsbibliothek befindet sich eine 1695 in Utrecht erschienene Ausgabe.
24. Dieses umfassende Manuscript, das sehr viel zur Aufklärung der Entwicklungsverhältnisse nicht nur der Medicin, sondern auch der übrigen Wissenschaften, sowie auch viele allgemein kulturhistorische Daten enthält, müsste unzweifelhaft in Druck erscheinen. In einer Abhandlung des verdienten Klinikers und Medicinalhistorikers Groshans in Rotterdam: „Het Onderwijs in de Geneeskunde te Leiden in 1663" (Tijdschr. der Nederland. Maatsch. voor Geneeskunde 1856) finden sich ebenfalls verschiedene von mir benutzte Angaben über das Wirken des Sylvius.
25. Dieser Nachruf ist in Sylvius Opera medica aufgenommen.
26. Ebenfalls in Opera medica.
27. Dissertatio I de Theriaca in officina Chr. Heerford, sen. pharmac. Reg., 1. Febr. 1671 dispensata, und Dissertatio II de Theriaca in officina Joh. Gothofr. Becker Pharmac. Reg. aulici, 1. Febr. 1671 dispensata.
28. Artikel „Theriaque" von Cadet de Gassincourt im Dictionnaire des sciences médicales IX.
29. Borelli's Werk „de motu animalium" bildet die Grundlage des jatromathematischen oder jatromechanischen Systems; Bellini hat dagegen namentlich an der Anwendung des Systems in der Pathologie gearbeitet, und im Wesentlichen hat Boerhaave seine pathologische Theorie von ihm. Der etwas jüngere italienische Professor Baglivi hat diese Lehre weiter entwickelt, errang aber doch hauptsächlich seinen Ruhm als Hippokratiker durch seine Schrift „De praxi medica ad pristinam observandi rationem revocanda", in welcher „repetita ac diligens observatio" stark betont wird als einzig wesentliche Grundlage der Medicin. Die Schrift wurde später (1793) aufs neue von Baldinger herausgegeben, der in einer Vorrede erklärt, dass er sie „plus quam centies" mit unvermindertem Entzücken gelesen habe.
30. Die Heilkunst auf ihrem Wege zur Gewissheit. Erfurt 1805. Eine geistvolle, kritische Arbeit, vom hippokratischen Gesichtspunkt aus geschrieben. Verfasser ist der Vater J. F. K. Heckers.
31. Histoires des sciences médicales II, p. 890 ff.

32. Billroth: Ueber das Lehren und Lernen der medicinischen Wissenschaften an den Universitäten der deutschen Nation S. 337.
33. Bibliothec. med. pract. T. IV, pag. 142—43.
34. Biograph. Lexikon der hervorrag. Aerzte I, S. 506.
35. Das Braunschweiger Bier wird so nach seinem Erfinder benannt.
36. Seine Opera medica omnia (in Quartformat mit Porträt).
37. Wiener allgem. med. Zeitung 1860.
38. Klinische Vorträge über die Lungenschwindsucht, Tübingen 1867 (Jul. Petersen, Ugeskrift for Læger 3 R., XII, Nr. 4).
39. Nach Parrot in Conférences historiques. 1866.
40. A System of clinical medecine, Dublin 1843 (Introductory Lecture).
41. Vergl. J. F. K. Heckers Geschichte der neueren Heilkunde II.
42. Ueber die medicinischen Verhältnisse an der Wiener Universität vor und bei der Ankunft van Swietens vergleiche: J. F. K. Hecker, Geschichte der neueren Heilkunde II; Billroth, Ueber das Lehren und Lernen etc. S. 30 ff.; Geschichtliche Notizen über das medicinische Clinicum der Wiener Universität (Wiener med. Wockenschrift 1841); Puschmann, Die Medicin in Wien in den letzten hundert Jahren S. 1—10. In den hier genannten Schriften finden sich überhaupt viele von mir benutzte Daten.
43. Mitgeteilt nach Wasserbergs Sammlung von Praelectiones in der Wiener med. Wochenschrift 1871, Nr. 28.
44. Freimüthige Briefe an Herrn Grafen von V. über den gegenwärtigen Zustand der Gelehrsamkeit der Universität und der Schulen zu Wien (Wiener med. Wochenschrift 1871, Nr. 27).
45. Alethophilorum quorundam Viennensium Elucidatio necessaria epistolae de Cicuta, quam cel. Haenius scripsit ad cel. Tralles (Wiener med. Wochenschrift 1871, Nr. 28).
46. Vergl. William Falconer, Observations respecting the pulse (ins Deutsche übersetzt von Kausch 1797).
47. Diese besonders interessanten Beobachtungen werden in seiner Ratio medendi T. IV. Pag. 211 und T. XI, Pag. 116 (de morbis acutis) mitgeteilt.
48. Die Heilkunst auf ihren Wegen zur Gewissheit S. 119.
49. Dieser Forscher darf nicht verwechselt werden mit William Harvey, dem grossen Entdecker der Blutcirkulation. Gideon Harvey war Leibarzt bei Carl II und ist namentlich als ein schreiblustiger Polemiker bekannt. Von seinen schriftstellerischen Producten ist besonders eine Schrift gegen den Gebrauch der Chinarinde und ein satirisches Gedicht bekannt, in welchem er die Aerzte verspottet und sie nach der von ihnen angewandten Therapie in 6 Classen teilt: C. ferrea, asinaria (Eselmilch-Therapie), jesuitica

(das China-Präparat wurde damals allgemein Jesuitenpulver genannt). aquaria, laniaria und stercoraria. Man vergleiche übrigens Biograph. Lexicon der hervorragenden Aerzte III, S. 73—74.

50. In mehreren einzelnen Schriften und in einer ausführlichen Darstellung in Ratio medendi T. IX „de systemata Halleriano."
51. Eine ausführliche Angabe der Litteratur über diese Frage findet sich in „Hospitals Tidende" 1888, S. 1009 (Uebersicht von Rovsing).
52. Haeser II. S. 627—28.
53. Diese älteste Ausgabe, die nach Haeser und Merbach ausserordentlich selten und wahrscheinlich nur in einer sehr kleinen Auflage gedruckt ist, ist in der Kopenhagener Universitätsbibliothek vorhanden. Eine neue und jetzt häufige Auflage wurde 1763 publiciert.
54. Praelectiones in diversos morbos chronicos p. 86.
55. Jahresbericht der Gesellschaft für Natur und Heilkunde in Dresden. 1862, Beilage I.
57. Dissertatio de febribus biliosis seu historia epidemiae Lausannensis anni 1755.
58. Traité des maladies de plomb ou saturnines suivi de l'indication des moyens, qu'on doit employer pour se préserver de l'influence délétères des préparations de plomb. 1839. Ins Deutsche übersetzt von Frankenberg 1842 (Historische Einleitung).
59. Handbuch der theoretischen und klinischen Percussion und Auscultation.
60. Im ersten Bande von Eyerels Commentaria in M. Stollii Aphorismos de cognoscendis et curandis febribus sind zugleich dessen „Prooemia ad praelectiones clinicas" abgedruckt.
61. Von dem Entwicklungsgang und der Durchführung dieses Planes findet sich eine ausführliche und aktenmässige Darstellung in der schon citierten Schrift Puschmanns „Die Medicin in Wien in den letzten hundert Jahren", einer Festschrift aus Anlass des Saecularjubilaeums des grossen Hospitals.
62. Ueber die Einrichtung der öffentlichen Krankenhäuser. Herausgegeb. von G. A. von Beeckhen. Wien 1788.
63. J. P. Franks Autobiographie S. 148.
64. Autobiographie S. 23 (Bamberger, in Jahrb. d. k. k. Ges. der Aerzte 1886).
65. Aus meinem Leben II, 9tes Buch.
66. In den Bibliotheken Kopenhagens befindet sich diese kleine ihrer Zeit so bedeutungsvolle Schrift nicht. Das von mir benutzte Exemplar gehört der Bibliothek des Friedrich-Wilhelms-Instituts in Berlin an.

67. Ny Hygaea III, S. 7—9.
68. Wiener medicinische Wochenschrift 1871, Nr. 38.
69. Diese Memoiren, die von Joseph Frank in französischer Sprache geschrieben sind und sich im Besitz der Familie de Carro (Haeser II, S. 621) befinden, hat Rohlfs bei seiner ausführlichen Monographie über Peter Frank in „Die medicinischen Classiker Deutschlands" II, Stuttgart 1880, benutzen dürfen.
70. Dieses lange Zeit wegen seines vernünftigen und gründlichen Eklekticismus geschätzte und viel benutzte Werk wurde zugleich in verschiedene Sprachen übersetzt, z. B. wiederholt ins Deutsche, zuletzt mit einem Vorwort von Hufeland und mit einem hübschen Portrait des Verfassers, das von Sobernheim herrührt.
71. Gedruckt in „Beiträge der Kurmainzischen Akademie zu Erfurt" und von Rohlfs referiert, l. cit.
72. Delectus opusculorum medicorum, antehac in Germaniae diversis academiis editorum. Im Ganzen 12 Bände.
73. Hiervon erschien nur der erste Band, der später von Heimreich (Kiel 1835) übersetzt wurde mit der Motivierung, dass der grosse Wert dieser Interpretationes anerkannt sei.
74. Reise nach Paris, London und einem grossen Teile des übrigen Englands und Schottlands. I u. II. (2te Auflage 1816).
75. Versuche für die praktische Heilkunde aus den klinischen Anstalten von Tübingen 1807—8. Hierin beschreibt er auch die Einrichtung seines neuen, verhältnismässig grossartigen Clinicums.
76. Ueber die Indicationen der Bronchotomie (Doctor-Dissertation).
77. Biographisches Lexicon der hervorragenden Aerzte I, p. 231.
78. In „Deutsche Klinik" für 1863 hat der Herausgeber Dr. Göschen eine hinterlassene ausführliche Selbstbiographie Hufelands mitgeteilt, deren Daten hier benutzt sind.
79. Die Geschichte des Hospitals in Fischer, Chirurgie vor hundert Jahren p. 102—7 (in den Charité-Annalen 1887 vom Director Mehlhausen skizziert).
80. Dieses seiner Zeit zo berühmte Journal begann Hufeland schon 1795 in Jena herauszugeben und setzte es bis zu seinem Tode im Verein mit verschiedenen Mitherausgebern fort; im Ganzen erschienen 82 Bände. Nach seinem Tode wurde es noch eine Reihe von Jahren von seinem Schwiegersohn Osann redigiert.
81. 2ter Band. Den Aufenthalt in Deutschland und Oesterreich (1819) hat Otto in einer Reihe von Artikeln in „Ny Hygaea" (2ter und 3ter Band) beschrieben, den Aufenthalt in der Schweiz, Italien, Frankreich, England und Holland (1820—22) in deutscher Sprache

in einem selbständigen Werk von 2 umfangreichen Bänden (Hamburg 1825).
82. In einem ansführlichen Brief an Professor R. Nyerup, zuerst gedruckt in „Magazin for Rejseiagttagelser" (II, 1) und später in „Ny Hygaea" II, S. 163—77.
83. Wiener med. Wochenschrift 1871. S. 688 (Geschichtliche Notizen).
84. Aus der sehr breiten und detaillierten Schilderung Heims bei Rohlfs „Die medicinischen Classiker Deutschlands" I. 1875, geht hervor, dass er auch eine nicht geringe litterarische Thätigkeit entwickelt hat, hauptsächlich jedoch nur in kleinen Journal-Artikeln.
85. Die Klinik Peter Krukenbergs. Zum fröhlichen Gedächtnis des grossen Lehrers (Deutsche Klinik 1866, Nr. 6).
86. Ausser dem citierten Artikel Brauns ist namentlich zu beachten Barriès, „Peter Krukenberg, biographische Skizze und Charakteristik seiner Lehrthätigkeit", Halle 1866.
87. Tidskrift för läkare, Marts 1836.
88. In der übrigens sehr einseitigen Monographie über Krukenberg in Rohlfs „Die medicinichen Classiker Deutschlands I" — einem Werke, das durch und durch den Stempel einer thöricht weit getriebenen Polemik gegen die neue naturwissenschaftliche Medicin trägt — finden sich ausführliche Auszüge aus der Casuistik der Jahrbücher.
89. Rokitansky. Handbuch der patholog. Anatomie I. 1846. Einleitung.
90. In dem seiner Zeit viel Aufsicht erregenden Werke „Wien und Paris". 1841.
91. Namentlich sind zu beachten: Abhandlungen in den zwei ersten Bänden von Virchows Archiv sowie der erste Band seines Handbuchs der Pathologie und Therapie.
92. Z. B. Trousseaus Introduction zu seiner Clinique médicale.
93. Berliner klinische Wochenschrift 1886, Nr. 45.
94. Vergl. meine „Hauptmomente in der geschichtlichen Entwickelung der medicinischen Therapie", Kopenh. 1877, S. 340—1.
95. Man vergl. unter Anderem ausführliche kritische Uebersichten von Fischl. „Ueber Antipyrese" in „Klinische Zeit- und Streitfragen" (II, 2) und von Unverricht in „Deutsche med. Wochenschrift 1888, Nr. 37—38.
96. Verhandlungen in der Académie de Médecine. Januar—Mai 1886 (Medicinsk Aarsskrift, 1888, Dr. Mygge).